IN HIS STEPS

예수님이라면
어떻게 하실까

KB192255

Charles M. Sheldon

찰스 M. 쉘던

세계
기독교
고전

◀ 20 ▶

IN HIS STEPS

예수님이라면
어떻게 하실까

찰스 M. 쉘던 | 유성덕 옮김

CH북스
크리스천
다이제스트

세계 기독교 고전을 발행하면서

한국에 기독교가 전해진 지 벌써 100년이 넘었습니다. 그동안 수많은 기독교 서적들이 간행되어 한국의 교회와 성도들에게 많은 공헌을 해 왔습니다. 그러나 기독교 역사 100년을 넘어선 우리의 교회와 성도들에게 더 큰 영적 성숙과 진정한 신앙을 심어주기 위해서는 가치있는 기독교 서적들이 많이 나와야 한다고 생각합니다. 그리하여 영혼의 양식이 될 수 있는 훌륭한 기독교 서적들이 모든 성도들의 가정뿐만 아니라 믿지 아니하는 가정에도 흘러 넘쳐야만 합니다.

믿는 성도들은 신앙의 성장과 영적 유익을 위해서 끊임없이 좋은 신앙 서적들을 읽고 명상해야 하며, 친구와 이웃 사람들의 구원을 위하여 신앙 서적 선물하기를 즐기고 읽도록 권해야 할 것입니다. 이것은 하나님의 백성으로서 살기 원하는 사람은 누구나 마땅히 해야 할 의무라고도 하겠습니다.

존 웨슬리는 "성도들이 책을 읽지 않는다면 은총의 사업은 한 세대도 못 가서 사라져 버릴 것이다. 책을 읽는 그리스도인만이 진리를 아는 그리스도인이다"라고 말했습니다. 우리는 이제 한국에서 최초로 세계의 기독교 고전들을 총망라하여 한국의 교회와 성도들에게 소개하고자 합니다. 전세계의 기독교 고전은 모든 기독교인들에게 영원한 보물이며, 신앙의 성숙과 영혼의 구원을 위하여 이보다 더 귀한 것은 없을 것입니다.

이러한 취지로 어언 2천여 년의 세월이 지나는 동안 세계 각국에서 저술된 가장 뛰어난 신앙의 글과 영속적 가치가 있는 위대한 신앙의 글만을 모아서 세계기독교 고전 전집으로 편찬하고자 합니다.

우리는 이 세계 기독교 고전 전집을 알차고, 품위있게 제작하여 오늘날 한국의 교회와 성도들에게 제공하고 후손들에게도 물려줄 기획을 하고 있습니다. 우리는 다시 한번 다니엘 웹스터가 한 말을 깊이 생각해 보아야 할 것입니다.

"만약 신앙 서적들이 우리 나라 대중들에게 광범위하게 유포되지 않고, 사람들이 신앙적으로 되지 않는다면, 우리나라가 어떤 나라가 될지 걱정스럽다 … 만약 진리가 확산되지 않는다면, 오류가 지배할 것이요, 하나님과 그의 말씀이 전파되고 인정받지 못한다면, 마귀와 그의 궤계가 우세할 것이요, 복음의 서적들이 모든 집에 들어가지 못한다면, 타락하고 음란한 서적들이 거기에 있을 것이요, 우리나라에서 복음의 능력이 나타나지 못한다면, 혼란과 무질서와 부패와 어둠이 끝없이 지배할 것이다."

독자들의 성원과 지도 편달을 바라마지 않습니다.

CH북스
발행인 박명곤

차 례

추천사

「예수님이라면 어떻게 하실까」(What would Jesus do?)는 원래 이 책 제목인 「주님의 발자취를 따라서」(In His Steps)의 부제이다. 그러나 이 부제는 이 책의 주제인 동시에 가장 많이 나오는 문장이어서 영어 책에도 부제로 많이 사용되고 있다.

이 책은 기독교 신앙 소설의 고전으로 일컬어지고 있다. 이제 나온 지 1세기밖에 안 되었지만 성경 다음으로 많이 팔린 책이라는 별명이 붙을 만큼 전세계적으로 많이 보급되어 수많은 그리스도인들의 삶에 큰 영향을 끼쳤다.

이 책의 작가 찰스 쉘던 목사는 당시 기독교 문명권의 많은 사람들이 명목상의 그리스도인으로 아무런 변화 없이 사는 데에 안타까움을 느껴, 우리의 삶 속에서 그리스도인들이 "나의 입장에서 예수님이라면 어떻게 하실까?"를 묻고 그 대답대로 살아야 한다는 것을 강조하기 위해 이 책을 썼다.

"예수님이라면 어떻게 하실까" ─ 이것은 정말 모든 그리스도인들이 일상사에서 항상 물어야 할 질문이다. 동시에 그것은 자극적이고 충격적이기도 하다. 나태하고 무감각한 신자들에게 이 말은 큰 도전을 준다.

이 귀한 신앙 소설의 고전이 유성덕 교수의 훌륭한 번역으로, 기독교 고전들을 전문으로 출판하는 크리스천 다이제스트사에서 나오게 된 것은 진정 기뻐할 만한 일이다. 이미 여러 군데에서 나오긴 했으나 크리스천 다이제스트사의 번역판이 다른 고전들과 마찬가지로 가장 충실하고 신뢰할 만한 결정판으로 만들어졌다고 본다.

부디 많은 성도들이 이 귀한 책을 통해서 영적 각성을 얻게 되기를 진심으로 바란다.

옥한흠 목사(사랑의 교회)

저자 서문

　본 저서 「예수님이라면 어떻게 하실까」(In His Steps)는 1896년에 저술되었는데, 캔자스(Kansas) 주 토피카(Topeka) 시의 중앙회중교회(Central Congregational Church)에서 매주 주일 저녁 젊은이들이 읽게 되었다. 그들이 책을 읽고 있는 동안 기독교 주간지 「시카고 어드밴스」(Chicago Advance)에 연속 게재되었다.

　그런데, 이 주간지의 편집자는 저작권법의 조항들을 잘 모르고 있었기 때문에 매주 발행되는 「어드밴스」 지의 일부 기사를 저작권법이 요구하는 2부가 아닌 한 부만을 철해 놓았다. 이러한 이유로 저작권에 결함이 생기게 되자 어드밴스 회사가 이 이야기를 10센트짜리 간행물로 내놓았을 때, 이 이야기는 이미 "출판권자들의 영역"으로 넘어가고 말았다.

　이 책에 대해 법적으로 어느 누구에게도 정당한 소유권이 없게 되자 미국에서는 16개 회사가, 유럽과 호주에서는 50여 개의 회사가 1페니짜리에서부터 8실링짜리에 이르기까지 다양한 모양으로 출판되었다. 런던의 한 출판인인 보우덴 씨는 1페니짜리 간행물로 만들어 런던 거리에서만도 3백만 권 이상을 판매했다.

　이 책은 21개 국어로 번역되었으며 러시아어 판은 소비에트 정부에 의해 판매가 금지되었다. 아라비아에서 출판된 터키어 판은 정부에 의해 판매가 허용되어 터키 전역에서 읽고 있다.

이 이야기는 드라마 형식으로 각색되기도 했으며 교회 청년부와 대학생들에 의해서 널리 사용되었다. 이 책이 저술된 이후 오랜 세월이 흐르는 동안 여러 가지 상황이 많이 변했으나, 인간의 행동을 규율하는 기본 원리는 변함없이 남아 있다.

두말할 필요도 없이 이 책이 저작권의 결함으로 말미암아 수많은 출판인들에 의해 곳곳에서 출판되어 더욱더 많은 독자들이 읽고 있는 것을 아주 기쁘게 생각한다. 나는 내가 가는 곳곳마다 거의 모든 지역에서 이 책을 읽은 독자들을 만났으며, 이 책이 성경 다음으로 많이 읽히고 있다는 사실을 「주간 출판인」(*Publishers' Weekly*)을 통해 알고 있다. 이것이 사실이라면 이 세상 어느 누구 못지않게 나는 감사함을 금할 길 없으며, 이는 곧 인류에게 종교 이상으로 흥미롭고 중요한 주제가 없다는 것을 증명하는 것이라고 생각한다.

한 마디 덧붙인다면, 이 책을 출판한 권위있는 출판사들이 친절하게도 수년 동안 저자의 도덕적인 저작권을 인정하고 판매의 이익금을 나누어 준 것에 대해 감사의 뜻을 표하고 싶다. 나는 이 책이 남녀노소 할 것 없이, 인류 역사의 종말에 이르러 예수 그리스도께서 인간 행위의 표준이 되실 것임을 믿는 사람들에게 따뜻한 환영을 받게 되기를 바란다.

1935년
캔자스 주, 토피카 시에서
찰스 M. 쉘던

1
어느 실직자의 출현

"이를 위하여 너희가 부르심을 받았으니 그리스도도 너희를 위하여 고난을 받으사
너희에게 본을 끼쳐 그 자취를 따라오게 하려 하셨느니라."

금요일 아침이 되자 헨리 맥스웰 목사는 이번 주일 아침에 설교할 원고 준비
를 끝마치기 위해 애를 쓰고 있었다. 그러나 준비 도중에 여러 번 방해를 받게 되
자 아침나절이 거의 지나갈 무렵 그만 신경이 날카로워지고 말았다. 따라서 설
교 준비는 제대로 진행되지 않았고 좀체로 만족할 만한 마무리에 이르지 못하고
있었다.

잠시 후에 또 한 번 방해를 받게 되자 그는 더 이상 참을 수 없다는 듯이 위층
으로 올라가서 아내를 불렀다.

"여보, 메리. 지금부터 누가 나를 찾아오거든 목사님은 매우 바쁘시니까 아
주 중요한 일이 아니면 내려오실 수 없다고 당신이 좀 말해 주구려."

"알았어요, 헨리. 그런데 어떻게 하죠? 저는 지금 유치원을 방문하러 나가야
하니까 당신 혼자 집을 지켜야겠어요."

하는 수 없이 목사는 그의 서재로 올라가 문을 닫아 버리고 말았다. 잠시 후
아내가 외출하는 기척이 들리고 나서 갑자기 집 안은 쥐죽은 듯이 조용해졌다.
비로소 그는 안도의 숨을 내쉬면서 책상머리에 다가앉아 원고를 쓰기 시작했다.

그가 인용한 설교의 본문은 베드로전서 2장 21절이었다. "이를 위하여 너희가 부르심을 받았으니 그리스도도 너희를 위하여 고난을 받으사 너희에게 본을 끼쳐 그 자취를 따라오게 하셨느니라."

그는 설교의 첫 부분에서 예수님이 자신의 몸을 희생함으로써 이룬 구속(救贖)을 강조하면서, 그분이 죽음에 직면했을 때뿐만 아니라 살아가면서 겪었던 온갖 고통에 대해 주의를 집중시키고자 했다. 다음으로는 그의 생애와 가르침으로부터 실례를 들어가면서 그가 보여준 본보기가 이루는 구속을 강조하고자 했다. 즉 그리스도에 대한 믿음이 인간들로 하여금 구원을 얻을 수 있도록 어떻게 도움을 주었는가를 실례를 통하여 설명하고, 이는 곧 그리스도가 그의 인격이나 삶의 방식에서 보여준 본보기를 인간들이 본받고 따름으로써 이루어지는 것임을 역설하고자 했다. 마지막으로 그는 예수님의 희생과 본보기를 사람들이 실제 생활에서 반드시 따르고 본받아야 한다고 결론을 내림으로써 설교를 끝마치고자 했다.

맥스웰 목사는 "구원의 세 가지 단계, 그것은 무엇인가?"라는 설교 제목을 정해 놓은 다음 논리적인 순서에 따라 그것들을 하나하나 열거해 나가려는데 때마침 초인종 소리가 요란하게 집 안을 울렸다. 그것은 마치 태엽을 감아 놓은 시계가 항상 열두 시만 되면 갑자기 시끄럽게 울려 퍼지는 소리처럼 목사에게는 다소 귀찮게 느껴지는 것이었다.

맥스웰 목사는 책상 앞에 앉은 채로 얼굴을 찌푸리면서 움직이지 않았다. 초인종 소리가 급하게 다시 울리자 그는 마지못해 일어나서 현관이 내려다보이는 창문 쪽으로 걸어갔다. 한 남자가 현관 계단 위에 서 있었는데 자세히 보니 매우 초라한 옷을 걸친 한 젊은이였다.

"일거리가 없어 떠돌아다니는 사람인게로군. 내려가 봐야 할 것 같아…" 하고 중얼거리면서 목사는 쓰고 있던 문장을 끝마치지 못한 채 아래층으로 내려가 현관문을 열었다. 두 사람은 잠시 동안 서로 말없이 바라보며 서 있었는데, 이

으고 그 초라한 차림의 젊은이가 말문을 열었다.

"목사님, 저는 실직을 했습니다. 생각다 못해 목사님이라면 제가 일거리를 얻을 수 있는 방법을 찾아 주실 것 같아서 … "

"나로서도 별다른 방도를 찾을 수 없군요. 게다가 요즘엔 일거리가 어찌나 귀한지 … "라고 대답하면서 목사는 천천히 현관문을 닫기 시작했다.

"그런 줄을 미처 몰랐습니다만, 목사님께서 철도일이나 상점 일, 혹은 어떤 일이든 좋으니 좀 주선해 주실 수 없으신지요?" 젊은이는 더듬더듬 말을 이으면서 초조한 듯이 다 구겨진 모자를 한 손에서 다른 손으로 옮겨 쥐었다.

"아무런 도움이 되지 못해서 정말 미안하군요. 게다가 오늘 아침 나는 몹시 바쁘니까 스스로 일을 찾아보도록 하시지요. 우리 집에도 지금은 당신이 할 만한 일이 없으니 안됐군요. 말과 소가 한 마리씩 있긴 하지만 내가 직접 돌보는 형편이니 말입니다."

헨리 맥스웰 목사가 현관문을 닫아 걸자 그 젊은이가 층계를 내려가는 소리가 들렸다. 2층 서재로 올라와서 창 밖을 내다보니 그 젊은이는 여전히 두 손에 낡은 모자를 거머쥔 채 천천히 거리를 걸어 내려가고 있었다. 잠시 동안 그 젊은이를 바라보면서 너무나 낙담한 표정과 버림받고 오갈 데 없는 서글프고 초라한 모습을 느꼈을 때 목사는 순간적으로 안타까운 생각이 들었다.

그러나 곧 마음을 가다듬고 다시 책상에 앉아 그가 쓰다가 멈춘 문장을 쓰기 시작했다. 더 이상의 방해는 없었고 아내가 두어 시간 후 집에 돌아왔을 때는 설교 준비가 완전히 끝난 상태였다. 그는 여기저기 흩어진 원고지들을 모아 말끔하게 간추려 묶은 다음 성경 위에 얹어 놓았다. 이젠 주일 아침 설교 준비가 모두 끝난 셈이었다.

함께 식사를 하면서 식탁에 마주 앉았을 때 아내가 말을 꺼냈다.

"여보, 오늘 아침 유치원에 갔을 때 이상한 일이 있었어요. 당신도 아시다시피 브라운 씨 부인과 함께 유치원을 방문하러 갔었지요. 게임이 막 끝나고 아이들이 탁자에 둘러앉았는데 갑자기 문이 덜컹 열리더니 웬 더러운 행색의 젊은이가 두 손으로 구겨진 모자를 움켜쥔 채 들어오는 것이었어요. 그는 문 옆에 힘없이 주저앉더니 한 마디도 하지 않고 다만 아이들을 물끄러미 바라보고 있지 않겠어요. 그는 틀림없이 실직자임이 분명했는데, 렌 선생님과 보조 교사인 카일 양도 처음에는 무척 놀란 기색이었지요. 그러나 그 사나이는 아주 조용하게 앉아 있더니 몇 분 후에 말없이 나가 버리더군요."

"아마도 너무 지쳐서 어디서든 쉬어가고 싶었던 게지. 그와 똑같은 행색의 사람이 이곳에도 왔었는데, 당신 조금 전에 그가 실직자처럼 보인다고 말했던가?"

"네, 매우 더럽고 남루한 차림의 흔히 나돌아다니는 실직자가 틀림없는 것 같았어요. 서른두어 살쯤 되는 것 같더군요."

"바로 그 사람이로군." 목사는 뭔가 생각에 잠긴 듯이 중얼거렸다. 잠시 후에 아내가 물었다.

"당신, 설교 준비는 끝내셨어요?"

"음, 모든 준비가 끝났소. 이번 주는 내게 퍽 바쁜 주일이었어. 일주일에 두 번씩이나 설교를 한다는 것은 내겐 벅찬 일이야."

"이번 주일에는 많은 교인들이 와서 설교를 들어주었으면 좋을 텐데."

그의 아내는 웃으면서 말했다.

"그런데 주일 아침 예배에선 무엇을 설교하실 예정이에요?"

"그리스도를 본받고 따르자는 것이오. 나는 희생과 본보기를 골자로 해서 그리스도의 구속을 설교할 생각이오. 그리고 나서 그리스도의 희생과 본보기를 따르기 위해서 필요한 몇 가지 단계를 제시하려 하오."

"틀림없이 훌륭한 설교가 되리라고 믿어요. 이번 주일에는 비가 오지 말아야 할 텐데. 최근에는 주일마다 너무 많은 비가 왔었잖아요."

"정말 그랬지. 사람들은 비가 많이 오거나 바람이 심하게 불면 교회에 잘 나오지 않으려 하거든."

헨리 맥스웰 목사는 이렇게 말하면서 한숨을 쉬었다. 그는 매우 사려 깊게 열정을 기울여서 많은 교인들을 위하여 설교 준비를 했는데도 불구하고 교인들이 별로 모이지 않았던 일을 생각해 보았다.

그러나 주일 아침이 되자 레이먼드 시에 밝은 햇살이 퍼지면서 이제까지의 궂은 날씨와는 달리 매우 청명한 날씨를 이루었다. 공기는 더할 나위 없이 맑고 온화했으며 하늘은 구름 한 점 없이 맑았다. 그리하여 맥스웰 목사의 교구 내에 있는 모든 교인들은 너나 할 것 없이 교회에 갈 준비를 하느라 분주했다. 11시 정각에 아침 예배가 시작되었을 때 커다란 예배당의 건물은 좋은 옷을 입고 레이먼드에서 가장 편안하고 유복해 보이는 교인들로 가득 차 있었다.

레이먼드 제일교회는 일찍이 돈으로 따지면 가장 비싼음악을 듣고 있다고 믿었으며, 그 날 아침 예배 때 교회 성가대가 부르는 찬송은 참석한 교인들에게 커다란 기쁨과 감동을 주었다. 그 찬송가는 영혼을 일깨우는 듯 했으며 가사도 설교의 주제와 일치되었고 현대적 감각에 맞추어 정성들여 편곡한 것이었다.

"십자가를 내가 지고
주를 따라 가도다."

설교가 시작되기 직전에 소프라노 성악가 레이첼 윈슬로우가 유명한 찬송가를 독창으로 불렀다.

"주의 인도하심 따라
주의 인도하심 따라
어디든지 주를 따라
주와 함께 함께 가려네"

그 날 따라 레이첼 윈슬로우가 특송을 부르기 위해서 상징적인 십자가와 가시 면류관이 깊이 있게 새겨진 참나무 칸막이 앞에 서 있는 모습이 더욱 아름다워 보였다. 그녀의 목소리는 그녀의 얼굴보다도 한결 아름다웠고 찬송가의 많은 뜻을 지니고 있었다. 그녀가 일어서자 사람들은 기대감으로 귀 기울였다.

헨리 맥스웰 목사는 강단 뒤에 앉아서 매우 흡족한 미소를 짓고 있었다. 레이첼 윈슬로우의 특송은 항상 그에게 많은 도움을 주었다. 그래서 맥스웰 목사는 설교를 시작하기 전에 항상 그녀가 찬송가를 부르도록 순서를 정해 놓았다. 그녀의 특송은 늘 어떤 특별한 감동을 불러일으켜서 자신의 설교를 더욱 감명 깊게 들을 수 있도록 만들어 주었던 것이다.

교인들은 제일교회의 창립 이래 그녀의 노래처럼 아름답고 감동적인 노래를 들은 적이 없다고 생각했다. 교회 예배 시간이 아니었더라면 그녀의 노래는 틀림없이 힘찬 박수갈채를 받았을 것이다. 목사 자신도 그녀가 노래를 마치고 자리에 앉을 때 박수를 치거나 마루 바닥을 구르고 싶은 어떤 충동 같은 것이 교회를 휩쓸고 지나가는 것을 느낄 정도였다. 그러다가 목사는 퍼뜩 정신이 들었다. 벌떡 일어나 설교 원고를 강단에 놓인 성경 위에 올려놓으면서 무엇인가에 홀리고 있지 않나 생각할 정도였다. 그러나 아무 일도 일어나지 않았고 잠시 후 그는 자신의 설교에 완전히 몰입되어서 하나님의 말씀을 전한다는 기쁨에 그밖의 것들은 모두 잊어버렸다.

어느 누구도 헨리 맥스웰 목사의 설교가 지루하다고 불평한 사람은 일찍이 아무도 없었다. 오히려 그는 다소 선동적이라는 비평을 받곤 했는데, 이는 설교의 내용보다도 그의 설교 방식에 관한 것이었다. 그러나 제일교회의 교인들은 그의 이러한 설교 방식을 좋아했으며 목사 자신뿐만 아니라 이 지역 교인들은 이 점을 교회의 특별한 장점으로 받아들이고 있었다.

제일교회의 목사가 설교하기를 좋아한다는 것도 틀림없는 사실이었다. 그는 좀체로 설교를 다른 사람에게 맡기려 들지 않았고, 주일만 되면 강단 위에 서서 열성을 다해 설교를 하였다. 그는 30여 분 동안 예배당을 메운 회중들을 향해 설교를 할 때면 자신도 모르게 힘이 솟구쳤고 그들이 열심히 경청하고 있음을 느낄 때는 더욱 그러했다.

그는 예배에 참석하는 교인들의 수가 많고 적음에 대해 특히 민감했다. 교인들의 수가 적을 때에는 결코 설교가 잘 되는 것 같지 않았다. 그러므로 날씨는 늘 그의 설교에 결정적인 영향을 미쳤던 것이다. 그 날 아침처럼 쾌청한 날씨에 예배당을 가득 메운 청중들을 대하면 그의 설교는 최상의 것이 되었다. 그는 설교를 하면서 말할 수 없는 기쁨과 만족을 느꼈다.

제일교회는 레이먼드 시에서 첫째로 꼽히는 교회였다. 더구나 최고의 성가대를 가지고 있었고, 교인들 또한 레이먼드 시에 사는 지도급 인사들, 재계의 대표들, 또는 훌륭한 지성인들로 구성되어 있었다. 그는 이번 여름의 3개월 휴가 동안 해외에 다녀올 예정이었고 유복한 생활을 누리고 있었으며, 이 도시에서 제일가는 교회의 목사로서 확고한 지위와 영향력을 가지고 있었다.

헨리 맥스웰 목사가 이러한 생각들을 그의 설교와 연관시키고 있는지는 확인할 방법이 없었으며 그 자신조차 이를 알고 있는지의 여부도 확실하지 않았다. 그러나 설교의 마지막 단계에 가까워지자 이러한 모든 생각들이 이따금씩 그의 설교 내용에 반영되고 있음을 스스로 느끼게 되었다. 이러한 생각들은 그의 사고의 본질 속에 깊이 자리잡고 있었기 때문에 자신도 모르게 이따금씩 노출되고 있었으며, 더구나 그의 직위에 대한 확신과 여러 가지 감정이 마치 독백을 하듯 그의 의식 내부에서 흘러나오고 있었다. 이처럼 그의 설교는 깊숙이 자리 잡힌 개인적 만족감이 다분히 깔려 있는 것이었다.

설교는 매우 재미있었고 충격적인 어휘로 가득 차 있었다. 만일 이 설교가 인쇄되었더라면 상당한 주목을 받았으리라. 극중의 대사를 암기하듯 감정과 열성을 가지고 설교했으므로 지나친 언사나 단정적인 말을 사용했다는 비난을 받기는커녕 대단한 호응을 얻었으며 효과적이었다. 만일 그 날 아침 헨리 맥스웰 목사가 교인들의 호응에 만족을 느꼈다면, 제일교회에 모인 교인들 역시, 학자답게 세련되며 다소 인상적인 얼굴과 풍채를 지닌 데다가 다른 교회의 목사들이 속되고 시끄럽고 이해되지 않는 언어로 설교하는 데에 비해 고상하고 재치 있는 언어로 열성을 다하여 생동감 넘치는 설교를 하는 목사를 담임목사로 모시고 있음을 대단히 기쁘게 여겼으리라.

이처럼 설교자와 회중들 사이에 완전한 일치의 조화감을 느끼고 있는 때에 갑자기 전혀 예상하지 못한 훼방꾼이 뛰어들어 왔다. 이 훼방꾼이 가져온 충격과 파문은 너무나 커서 도저히 그 정도를 파악할 수 없을 지경이었다. 더구나 전혀 뜻밖이었기 때문에 교회에 모인 사람들 중 어느 한 사람도 미처 염두에 두지 못한 사건이라 잠시 동안 침묵만 흐를 뿐 아무도 반박하거나 저지시킬 여유조차 없었다. 마침 맥스웰 목사는 설교를 마치고 설교 원고가 놓여 있던 성경책을 막 덮으려는 참이었고 성가대가 마지막 찬송을 부르기 위해 일어설 준비를 하고 있었다.

"내 죄 속해 주신 주께
힘과 정성 다하니 … "

마침 그때 교회에 모인 온 회중은 한 사나이의 커다란 목소리에 깜짝 놀라고 말았다. 그 목소리는 예배당 뒤쪽에 있는 특별석 아래쪽에서 울려 나왔다. 다음 순간 한 사나이의 모습이 어두운 그늘에서 나타나더니 예배당 한가운데 있는 복도로 걸어 나왔다. 깜짝 놀란 교인들이 도대체 무슨 일이 일어나고 있는지 채 파악하기도 전에, 그 사나이는 강대상 앞의 넓은 공간에까지 이르러 회중을 향하여 돌아섰다.

"저는 이 곳에 온 이후로 여기저기 방황했습니다." 이 말은 조금 전에 그가 특별석 밑에서 불쑥 사람들을 향해 외쳤던 소리와 같은 말이었다.

"죄송합니다만 예배가 끝날 무렵 꼭 한마디 하고 싶은 말이 있어서 이렇게 불쑥 나타났습니다. 나는 술에 취하지도 않았고 또한 미치지도 않았습니다. 더구나 누구를 해치려는 마음은 조금도 없습니다. 그러나 만일 제가 죽는다면, 아마 며칠 못 가서 죽을 것 같습니다만, 여기 이렇게 모이신 훌륭한 교인들 앞에서 한 말씀 드렸다는 것을 무척 만족스럽게 여기면서 눈을 감을 것입니다."

맥스웰 목사는 강대상 뒤에 놓인 자기 좌석으로 돌아가지 않고 강대상에 몸을 기댄 채 이 난데없는 침입자를 내려다보며 그대로 서 있었다. 그는 지난 금요일 아침 그의 집에 찾아왔던 사나이였으며 여전히 더럽고 초라하고 낡아빠진 누더기를 걸친 모습을 하고 있었다. 또한 아직도 두 손에 낡아빠진 중절모를 쥐고 있었는데 아마도 그가 곧잘 습관적으로 하는 동작인 것 같았다. 면도를 안한지 오래되어 수염이 덥수룩했고 길쭉길쭉한 머리털은 거칠게 헝클어져 있었다.

일찍이 "제일교회"가 서 있는 이 성스러운 구역에 이런 몰골의 사나이가 들어온 적이 있는지 의심스러울 지경이었다. 이와 비슷한 모습을 한 사람들은 철도 공장 주변이나 지저분한 뒷골목을 여기저기 배회하면서 흔히 눈에 띄는 사람들이었지만 이처럼 성스런 예배당 안에서 가깝게 대하리라고는 꿈에도 생각지 못한 일이었다.

그 사나이의 태도나 목소리에는 공격적인 점이라곤 없었다. 또한 쓸데없이 흥분되어 있지도 않았으며 낮지만 뚜렷한 목소리로 이야기를 했다. 맥스웰 목사는 이 갑작스런 사건에 충격을 받아 아무 말도 없이 그대로 서 있었으나 이 사나이의 행동이 마치 꿈속에서 한 번 만나 함께 걸으면서 이야기한 적이 있었던 것처럼 느껴졌다.

이 교회 안에 모인 회중들 가운데 어느 하나도 이 낯선 침입자를 저지하거나 어떻게든 방해하기 위해서 나서는 사람이 없었다. 아마도 그의 갑작스런 출현으로 인한 충격이 너무 커서 몹시 당황한 나머지 어떻게 하는 것이 최선의 방책인지를 생각할 겨를조차 없었으리라. 아무튼 그 사나이는 자신이 이 교회 안에서 일으킨 충격이나, 제일교회의 성스러운 예배 의식에 어떤 이변을 야기시켰는지에 대해서는 전혀 생각지도 않는 듯이 말을 계속했다.

더구나 그가 계속해서 말을 하고 있는 동안 맥스웰 목사는 강대상에 기댄 채 아무 말 없이 내려다보고만 있었는데, 그의 얼굴이 점점 창백해지면서 슬픈 표정이 떠올랐다. 그러나 목사는 그 사나이를 저지시키려 들지 않았고 교인들도 한 대 얻어맞은 듯이 숨을 죽인 채 듣고만 있었다. 성가대에 앉아 있는 레이첼 윈슬로우의 하얀 얼굴이 유난히 드러나 보였고 더욱 창백한 표정으로, 구겨진 중절모를 들고 있는 초라한 행색의 사나이를 유심히 내려다보고 있었다. 그녀의 얼굴은 항상 두드러지게 돋보였는데 지금 일어난 사태의 압력으로 마치 하얀 불빛을 뿜어내듯 두드러졌다.

"저는 흔히 구걸하며 떠돌아다니는 부랑자는 아닙니다. 비록 예수님의 가르치심 중에서 어떤 가난뱅이가 다른 가난뱅이보다 구원의 가치가 훨씬 적다고 말씀하셨는지 아닌지는 잘 모릅니다만, 여러분은 아시겠지요?" 그는 마치 모든 회중이 조그마한 성경 교실에 앉아 있기라도 하듯 자연스럽게 질문을 던졌다. 그는 잠시 말을 멈추고 고통스럽게 기침을 한 후에 말을 이었다.

"나는 열 달 전에 일자리를 잃게 되었습니다. 나는 손으로 하는 기술인 인쇄 식자를 생업으로 하여 살아왔습니다. 새로 개발된 라이노타이프(자동 주조 식자기)는 정말 훌륭한 발명품이었지요. 그러나 나는 이 새로운 기계로 인하여 실직을 당한 사람들 가운데 올해만 해도 여섯 명이나 자살을 했다는 것을 알고 있습니다. 물론 나는 이 새로운 기계를 도입한 신문사 측을 비난하고 싶지는 않습니다.

하지만 이런 경우 도대체 어떻게 해야 할까요? 내가 지니고 있는 기술이란 단지 손으로 활자를 뽑아 조판을 하는 기술뿐 이제껏 다른 어떤 것도 배우지 못했습니다. 결국 실직자가 된 후 무언가 일거리를 찾기 위해 전국을 떠돌아다녔습니다. 지금 전국에는 저와 같은 처지에 놓인 사람들이 상당히 많습니다. 나는 새로운 기계들의 발명으로 인해 많은 사람들이 직장을 잃었다고 해서 불평 불만을 하고 있는 게 아니라 사실을 있는 그대로 말씀드릴 뿐입니다.

제가 아까 특별석 밑의 뒷자리에 앉아서 듣고 있을 때, 목사님께서 예수 그리스도를 따르라고 말씀하신 것이 과연 그분이 가르치신 말씀 그대로인지 의아스럽게 느껴졌습니다. 목사님께서는, 예수께서 '나를 따르라!'고 말씀하실 때 예수님이 뜻하신 바가 과연 무엇이었을까요?라고 질문을 던지셨습니다."

여기에서 그 사나이는 잠깐 멈추고 뒤로 돌아서서 강대상을 올려다보았다.

"목사님께서는 또한 예수님을 믿는 사람들은 그분의 발자취를 따라야 하며, 그 발자취는 곧 '순종, 믿음, 사랑 그리고 본받음'이라고 역설하셨습니다.

그렇지만 목사님께서는 예수님의 발자취를 따른다는 참된 의미, 특히 마지막 단계인 '본받음'에 대해서는 말씀하시지 않은 것 같군요. 여러분 같은 그리스도인들은 예수님의 발자취를 따른다는 것이 과연 무엇을 의미한다고 생각하십니까? 저는 직업을 얻기 위해서 사흘 동안이나 이 도시의 구석구석을 떠돌아다녔습니다. 그러는 동안에 동정이나 위로의 말 한 마디라도 해 주신 분은 여기 서 계신 목사님 한 분밖에 없었습니다. 그분은 내게 미안하다고 하시면서 어디 다른 곳에 가서 직장을 찾아보라고 하시더군요. 추측하건대 여러분은 떠돌아다니는 실직자들이나 거지들이 너무 많다보니까 차츰차츰 만성이 되어서 나중에는 어떤 사람이 구걸하더라도 무관심해졌으리라 생각합니다.

여러분, 저는 결코 어느 누구도 원망하지 않으며 다만 사실대로 말하고 있을 따름입니다. 물론 여러분께서 모두 다른 일은 제쳐놓고 저 같은 실직자들에게 직업을 구해 주기 위해 발벗고 나설 수는 없다고 이해하고 있습니다. 다만 내가 궁금한 것은 예수님을 따른다는 것이 도대체 무엇을 의미하느냐는 것입니다.

여러분은 아까 '주와 함께 가려네' 하고 찬송을 부르셨는데 과연 그 뜻이 무엇입니까? 여러분께서는, 내가 알기로는 예수님께서 이 세상에 계실 때 행하신 것처럼 여러분 스스로 고통의 십자가를 지고 여러분 자신을 부정하면서 길 잃은 자들과 고통받는 자들을 구원함을 의미하고 있다는 것을 알고 계십니까?

지금 우리나라에서는 도처에서 수많은 실직자와 빈민들이 먹을 것과 입을 것이 모자라서 큰 고통을 당하고 있습니다. 이 도시에만도 저와 같은 처지에 놓인 사람들이 오백여 명이 넘을 것입니다. 그들 대부분이 물론 가족을 거느리고 있겠지요. 제 아내는 넉 달 전에 세상을 떠났는데, 지금은 아내가 이 모든 고통에서 일찍 떠나 버린 것을 오히려 다행스럽게 생각한답니다. 제 어린 딸은 제가 일자리를 얻을 때까지만 어떤 인쇄공의 집에 억지로 떠맡겨 놓았지요. 때때로 저는 아무리 생각해도 이해가 안 되는 것이 있습니다. 수많은 그리스도인들이 사치스럽게 살아가면서 '십자가를 내가 지고 주를 따라 가도다' 하고 찬송가를 부르는 것을 볼 때, 제 아내가 뉴욕 시의 어느 초라한 셋방에 누워 마지막 숨을 거두면서 제발 어린 딸을 함께 데려가게 해 달라고 기도하다가 결국 먼저 죽은 것을 기억하게 됩니다.

물론 저는 여러분께서 이 나라의 모든 국민들이 굶어 죽지 않게 먹을 것과 입을 것, 거처할 곳을 그들에게 마련해 주었으면 하고 기대하는 것은 아닙니다. 그렇지만 도대체 예수님을 따른다는 것이 무엇을 뜻합니까?

기독교인들 중에는 셋방을 빌려 주는 사람들도 많을 것입니다. 제 아내가 숨을 거두었던 셋방의 주인도 바로 그리스도인이었지요. 저는 과연 그 셋방의 주인이 진심으로 예수님을 본받고 따르고자 했는지 의심스럽습니다. 요전날 밤 교회에서 예배를 드리는 성도들이 이런 찬송을 열심히 부르더군요.

> "나의 생명 드리니 주여 받아주셔서
> 세상 살아갈 동안 찬송하게 하소서.
> 손과 발을 드리니 주여 받아주셔서
> 주의 일을 위하여 민첩하게 하소서.
> 나의 시간 드리니 주여 받아주셔서
> 평생토록 주 위해 봉사하게 하소서."

클럽에 나가거나, 잡다한 쾌락, 혹은 여행이나 사치스런 생활을 즐기면서 값진 시간을 낭비하고 있어요. 그렇게 빈둥빈둥 생활하는 남자에게 어떤 여성이 호감을 갖겠어요?"

롤린은 다 듣고 나서 쓸쓸한 미소를 띠며 말했다.

"그렇겠군요. 하지만 내 주위에 있는 여러 친구들보다 내가 특별히 더 나쁜 놈이라고는 생각하지 않소. 하지만 당신의 솔직한 답변을 듣게 되어 기쁩니다."

그는 갑자기 걸음을 멈추더니 모자를 벗어 정중하게 인사하고는 돌아서 가 버렸다. 레이첼은 곧장 집으로 가서 서둘러 그녀의 방으로 들어갔다. 그녀의 생애에서 전혀 예기치 못한 뜻밖의 경험으로 인하여 마음이 심란해졌다.

오랜 시간을 두고 곰곰이 생각해 본 결과 자신이 롤린에게 말했던 신랄한 비판은 바로 자기 자신이 받아야 할 것이라고 생각되었다. 자신은 인생에 어떤 목적을 가지고 있었던가? 자신은 해외로 유학하여 유럽에서 소위 이름있다는 교수들에게 음악교육을 받았다. 그후 고향인 레이먼드로 돌아와 제일교회 성가대에서 1년 남짓 찬송가를 불러왔다. 보수도 좋은 편이었고 두 주일 전 주일 아침까지만 해도 그녀는 자신의 성악적 재능과 위치에 대해 꽤 만족하고 있었다. 그녀도 그녀의 어머니와 마찬가지로 야망이 있었고 머지않아 음악계에서 성공을 거두리라고 기대하고 있었다. 대부분의 성공한 가수들이 일반적으로 걸어온 과정을 자신도 당연한 듯 걸어오지 않았던가?

그녀는 얼마 전에 롤린에게 대답해 주었듯이, 과연 자기는 인생에 어떤 원대한 목적을 가지고 있는지 몇 차례 자문해 보았다. "예수님이라면 과연 어떻게 하실까?" 그녀의 목소리에는 천부적인 재능이 깃들어 있었다. 그녀는 이것을 깨닫고 있었고 굳이 개인적인 자만심이나 어떤 직업적 이기심에서 비롯된 것이 아니라 단지 사실 그대로를 알고 있을 뿐이었다. 두 주일 전까지만 해도 자신의 타고난 목소리를 단지 돈을 벌거나 대중의 선망과 박수 갈채를 받기 위해서 사용하려고 했다는 것을 솔직히 인정하지 않을 수 없었다. 결국 자신의 목표가 롤린 페이지의 인생 목표보다 더 나을 것이 없지 않은가?

그녀는 오랫동안 혼자 생각을 한 후에 마침내 어머니와 허심탄회한 대화를 나누기로 결심하고 아래층으로 내려갔다. 그녀는 오페라 단장의 제의에 대해 자신이 내린 결정과 차츰차츰 마음속에서 구체화되고 있는 새로운 계획을 솔직히 털어놓을 생각이었다. 그녀는 이미 어머니와 그 문제를 놓고 이야기했기 때문에, 자기 딸이 그 제의를 받아들여 위대한 가수로 성공하기 위한 훌륭한 기회로 삼아줄 것을 기대하는 어머니의 생각을 잘 알고 있었다.

레이첼은 내심 이 면담을 두려워했던 터라 단도직입적으로 자신의 생각을 말해 버렸다.

"어머니, 저는 그 제의를 받아들이지 않기로 결심했어요. 그럴만한 충분한 이유가 있거든요."

윈슬로우 부인은 커다란 체구에 곱상한 미모를 지니고 있었다. 여러 사람과 어울리기를 좋아하여 사교성도 풍부했고 사회적인 명성과 성공에 대한 야심도 만만치 않았다. 그녀는 나름대로 확고한 성공 철학을 가지고 자녀들의 성공을 위해 여러모로 헌신하고 있었다. 레이첼보다 두 살 어린 남동생 루이스는 올 여름에 사관학교를 졸업할 예정이었고 그동안 어머니와 레이첼은 고향에서 함께 살고 있었다. 레이첼의 아버지는 버지니아의 아버지와 마찬가지로 사업차 해외에 있는 동안 사망했다. 버지니아가 느꼈던 것처럼 레이첼도 이제 자신이 서약한 행동 규칙을 따르자면 지금까지 화목한 분위기에서 함께 살아온 가족들과 철저히 대립할 수밖에 없음을 자각했다. 윈슬로우 부인은 레이첼의 말이 끝나기를 기다리고 있었다.

"두 주일 전에 제가 교회에서 서약한 사실을 알고 계시지요, 어머니?"

"맥스웰 목사님의 서약 말이냐?"

"아니, 제가 한 서약말이에요. 어머니께서 알고 계신 줄 알았는데, 정말 모르시겠어요?"

"알고 있단다. 물론 모든 교인들이 그리스도를 본받고 그의 뜻을 따라야 하겠지. 시대와 환경에 적합하다면 말이다. 그런데 그 서약이 너의 오페라단 입단 문제와 무슨 관계가 있단 말이냐?"

"저의 모든 일이 그 서약과 연관되어 있어요. '예수님이라면 어떻게 하실까?' 하고 자문해 보는 진지한 자세야말로 가장 훌륭한 지혜를 내려 주시는 권능의 원천이 되거든요. 만일 예수님께서 제 입장에 있다면 좋은 목소리를 그런 목적으로 사용하지는 않으시리라고 확신하게 되었어요."

"어째서 그러니? 오페라 가수로서 경력을 쌓는 게 뭐 잘못됐다는 말이냐?"

"아니에요. 잘못되었다는 것이 아니라 … "

"너 혹시 오페라단에 가입하여 노래부르는 사람들을 네 멋대로 심판하려는 생각은 아니겠지? 오페라 단원들이 예수님이라면 절대로 하지 않으실 만한 일을 하고 있다고 생각하니?"

"어머니, 제 말을 좀 이해해 주셨으면 좋겠어요. 저는 결코 어느 누구를 심판하거나 직업적인 가수들을 비난하는게 아니라 다만 내 자신의 길을 결정했을 뿐이에요. 제 생각엔 예수님이라면 좀 더 보람있는 일을 하시리라는 생각이 들었어요."

"좀 더 보람있는 일이라니, 그게 대체 무슨 일이냐?"

윈슬로우 부인은 아직 자제력을 잃지 않고 있었다. 부인으로서는 그 상황뿐만 아니라 그 상황의 한가운데 서 있는 레이첼조차도 이해할 수 없었다. 어쨌든 레이첼의 타고난 목소리가 보장하듯이 딸의 장래가 성공적인 출세의 길을 걸어야 한다는 욕망은 변함이 없었다. 또한 제일교회에서 돌연히 일어났던 그 기이한 종교적 흥분이 지나가 버리면 레이첼도 평소의 생각으로 되돌아와 가족의 기대에 어긋나지 않게 성공적인 가수로서 출발하리라고 확신하고 있었다. 그런데 뜻밖에도 레이첼은 부인이 전혀 예상하지 못했던 대답을 하는 것이었다.

"그게 무슨 일이냐구요? 찬송의 은혜가 절실히 필요한 사람들을 위해 봉사하고 헌신하는 거예요. 어머니, 저는 이미 결심했어요. 멋지게 차려입은 청중들을 즐겁게 하기 위해서, 혹은 돈을 벌거나 내 자신의 음악적 욕구를 충족시키기 위해서 노래하기보다는 내 영혼이 기뻐하는 바에 따라 더 가치 있고 보람된 일을 위해 노래할 것을 말이에요. 앞으로 '예수님이라면 어떻게 하실까?' 하는 물음에 따라 진지하고 만족할 만한 해답을 찾아서 그대로 행하겠어요. 오페라 가수로서 경력을 쌓기 위해 노래한다는 것은 도저히 만족스럽지도 않고 만족할 수도 없어요." 레이첼이 말하는 태도가 너무나 진지하고 열정에 넘쳐 있었으므로 어머니는 아연실색하고 말았다. 드디어 화가 머리 끝까지 치밀어 올랐고 굳이 감추려 들지도 않았다.

"레이첼, 그건 너무나 어리석은 생각이야. 네가 미친 게로구나. 도대체 무얼 할 수 있다는 거냐?"

"이 세상은 천부적인 재능을 부여받은 사람들이 그렇지 못한 사람들을 위하여 그 재능을 발휘하고 봉사함으로써 유지되어 왔어요. 그런데 어째서 제가 천부적인 재능을 부여 받은 사람으로서 그 재능에 시장에서 하듯 세속적인 가격을 붙여 오직 돈과 출세를 위해 분주해야 한다는 거예요? 잘 아시겠지만 어머니께서는 이제껏 저에게 음악적 재능을 금전적 사회적 성공의 견지에서 생각하도록 가르쳐 오셨어요. 그런데 두 주일 전에 서약을 한 이후로, 만일 예수님께서 내 입장이라면 오페라단에 가입하여 세속적인 노래를 불러서 배부르고 거만한 사람들을 기쁘게 하고 여기저기 다니면서 자유분방한 생활을 하실까 생각해 보고는 도저히 그 제의를 받아들일 수 없다고 생각했어요."

윈슬로우 부인은 안절부절못하며 일어섰다가 가까스로 분노를 억제하며 다시 앉았다.

"그렇다면 무엇을 할 작정이냐? 넌 아직 내가 묻는 말에 똑바로 대답하지 않았어."

"당분간 제일교회에서 계속 성가를 부르겠어요. 이번 봄까지 내내 교회에서 찬송하기로 서약을 했거든요. 또 평일에는 렉탱글 아래쪽에 있는 백십자회(The White Cross meetings)에서 찬양을 부를까 해요."

"뭐라구? 아니, 레이첼! 너 제정신으로 하는 소리냐? 그곳에 어떤 인간들이 우글거리는지 알기나 하니?"

레이첼은 어머니의 서슬이 퍼런 반응에 움칠하여 한동안 말이 없다가 이윽고 단호하게 대답했다.

"매우 잘 알고 있어요, 어머니. 바로 그런 이유 때문에 제가 가려는 거예요. 몇 주 전부터 그레이 목사님 부부가 그곳에서 봉사 활동을 해 왔는데, 그들의 집회에서 찬양할 사람을 구하고 있다는 것을 오늘에서야 알았어요. 그들은 집회를 위하여 천막을 사용하고 있는데 그곳이야말로 이 도시에서 그리스도인들의 봉사 활동이 가장 절실하게 요구되는 곳이에요. 저는 그들을 돕고 싶어요, 어머니!"

레이첼은 전에 보지 못한 매우 열성적이고 진지한 어조로 말을 계속했다.

"저는 가치 있는 일을 하기를 원해요. 이제껏 우리가 살아오면서 레이먼드에서 가장 고통받고 죄에 물든 사람들을 위해 그리스도인으로서 무엇을 했단 말인가요? 오늘날 이 세상에서 구세주의 삶을 본받고 따르면서 우리가 사는 이 도시에 주님의 축복과 은총이 내릴 수 있도록 하기 위해 우리는 얼마나 자기 자신을 부인하고 쾌락과 안일을 포기했단 말인가요? 우리는 항상 이기적인 세속의 지혜와 인습에 따라 행하고, 쾌락과 향락의 좁은 굴레 안에서 맴돌면서 그것들이 지불하는 고통의 대가가 얼마나 큰지 무관심하게 살아오지 않았나요?"

"너 지금 내게 설교하려 드는 거냐?"

윈슬로우 부인은 어이가 없다는 듯이 물었고 레이첼은 어머니의 말을 이해할 수 있다는 듯이 천천히 일어서며 부드럽게 말했다.

"아니에요. 저는 바로 저 자신에게 설교하고 있었어요."

그녀는 혹시 어머니가 더 할 말이 있을까 하여 잠시 기다리고 서 있다가 이윽고 그 방에서 나왔다. 천천히 그녀의 방으로 들어서면서 어머니가 자신과 같은 생각을 해 준다든가 혹은 올바르게 이해해 주거나 공감해 주리라는 기대를 가질 수 없다는 느낌이 들었다.

그녀는 무릎을 꿇고 기도하기 시작했다. 그 초라한 행색의 사나이가 두 주일 전에 낡아빠진 중절모를 양손에 움켜쥐고 돌연 헨리 맥스웰 목사의 교회를 찾아온 이후, 그의 목회 사역 기간에 가장 많은 교인들이 기도에 동참했다.

그녀가 일어섰을 때 그녀의 얼굴은 온통 눈물에 젖어 있었다. 그녀는 깊은 생각에 잠긴 얼굴로 잠시 의자에 앉아 있다가 곧 버지니아에게 보낼 쪽지를 썼다. 그녀는 심부름꾼에게 쪽지를 주어 버지니아한테 보낸 다음 아래층으로 내려와서, 어머니에게 버지니아와 함께 그 날 저녁 복음전도인인 그레이 목사님 부부를 만나러 렉탱글로 내려갈 예정이라고 말했다.

"버지니아의 삼촌인 웨스트 박사도 저희와 동행할 거예요. 그녀에게 삼촌 댁에 전화를 걸어 함께 가도록 요청하라고 쪽지를 보냈거든요. 웨스트 박사는 그레이 목사님의 친구인데 지난 겨울에도 여러 번 그 모임에 참석했었대요."

윈슬로우 부인은 아무 대꾸도 하지 않았다. 그녀의 태도에는 레이첼의 행동에 대해 전적으로 반대한다는 뜻이 역력히 드러나 보였고 레이첼은 말할 수 없는 고뇌를 느꼈다.

저녁 7시경 웨스트 박사와 손녀 딸이 나타나자 그들 세 사람은 백십자회의 모임이 열리기로 한 장소를 향해 서둘러 출발했다.

렉탱글은 레이먼드 시에서 가장 악명 높은 지역이었다. 렉탱글의 인접지역에는 철도 공장과 수하물 취급소가 여기저기 산재해 있었고 레이먼드 시 전역에서 가장 거대한 빈민가와 싸구려 셋집이 모여 있어 렉탱글의 가장 불결하고 비참한 환경 요인이 되고 있었다. 백십자회가 모임을 갖기 위해 천막을 친 곳은 원래 버려진 공터였는데 여름이 되면 서커스단이나 유랑극단이 와서 공연을 갖기도 하는 장소였다. 그 주변에는 술집과 도박장, 값싸고 불결한 여관과 하숙집 등이 즐비하게 늘어서 있었다.

레이먼드 제일교회에서는 아직까지 렉탱글의 심각한 문제점에 관심을 돌리지 않았었다. 그곳은 가까이 접근하기에는 너무나 두렵고, 너무나 더럽고, 너무나 거칠고 부패해 있었으며 온갖 죄악이 들끓고 있었다. 솔직히 말하자면 이 부패와 죄악의 오지를 정화하기 위해서 여러 교회들이 때때로 성가대를 보내거나 주일학교 교사들 혹은 복음 전도자들을 보내어 여러 가지 노력을 시도하기도 했다. 그러나 제일교회에서는 렉탱글 지역을 악마의 소굴로부터 벗어나게 하기 위해서 몇 년 동안 본격적인 노력을 기울여 본 적이 한 번도 없었다.

이 죄악과 타락의 지역 한복판으로 한 순회 전도자와 그의 용감한 아내가 들어와서 커다란 천막을 쳐놓고 예배와 모임을 갖기 시작했다. 때마침 따뜻한 봄이었으므로 저녁 모임들이 차츰 활기를 띠게 되었다. 그들 전도자 부부는 각종 기독교 단체와 교회에 도움을 요청했고 예상 외로 큰 도움과 격려를 받아왔다. 그러나 모임이 거듭될수록 그들은 아름답고 훌륭한 찬송의 필요성을 절실히 느끼게 되었고, 더구나 이따금 오르간을 연주해 주던 반주자마저 병으로 누워 있게 되자 매우 딱한 처지에 놓이고 말았다. 자원해서 찬양을 부르러 오는 사람들은 거의 없었고 간혹 있다고 해도 목소리가 신통치 않았다.

"여보, 오늘 저녁엔 사람들이 별로 많지 않을 것 같군요." 7시가 넘자 전도자 부부가 천막 안으로 들어가 불을 켜고 의자들을 가지런히 정리하면서 그 아내가 걱정스러운 듯 남편에게 말했다.

"글쎄, 나도 걱정스럽군." 이렇게 대답하는 그레이 목사는 작고 건강한 체구에 명랑한 목소리를 지니고 있었고 하나님의 투사로서 타고난 용기와 힘이 자연스럽게 배어 있었다. 그는 이미 이웃 사람들과 많은 친분을 맺고 있었으며 그에 의해 회심한 사람들 중의 한 사나이가 우울한 얼굴로 방금 천막에 들어서서 함께 좌석을 정리하기 시작했다.

알렉산더 파워스는 밤 8시가 넘어서야 사무실을 나와 무거운 발걸음으로 집으로 향했다. 렉탱글의 한 모퉁이에서 그는 전차를 탈 작정이었는데 천막 안에서 흘러나오는 아름다운 목소리에 문득 걸음을 멈추고 말았다.

그것은 바로 레이첼 윈슬로우의 목소리였다. 그 아름다운 목소리는 자신이 이제껏 고민해 왔던 문제의 처리에 대해 그리스도인의 양심상 갈등을 겪고 있던 그의 마음속으로 깊숙이 파고 들었다. 그는 아직 결정을 내리지 못하고 혼란과 불확실한 상황 속에서 갈등을 겪고 있었다. 그가 서약을 하기 이전 철도인으로서 취해 온 행동의 기본 방향은 어떤 일에서든지 손실을 최소한으로 줄여야 한다는 것이 그의 확고한 자세였다.

이제 서약을 한 이후 새로운 마음가짐으로 자기 휘하의 노동자들에게 좀 더 새롭고 밝은 분위기를 만들어 주려는 준비로 한창 마음이 들떠 있을 때 갑자기 청천벽력처럼 나타난 양심의 문제를 놓고 갈팡질팡하고 있었다.

'가만, 그녀가 지금 무슨 찬송을 부르고 있는 거지? 어떻게 윈슬로우 양이 이런 곳까지 오게 되었을까?'

근처에 있던 집들의 창문이 여기저기서 열리고 술집에서 엎치락뒤치락하던 사내들도 멈추어 서서 노랫소리에 귀를 기울였다. 몇몇 사람들이 서둘러 렉탱글의 골목을 지나서 천막 안으로 들어갔다. 확실히 레이첼 윈슬로우가 제일교회에서 그런 식으로 노래를 부른 적은 한 번도 없었다.

'무엇이 저 여자로 하여금 이 지독한 구역에까지 와서 저토록 아름다운 찬송을 부르게 했을까?'

발걸음을 멈추고 노래를 듣는 동안 철도 공장 소장인 알렉산더 파워스 씨는 이 질문을 반복하지 않을 수 없었다.

"주의 인도하심 따라
주의 인도하심 따라

어디든지 그를 따라

주와 함께 함께 가려네."

　지극히 본능적이고, 무질서하고, 불결하기 짝이 없는 렉탱글의 생활은, 이러한 주위 환경과는 대조적으로 청순하고 아름다운 찬송의 메아리가 술집과 도박장과 더러운 하숙집까지 울려 퍼지자 어느덧 새로운 삶을 향한 소망으로 용솟음치는 것같았다. 때마침 비틀거리는 모습으로 성급히 알렉산더 파워스의 옆을 지나가던 사나이가 그를 바라보며 불쑥 이렇게 말했다.

　"오늘 밤 저 천막 안에서는 새로운 힘이 넘치는 것 같군. 정말 훌륭한 목소리로 찬송을 부르기 때문이야, 안 그렇소?"

　이 한 마디가 이제껏 파워스가 고민해 왔던 그 고통스런 갈등에 대해 해결의 실마리를 던져 주었다. 파워스 씨는 생각에 잠겨 천천히 천막으로 다가갔다. 그러다가 다시 멈추더니 무슨 생각을 했는지 길 모퉁이로 돌아가 전차를 타고 집으로 향했다. 그곳으로부터 차츰 멀어져서 레이첼의 목소리가 거의 들리지 않을 즈음 그는 "예수님이라면 어떻게 하실까?"에 대한 해답을 스스로 얻었던 것이다.

렉탱글에 피어난 사랑

“누구든지 나를 따라 오려거든 자기를 부인하고 날마다 제 십자가를 지고
나를 따를 것이니라.”

헨리 맥스웰 목사는 방 안을 왔다 갔다 하면서 깊은 생각에 잠겨 있었다. 그 날은 수요일이었으므로 저녁 예배에서 해야 할 설교를 위해 주제를 생각하는 중 이었다. 그의 집은 좀 높은 지대에 위치하고 있었으므로 서재에서 창 밖을 내다 보니 철도 공장의 높다란 굴뚝이 보였고, 전도자 그레이 목사의 천막 꼭대기가 렉탱글 주변의 많은 건물들 위로 약간 드러나 보였다. 방 안을 왔다 갔다 하면서 창문 쪽으로 갈 때마다 창 밖을 내다보곤하던 그는 얼마 후 책상에 다가앉아 커 다란 종이 한 장을 꺼내 앞에 놓았다. 좀 더 생각을 가다듬은 후에 그는 커다란 글씨로 다음과 같이 써내려갔다.

예수님이 이 교회에서 실천하시리라 여겨지는 사항들

1. 단순하고 평범하게 살아가실 것이다. 즉 지나친 사치나 과도한 금욕 은 하지 않는다.

2. 교회에 나오는 위선자들에게 대담한 마음으로 설교할 것이다. 그들의 사회적 지위나 재산 따위에는 관심을 두지 않으실 것이다.

3. 이 교회의 대부분을 구성하는 부유한 사람들, 교육받은 사람들, 세련된 사람들뿐만 아니라 가난하고 보잘것없는 서민들에게도 주님의 사랑과 동정을 고루 베풀 것이다.

4. 자기 부정과 희생에 동참하는 개인적인 방법으로 인류의 대의에 헌신하실 것이다.

5. 레이먼드의 술과 타락된 생활에 반박하실 것이다.

6. 렉탱글의 타락과 죄악에 물든 사람들에게도 친구가 되실 것이다.

7. 올해의 유럽 여행을 포기할 것이다(나는 이미 두 번이나 해외 여행을 다녀왔으므로 휴식을 위해서 특별히 여행을 할 필요는 없다. 나는 건강하니까 휴식 없이도 여전히 건강하고 기쁜 마음으로 일할 수 있다. 휴가 비용을 나보다 더 휴식이 필요한 사람들을 위해 쓰겠다. 아마 이 도시에는 그런 사람들이 무척 많을 것이다).

그는 마치 전혀 낯선 사람이라도 된 듯 겸손한 태도로, 예수님께서 실천하시리라고 여겨지는 사항들에 대해 방금 자기가 써놓은 것을 훑어본 후에 그 깊이와 힘이 너무 미미하고 보잘것없음을 깨달았다. 그러나 예수님께서 실천하시리라 여겨지는 행동에 대해 깊이 생각하면서 좀 더 구체적인 상황을 조심스럽게 형상화시키고 있었다.

자신이 설정한 사항들 하나하나가 몇 년 동안 목사직에 헌신하면서 몸에 밴 습관이나 관습을 모조리 뒤엎어 놓은 것이었다. 그럼에도 불구하고 그리스도 정신의 원천을 좀 더 깊숙이 탐구하고 그 사랑과 희생의 정신을 실제 생활에 더욱 반영할 수 있는 길을 찾기 위해, 쓰던 일을 그만두고 책상 앞에 앉아 깊은 사색에 잠겨 있었다. 그러다가 그만 아침부터 생각해 내려고 애쓰던 기도회의 설교 주제를 까맣게 잊고 있었다.

너무나 깊은 생각에 잠긴 바람에 현관의 벨소리가 울리는 것도 듣지 못했다. 하인이 올라와서 그레이 목사라는 사람이 찾아왔다고 전하자 그는 비로소 정신을 차리고 의자에서 일어섰다. 서둘러 층계를 내려가면서 그레이 목사에게 이층 서재로 올라갈 것을 청했다. 그레이 목사는 층계를 올라오자마자 급하다는 듯 자신이 찾아온 용건을 말하기 시작했다.

"맥스웰 목사님, 목사님의 도움이 필요해서 이렇게 급히 찾아왔습니다. 물론 목사님께서도 그저께와 어젯밤 집회가 얼마나 아름답고 놀라운 은혜의 모임이었는지 이미 들어서 알고 계시겠지요. 윈슬로우 양의 아름답고 성스러운 목소리가 내가 할 수 있는 노력보다 훨씬 더 많은 일을 해 냈습니다. 나중에는 천막 안으로 들어설 틈도 없을 지경이었지요."

"물론 저도 소식을 들었습니다. 그곳 사람들이 윈슬로우 양의 아름다운 찬양을 듣는 것은 이번이 처음이었을 테니 그토록 많은 사람들이 몰려든 것은 어찌 보면 당연한 일이지요."

"그녀의 찬양은 저희에게 내리신 하나님의 놀라운 계시였고 저의 전도 사업에 커다란 용기를 북돋워 주는 좋은 계기가 되었습니다. 그런데 제가 목사님을 뵈러 온 것은 오늘 밤 저희 모임에 오셔서 설교해 주실 수 있을지 부탁드리기 위해서입니다. 저는 지금 심한 목감기로 인해 제대로 설교할 수가 없기 때문이지요. 목사님처럼 바쁘신 분께 이런 부탁을 드린다는 것이 무척 실례가 될 줄은 알고 있습니다만, 사정이 허락되시는지 아닌지의 여부를 솔직히 말씀해 주십시오. 어려우시다면 다른 목사님께 부탁드릴까 해서요."

"죄송합니다만 수요일 밤에는 정기적인 기도회가 있는 날이라서요." 헨리 맥스웰 목사는 이렇게 말을 꺼내다가 잠시 후 얼굴을 붉히면서 덧붙여 말했다.

"그곳에 내려갈 수 있도록 어떻게 시간을 조정해 보겠습니다. 일단 가는 것으로 알고 계십시오."

그레이 목사는 전심으로 감사의 뜻을 표하면서 떠나려고 일어섰다.

"그레이 목사님, 잠깐 시간을 내어 함께 기도하지 않으시겠소?"

"그러지요." 그레이 목사는 기꺼이 찬성했다.

그리하여 두 사람은 서재에서 함께 무릎을 꿇고 기도하기 시작했다. 헨리 맥스웰 목사는 어린 아이처럼 순수하고 솔직한 심정으로 기도하였으므로 그레이 목사는 너무나 감격하여 무릎을 꿇은 채 눈물을 흘렸다. 제일교회라는 좁은 교구 안에서만 목회자로서 한정된 활동을 해 온 이 부족한 사람이 이제 렉탱글의 타락한 무리들 앞에 나아가 하나님의 말씀을 전하고자 할 때 충만한 지혜와 힘을 달라고 기도하는 그의 태도에는 렉탱글의 모든 사람들에 대한 깊은 연민의 정이 서려 있었다.

그레이 목사는 기도를 마친 후 맥스웰 목사와 악수를 나누면서 말했다. "하나님의 은총이 목사님과 함께 하시길 바랍니다. 틀림없이 오늘 밤 성령의 능력이 목사님 말씀 속에 역사하실 것입니다."

맥스웰 목사는 그렇게 되기를 바란다고 말할 만큼 스스로 확신하지 못한 상태였으므로 말없이 그를 전송했다. 그러나 자신이 했던 서약을 생각해 내고는 이내 그의 몸과 마음에 말할 수 없는 평온이 깃드는 것을 느낄 수 있었다.

이리하여 그 날 밤 예배를 드리러 제일교회에 모인 교인들은 또 하나의 놀라운 사실에 접하게 되었다. 기도회에는 평소보다 많은 교인들이 모여 있었다. 특별한 사건이 있던 주일 아침 예배 이후 제일교회의 역사상 일찍이 보지 못했을 정도로 많은 교인들이 수요 기도회에 참석했던 것이다. 맥스웰 목사는 잠시 기도를 하고 찬송을 부른 다음 진지한 태도로 곧장 요지를 설명하기 시작했다.

"오늘 밤 저는 렉탱글에 내려와서 설교해 달라는 부탁을 받았습니다. 여기서 더 기도를 하고 싶은 교인들은 함께 남아서 기도해 주시고, 혹 저와 함께 렉탱글로 내려가실 분들은 자원해 주시는 것이 가장 좋은 방법이라고 생각됩니다. 그곳에서 열리는 모임에 도움이 필요할지도 모르니까요. 나머지 분들은 여기 남으셔서 그곳으로 떠나는 저희 일행에게 성령의 능력이 함께 하시도록 기도해 주시길 부탁드립니다."

그리하여 여섯 명 가량의 교인들이 목사와 함께 출발했고 나머지 교인들은 기도실에 남아 있었다. 맥스웰 목사는 몇몇 교인들과 함께 기도실을 떠나면서, 그의 교구에 있는 모든 교인들 중에 굶주림과 죄악에 빠진 무리들에게 그리스도를 전하고 그분의 참사랑을 나누어 주고자 기꺼이 나서는 사람이 20여 명도 되지 않으리라는 생각에서 벗어날 수 없었다. 그러나 이러한 생각은 렉탱글로 향하는 도중 어느덧 사라져서 더 이상 그의 마음을 괴롭히지 않았다. 그렇게 된 것은 오로지 그리스도의 제자도에 새로운 이해가 그의 마음속에 떠올랐기 때문이었다.

그의 일행이 렉탱글에 도착하자 천막 안은 이미 만원을 이루고 있어서 강단 쪽으로 가는 데도 상당히 어려움을 겪었다. 레이첼은 버지니아와 함께 강단 앞에 앉아 있었고, 오늘 밤에는 웨스트 박사 대신에 작가인 자스퍼 체이스가 동참하고 있었다.

모임이 시작되자 레이첼이 먼저 독창한 노래를 다같이 합창으로 부르자고 외쳤을 때 천막 안은 발을 들여놓을 틈조차 없을 지경이었다. 그 날 밤은 공기가 온화했으며 천막의 한쪽 끝이 여기저기서 접혀 올려진 채 천막 주위에도 많은 사람들이 모여 그 틈새로 얼굴을 내밀고 강단을 향해 귀를 기울이고 있었다.

합창이 끝나자 그 자리에 참석한 시내 교회의 한 목사가 주도하여 다같이 기도하는 순서를 마치자, 그레이 목사는 오늘 밤 자신이 설교하지 못하는 이유를 밝히면서 담담하고 차분한 태도로 '제일교회의 헨리 맥스웰 목사님'께 설교를 부탁하겠다고 말했다.

"저 사람이 대체 누구야?" 천막 바깥 쪽에서 거친 목소리가 들려왔다.

"제일교회의 목사님이시래, 오늘 밤에는 온통 높으신 양반들이 잘난 체하는 소리를 듣겠군, 쳇!"

"제일교회라구? 나도 들어서 알고 있지. 우리 집 주인이 그 교회 앞 좌석에 앉아 계신다더군." 또 한 목소리가 말하자 와락 웃음소리가 터져 나왔고 그 말을 내뱉은 사람은 어느 술집 주인이었다.

"물 위에 생명줄 던지어라."

한 술취한 사나이가 천막 옆에 서서 시골 유랑 극단 가수의 코먹은 소리를 무의식적으로 흉내 내어 찬송가를 부르자 여기저기서 폭소와 야유가 터져 나왔다. 천막 안에 있던 사람들은 와자지껄하며 소란이 일어난 쪽으로 고개를 돌렸다. 여기저기서 고함을 지르는 소리가 들렸다.

"그 놈을 끌어내 버려!"

"제일교회 목사나리께 기회를 줘야지!"

"한 곡조만, 한 곡조만 더 뽑으라구!"

맥스웰 목사가 마침내 자리에서 일어섰다. 거대한 두려움의 물결이 그를 엄습해 왔다. 질서정연한 교회 좌석에 앉아 있는 잘 차려 입고, 사회적 명성이 있으며, 교양 있고 점잖은 태도를 지닌 교인들 앞에서 설교하던 것과 무질서하게 늘어선 거칠고 소란스런 무리들 앞에서 설교하는 것은 너무나 딴판이었다. 그는 용기 있게 설교를 시작했으나 소란은 점점 심해질 뿐이었다. 그레이 목사가 군중들 속으로 뛰어들어 소란을 가라앉히려 했으나 소용이 없는 것 같았다.

맥스웰 목사가 팔을 들어 진정시키면서 목소리를 높이자 천막 안의 군중들은 주목하기 시작했으나 천막 바깥의 소란은 여전히 심해질 뿐이었다. 몇 분 후 청중들의 태도가 그의 힘으로 다스리기엔 불가능할 정도로 소란해지자 맥스웰 목사는 서글픈 미소를 지으며 레이첼을 돌아보았다.

"윈슬로우 양! 찬송가를 한 곡 불러 주시오. 저들도 당신의 찬송에는 귀를 기울일거요." 그는 이렇게 말한 다음 자리에 앉아 두 손으로 얼굴을 감쌌다.

이제는 레이첼에게 기회가 왔고 그녀는 소란을 진정시킬 만한 충분한 능력을 지니고 있었다. 버지니아가 오르간 앞에 앉자 레이첼은 찬송가의 반주를 부탁했다.

"구세주여 나를 인도하소서

나를 인도하는 손길을 보지 못하는

내 마음을 진정시켜 주소서

오직 당신의 뜻이 나의 뜻이 되게 하소서."

레이첼이 1절도 채 부르기 전에 천막 안에 있던 사람들은 모두 그녀에게 고개를 돌리고 차츰 조용해졌다. 그녀가 이 찬송가를 다 부르기도 전에 렉탱글의 야수 같은 무리들은 어느덧 길들여져 유순해졌다. 그것은 마치 사나운 맹수가 그녀의 발 앞에 엎드려 있고 그녀가 아름다운 노래로 그 맹수를 고분고분하게 길들이고 순종하게 하는 것과도 같았다.

아! 연주회장에 몰려드는 경박한 자존심과 향수를 뿌린 사치스런 옷차림으로 이것저것 비평하기에 열을 올리는 중상류층 무리들과 이 불결하고 거칠고 술 취한 무리들을 비교하면 얼마나 이질적인가! 이 타락한 무리들이 한 아름다운 젊은 여성의 성스러운 찬송가 소리에 감동을 받아 몸을 떨고 눈물을 흘리며 이상하리만큼 슬프고 침통한 표정으로 말없이 생각에 잠기다니 이 얼마나 놀라운 성령의 역사인가!

맥스웰 목사는 고개를 들고 어느새 돌변해 버린 군중들을 바라보았다. 예수님이라면 레이첼 윈슬로우처럼 아름다운 목소리로 아마도 이와 같이 하셨으리라 하는 영감이 퍼뜩 떠올랐다. 자스퍼 체이스는 조용히 앉아서 레이첼 윈슬로우의 아름다운 모습을 넋을 잃고 바라보고 있었다. 위대한 작가가 되려는 크나큰 야망과 염원은 이 아름다운 여인의 사랑을 언제쯤 차지할 수 있을까 하는 생각에 온통 휘말려 들어가고 있었다. 천막 밖의 어두컴컴한 곳에 복음 전도 집회가 열리는 천막 주위에는 결코 나타나리라고 여겨지지 않는 인물이 와 있었는데 그는 곧 롤린 페이지였다.

그는 사방에 모여 있는 거칠고 지저분한 남녀들이 이 멋진 옷차림의 잘생긴 청년을 쳐다보고 있음에도 전혀 아랑곳하지 않고 그들 사이를 재빨리 헤치고 들어가서 레이첼이 지닌 크나큰 위력에 사로잡힌 듯 감동을 받은 표정으로 서 있었다. 그는 막 클럽에서 나오는 길이었는데 레이첼도 버지니아도 그 날 밤 천막 옆에 말없이 서 있는 그의 모습을 전혀 알아채지 못했다.

찬송이 끝나자 맥스웰 목사는 다시 일어섰다. 이번에는 훨씬 차분한 분위기였다. 예수님이라면 어떻게 하실까? 일찍이 결코 말할 수 없으리라 생각했던 말도 담대하게 말씀하시리라.

'이 사람들은 과연 누구인가? 이들 역시 다른 사람들과 마찬가지로 불멸할 영혼을 지닌 사람들이다. 기독교란 무엇인가? 의로운 사람들보다는 죄인들을 인도하여 회개하도록 하는 것이다. 예수님이라면 무엇을 말씀하실까? 그분이라면 어떤 방법으로 설교하실까?'

그는 비록 예수님의 고귀한 메시지를 모두 전달할 수는 없지만 그 중의 일부라도 분명히 전달할 수 있다고 확신했다. 그리하여 자신감을 가지고 차근차근 설교해 나갔다. 일찍이 이때처럼 '군중들에 대한 사랑과 동정'을 느껴 본 적이 없었다. 과거 10여 년 동안 제일교회에서 목회자로 봉직해 온 그에게 이러한 군중들은 어떠한 존재로 여겨졌던가?

교회와 자신의 능력이 미칠 수 있는 한계를 벗어난 무지몽매하고, 위험스럽고 불결하며 사회의 골치아픈 존재로만 여겨졌고 때때로 불유쾌한 양심의 가책을 일으키는 요소이기도 했다. 신문들이나 각종 사회단체에서는 이 '무지하고 타락한 군중들'에 대해 비판과 논란이 분분했고, 신문들은 종교 단체 혹은 사회단체들이 이들에게 제대로 접근하지 못하는 이유를 제시하기도 했다.

그러나 오늘 밤 이러한 무리들을 마주 대하면서 맥스웰 목사는 예수께서 늘 가까이 대했던 사람들도 바로 이런 무리들이 아닐까 스스로 반문하지 않을 수 없었고, 이 거칠고 무지한 군중들에 대해 진실로 무한한 사랑이 솟아오르는 것을 느꼈다. 이러한 사랑이야말로 일찍이 목사의 직분으로 이 세상을 살아오면서 가장 영생의 진리에 부합하는 사랑이 아니었을까? 한 사람의 죄인을 동정하거나 사랑하는 것은 쉬운 일이며, 더욱이 그가 피치 못할 사유나 독특한 개성의 소유자일 때는 한결 사랑하기가 쉬워진다. 그러나 자신을 야유하고 조소하는 수많은 죄인들을 고루 사랑한다는 것은 진정으로 그리스도의 사랑과 정신을 본받으려는 사람이 아니고서는 어려운 일이리라.

마침내 집회가 끝났을 때, 어느 누구도 특별한 관심이나 흥미를 나타내지 않았으며 후속 모임을 위하여 남아 있는 자도 없었다. 그들은 밀려왔던 바닷물이 빠져나가듯 재빨리 천막을 벗어나서 술집이나 도박장 등으로 하나 둘씩 기어들어갔고, 집회가 진행되는 동안 꽤 한산하던 곳들이 다시 흥청거리기 시작했다. 렉탱글 사람들은 잃어버린 시간을 보충이라도 하려는 듯이 마구 떠들어대면서 평소와 다름없는 밤의 유흥 속으로 빠져 들어갔다.

버지니아, 레이첼, 자스퍼 체이스를 포함한 맥스웰 목사 일행은 술집과 도박장이 늘어서 있는 뒷골목을 지나 전차들이 왕래하는 큰길 모퉁이에 이르렀다. 타고 갈 전차를 기다리면서 맥스웰 목사가 침울한 표정으로 말했다.

"이곳은 정말 지독한 곳이야. 레이먼드 시에 이처럼 곪아가는 상처가 있는 줄은 미처 깨닫지 못했어. 이렇게 타락하고 부패한 지역이 진정한 그리스도인들로 가득 찬다는 것은 참으로 어려운 일이라고 생각되는군."

그러자 자스퍼 체이스가 의문을 제기했다.

"음주로 인해 느끼는 그 저주받은 쾌락을 어느 누가 감히 깨끗이 없애 버릴 수 있다고 생각하십니까? 목사님, 목사님의 입장과 생각을 듣고 싶습니다."

맥스웰 목사는 생각에 잠긴 듯한 얼굴로 대답했다.

"최근에 나는 이 땅의 그리스도인들이 이 저주받은 술집들을 없애기 위해 이제껏 무엇을 해 왔던가 생각해 보았습니다. 왜 우리 그리스도인들이 모두 힘을 합하여 술집에 대항하는 운동을 전개해 나가지 않는 것입니까? 왜 레이먼드 시의 모든 목사들과 교인들이 이러한 부패와 무질서에 대항하여 하나로 뭉치지 못합니까? 예수님이라면 어떻게 하셨을까요? 그분이라면 사회가 어떻게 되건말

건 조용히 침묵을 지키셨을까요? 이 죄악과 사망의 근원을 그냥 인정하는 쪽으로 한 표 던지셨을까요?"

그는 어느 누구보다도 바로 자기 자신에게 이야기하고 있었다. 그는 이제껏 대부분의 동료 교인들이 그러하듯이 술집을 허가하는 쪽에 투표했다는 것을 기억해 냈다.

'예수님이라면 어떻게 하실까? 나는 이 질문에 대해 확실한 대답을 얻어낼 수 있을까? 만일 주님께서 오늘날 이 땅에 살아 계신다면 술집에 반대하는 설교와 행동을 하실까? 그렇게 하신다면 어떤 방식으로 설교하고 행동하실까? 술집 허가에 반대하는 설교를 하신다면 사람들의 호응을 얻지 못하실까? 모든 그리스도인들이 어쩔 수 없이 죄의 근원이 되는 음주를 묵인하면서 그러한 필요악에 대해 비싼 세금을 거둬들이면 그만이라고 생각한다면? 만일 교인들 자신이 술집이 들어서 있는 지역을 재산의 일부로 소유하고 있다면?'

그는 레이먼드 시가 당면하고 있는 이 모든 문제점들을 잘 알고 있었다. 예수님이라면 어떻게 하실까?

이튿날 아침, 맥스웰 목사는 이 질문에 대해 부분적이나마 올바른 해답을 얻기 위해서 서재로 올라갔다. 그는 종일토록 혼자 서재에서 오로지 이 질문에 대한 해답을 얻기 위해 기도하고 생각하다가 데일리 뉴스 신문이 석간으로 배달되었을 때 비로소 어떤 확실한 결론에 도달하게 되었다. 그의 아내는 신문을 갖고 올라와서는 그가 신문을 읽어 주는 동안 조용히 앉아서 듣고 있었다.

그 당시 데일리 뉴스는 레이먼드 시에서 가장 물의를 일으키고 있는 일간지였다. 말하자면 너무나 주목할 만한 형식으로 편집 방향이 전환되는 바람에 구독자들은 전에 없던 흥분을 감추지 못하고 있었다. 우선 변화가 시작된 첫 날에 독자들은 프로권투 기사가 삭제되었음을 알았고, 관심을 끄는 범죄 사건에 대해 세부적으로 취재한 기사나 사생활을 공개하는 갖가지 스캔들 따위가 서서히 빠져나가고 있음을 깨닫게 되었다. 이어서 술과 담배의 광고가 없어져 버린 것을 알게 되었고, 이런 방식으로 운영해 나가다가 제대로 유지될 수 있을지 의문을 사기도 했다. 더구나 일요판 발행의 중단은 이 모든 사건들 중에서도 가장 큰 물의와 충격을 야기시켰고, 마침내 사설의 성격과 기본 방향마저도 극도의 흥분을 자아내고 있었다. 금주 월요일 석간에 실린 사설의 인용은 에드워드 노먼 사장이 어떻게 자신의 서약을 지켜 나가고 있는지 여실히 보여줄 것이다.

사설은 다음과 같은 표제를 달고 있었다.

정치적 문제들에 대한 도덕적 측면

"본 신문의 편집인은 이제껏 현재 집권하고 있는 정당의 기본 원칙들을 항상 지지해 왔고, 집권당에 대한 깊은 신뢰와 기대의 측면에서 모든 정치적인 문제들을 다루어 왔으며 다른 정치 단체들의 주장은 무시하거나 반대를 표명해 왔다. 그러나 이제부터는 우리의 모든 독자들에게 절대적으로 정직한 입장에서 사설을 제시하기 위해, 정치에 관한 제반 문제들을 정의로우냐 그렇지 못하냐 하는 확고한 견지에서 토론하고 다루어 나가고자 한다. 다시 말하자면 어떤 정치적 문제를 다루어 나가는 데에 우선 '이 정책이 우리 당에 유익한가?'라든가 혹은 '이 정책이 우리 당이 근본 원칙으로 내세운 정강에 부합하는가?'를 묻기 이전에 제일 먼저 '이 정책이 일찍이 모든 인류에게 가장 위대한 삶의 원칙을 제시하신 예수 그리스도의 정신과 가르침에 부합하는가?'를 묻고자 한다.

즉 쉽게 말하자면 모든 정치적 문제들의 도덕적 측면을 제일 중요하게 다루겠으며 모든 개개인뿐만 아니라 국가도 마찬가지로 모든 일을 행하는 데에 하나님의 영광을 나타내는 것을 제1원칙으로 삼고 처리했는가 하는 것을 근거로 하여 명확하게 분석하고 비판해 나가기로 한다.

또한 본지에서는 우리나라의 책임 있는 공직에 출마하는 입후보자들에게 이 원칙을 우선 적용할 것이다. 정당이 내세운 정책들과는 무관하게 본지 편집인은 가장 훌륭한 입후보자들이 당선될 수 있도록 모든 힘을 기울일 것이며, 자격이 없는 입후보자가 아무리 소속 정당의 지지를 받는다고 할지라도 의도적으로 그를 지원하지 않을 것이다.

입후보자들과 그들이 내세운 선거 공약들에 대해 우선적으로 제기할 질문은 '과연 그 후보자가 시의원이 될 자격이 있는가?' '그는 유능하고 선량한 사람인가?' '그가 내세운 선거공약은 정당한가?' 등이다."

이런 식의 사설은 수없이 많이 게재되었으나 여기서는 단지 데일리 뉴스 편집 방향의 근본 성격을 보여주기 위해 이 사설을 인용한 것이다. 레이먼드의 수많은 시민들이 이 사설을 읽고 자기 눈을 의심하면서 놀라움을 금하지 못했다. 그들 중 많은 사람들이 구독을 중단하겠다고 즉각 신문사에 편지를 보내왔다. 그럼에도 불구하고 신문은 끊임없이 발행되었고 도시 전역에서 대단한 관심을 끌며 읽히고 있었다. 한 주일이 채 지나기도 전에 에드워드 노먼 사장은 많은 정기 구독자들을 급속도로 잃어가고 있음을 알게 되었다. 클라크 편집장은 월요일 신문의 사설이 특히 말썽이 되었다고 투덜거리며 마침내 파산 지경에 이르렀다고 우울한 표정으로 예언했으나 노먼 사장은 이 모든 현상을 말없이 침착한 태도로 받아들였다.

그 날 밤 맥스웰 목사는 아내에게 사설을 읽어 주면서 신문의 모든 칼럼에서 노먼 사장이 자신의 서약을 충실히 이행하고 있음을 역력히 보고 느낄 수 있었다. 사람들의 관심을 끌기 위한 통속적이고 야비한 표제도 눈에 띄지 않았으며 표제 아래의 내용들도 매우 건전하고 양심적이었다. 두 가지 칼럼에서 기자들의 이름이 맨 아래 부분에 정식으로 서명된 것을 목격하고 그들의 취재 양식과 자신이 쓴 기사에 대한 책임 및 권위 의식에서도 현저한 진보를 보이고 있음을 깨달았다.

"이제 노먼 사장이 기자들에게 자신들이 취재한 기사에 대해 서명하도록 하기 시작했구려. 전에 내게 그런 의견을 말한 적이 있었거든. 참 잘한 일이야. 그렇게 하면 기사에 대한 책임의식도 확실하게 되고 내용의 수준도 향상되게 마련이지. 독자들과 기자들에게 모두 좋은 일이야."

갑자기 맥스웰 목사가 말문을 닫자 함께 신문을 읽고 있던 그의 아내는 의아스러운듯 그를 올려다보았다. 그는 비상한 관심을 가지고 어떤 기사를 읽어 내려가기 시작했다. "들어봐요, 메리"라고 말하면서 기사를 읽어내려가는 그의 입술이 조금씩 떨리기 시작했다.

"오늘 아침 레이먼드 시에 소재한 L&T 철도 회사의 공장 소장인 알렉산더 파워스 씨는 회사에 정식으로 사표를 제출했다. 그가 돌연 사임을 결심한 이유는 다음과 같다. 최근 몇몇 특정한 철도회사들이 부당한 이득을 얻기 위해 철도를 독점하는 행위를 방지하고 이를 처벌하기 위해 제정된 주간통상법(the Interstate Commerce Law)과 주법(the state law)에 명백히 위반되는 L&T 철도회사의 불법 행위에 대한 물증이 우연히 알렉산더 파워스 소장의 손에 들어왔다는 것이다. 파워스 소장은 사임의 이유를 밝히면서, 명백히 법에 위반되는 행위를 자신이 속한 철도 회사에 불이익을 초래한다고 해서 양심을 속이고 모르는 척 넘겨 버릴 수 없었다고 말했다. 그는 경우에 따라서는 이 불법 행위에 대한 증인이 될 각오도 되어 있다. 그는 이미 철도 회사의 위법 행위를 확증하는 서류를 조사 위원회에 제출했으며 이제는 단지 그들이 어떤 조치를 내릴 것인가가 문제로 남아 있다.

본지는 여기서 파워스 씨가 취한 이 용감한 행동 그 자체에 대해서만 언급하고자 한다. 우선, 그는 이처럼 어려운 결심을 내림으로 해서 아무런 이득도 얻을 게 없다. 그가 단지 자기 손에 들어온 서류에 대해서 침묵을 지키려고 마음 먹었더라면 모든 사람들이 부러워할 만한 그의 직책을 구태여 떠나지 않아도 되었을 것이다.

둘째, 그의 이러한 행동은, 모든 법은 정당하게 준수되어야 하며 위반자들은 마땅한 처벌을 받아야 한다고 믿고 있는 정직하고 사려 깊은 모든 시민들에게 당연히 호응을 받아야 할 것이라고 확신하는 바이다. 이번 사건의 경위를 생각해 보면 철도회사의 위반 행위는 일반적으로 묵인되어 좀처럼 그 증거가 잡히지 않는 것을 볼 때, 철도 회사의 간부들은 종종 위반 행위를 입증하는 서류를 손에 넣었다 할지라도 사직당국에 이를 고발하는 일은 자기가 관여할 바가 아니라고 생각하는 것이 일반적인 사고방식임을 알 수 있다.

마땅히 책임을 져야 할 사람들이 이처럼 자신의 안일을 위해서 모르는척 회피하는 행위는 궁극적으로 철도직에 종사하는 모든 젊은이들의 사기를 저하시키는 결과를 초래할 것이다. 본 편집인은 얼마 전 이 도시에 위치한 어느 대규모 철도 회사의 고위 간부가 진술한 내용을 기억하고 있다. 그 내용에 의하면, 철도회사의 특정 부서에 근무하는 거의 모든 직원들은 자기 회사가 주 정부간 통상법을 교묘히 어김으로써 거액의 돈을 부당하게 벌어들이고 있음을 알고 있으면서도 이를 고발하기는커녕 이러한 범법행위를 저지르는 철도회사에서 고위직으로 출세하기 위해서는 이러한 교묘한 수법에 오히려 찬사를 보내거나 자신들도 이런 행위에 동참하겠노라는 각오를 해야 한다는 것이다(주: 이 말은 거대한 서부철도회사의 본사에서 실제로 언급된 것임을 필자가 확인했음).

이러한 기업 양식은 정직하고 고귀한 제반 행동양식을 파괴하는 것이며, 어떤 젊은이든지 자신의 양심과 인격을 저버리지 않고는 불의와 범법행위가 공공연히 처벌되지 않는 사회에서 적응하며 살아갈 수 없다는 사실은 두말할 필요도 없을 것이다.

우리가 판단하건대 파워스 씨는 진실한 그리스도인으로서 마땅히 해야 할 일을 용기있게 했을 뿐이다. 그는 자신의 모든 것을 철저히 희생하면서까지 사회와 대중을 위해 용감하고 유익한 봉사를 했다고 여겨진다. 일개 시민이 그렇게 한다는 것은 결코 쉬운 일이 아니다. 이 사건에서 파워스 씨가 취한 조치는 법과 그것의 올바른 시행을 믿고 있는 모든 사람들에게 진심으로 환영받을 만한 일임은 의심할 여지가 없다.

모든 개인은 때때로 개인의 인격에 대한 심각한 손실과 희생을 감수하면서도 사회와 인류를 위해 용감한 조치를 내려야 할 때가 있다. 파워스 씨는 한편으로 오해와 왜곡된 비난을 받게 될지도 모르지만 미약한 개인뿐만 아니라 막강한 대기업에 대해서도 법의 적용은 늘 공정하게 이루어져야 한다고 믿고 소망하는 사람들에게 환영받을 것임은 의심할 여지가 없다. 파워스 씨는 양심을 지닌 개인으로서 국가와 민중에 충실히 봉사할 수 있는 모든 일을 다했다. 이제 조사 위원회에서 L&T 철도 회사의 위법 행위에 대한 뚜렷한 증거를 놓고 어떻게 처리해 나갈 것이냐 하는 문제가 우리의 관심사로 남아 있다. 법은 이를 위반한 자가 누구이든 간에 공정하게 적용되어야 한다."

9

구원의 은총이 가득한 품 안

떨리는 손으로 신문의 기사를 읽고 있던 헨리 맥스웰 목사는 그만 신문을 떨어뜨리고 말았다.

"가서 파워스 씨를 만나 봐야겠군. 자신의 서약을 양심적으로 지켜나가려다가 이런 결과를 빚게 되었으니 … "

그가 일어나 밖으로 나가려 하자 아내가 물었다.

"여보, 당신은 예수님이라면 그렇게 하셨을거라고 생각하세요?"

맥스웰 목사는 잠시 생각하더니 천천히 대답했다.

"물론, 예수님이라면 그렇게 하셨을 거라고 생각하오. 서약을 한 사람은 누구나 파워스 씨의 입장을 이해하리라 믿소. 그는 어느 누구를 위해서가 아니라 바로 자기 자신을 위해서 예수님이 그렇게 하시리라 믿는 대로 결정을 내린 것이오."

"그분의 가족은 이제 어떻게 될까요? 부인과 딸 셀리아는 그의 결정을 이해하고 받아들일까요?"

"의심할 여지 없이 매우 어려운 처지에 놓일거요. 그들은 파워스 씨의 입장을 잘 이해하지 못할 테니 그게 바로 파워스 씨가 져야 할 고통의 십자가가 되겠지."

말을 마친 후 맥스웰 목사는 서둘러 파워스 소장이 살고 있는 이웃 동네로 떠났다. 다행스럽게도 파워스 소장이 직접 나와서 그를 맞이했다.

두 사람은 아무 말 없이 서로 악수를 나누었으나 서로의 마음을 곧 이해할 수 있었다. 이때처럼 목사와 교인 사이에 사랑과 이해의 깊은 공감을 느낀 적은 일찍이 없었으리라!

이 사건의 경위에 대해 한동안 이야기를 나눈 후에 맥스웰 목사가 물었다.

"앞으로 어떻게 하실 계획입니까?"

"직장 문제 말씀입니까? 아직 별다른 계획은 없지만 옛날에 일했던 전신기사로 취직할 수 있을 것 같습니다. 사회적인 활동이나 사교 모임을 제외하고는 생활해 나가는데 가족들이 경제적 빈곤은 겪지 않을 겁니다."

파워스 씨는 다소 서글픈 목소리로 차분하게 대답했다. 맥스웰 목사는 그의 아내와 딸이 어떻게 생각하고 있는지를 차마 묻지 못했다. 그 점이 바로 파워스 씨의 가장 깊은 고통임을 너무 잘 알고 있었기 때문이었다. 잠시 후 파워스 씨는 진지한 표정으로 말했다.

"목사님께서 도와주셨으면 하는 것이 한 가지 있습니다. 다름 아니라 철도 공장에서 노동자들의 복지 사업이 활발히 진행되고 있는데 제가 알기로는 본사에서도 이러한 움직임이 계속되는 것을 반대하지 않으리라고 봅니다. 그런데 철도회사에서 표면상으로는 Y. M. C. A나 기타 다른 기독교 단체에서 벌이는 여러 가지 활동을 장려하고 있으면서도 정작 철도 회사의 중역들이나 간부들은 가장 비기독교적이고 법에 어긋나는 행위들을 암암리에 자행하고 있으니 이것이야말로 표리부동한 철도계의 모순이 아닐까요? 물론 그들은 스스로 온화하고 정직한 그리스도인들임을 보여주기 위해 노동자들에게 선심을 베풀 것이라고 생각됩니다. 그러니 틀림없이 그 기계공작실의 실장도 빈 방의 사용을 기꺼이 승낙해 줄 것으로 믿습니다. 제가 목사님께 부탁드리고자 하는 것은 제가 세워놓은 계획이 잘 실행될 수 있도록 보살펴 달라는 것입니다. 목사님께서는 대충 그 계획에 대해 알고 계시는 데다가 지난번에 노동자들에게 무척 좋은 인상을 남겨 주셨거든요. 될 수 있으면 자주 그곳을 방문해 주십시오. 이 계획에 관심을 갖고 있는 밀턴 라이트 씨가 커피 끓이는 기구들이랑 독서용 테이블 등을 마련해 주실 겁니다. 어려운 부탁이지만 도와주시겠습니까?"

"그렇게 하지요."

맥스웰 목사는 쾌히 승낙하고 나서 좀 더 머물러 이야기를 나누다가 파워스 씨와 함께 기도를 드렸다. 마침내 그들은 같은 그리스도의 제자들이요 뜻을 함께하는 친구임을 새로이 다짐하는 표시인 양 무언의 악수를 나누고 헤어졌다.

돌아오는 길에 맥스웰 목사는 그 주일에 일어난 여러 가지 사건들을 돌이켜 보며 깊은 생각에 잠겼다. "예수님이라면 어떻게 하실까?"에 대한 가장 올바른 판단에 따라 모든 일을 행하겠다는 서약이 마침내 제일교회뿐만 아니라 도시 전역에 하나의 혁명을 점차적으로 불러일으키고 있다는 사실을 부인할 수 없었다. 이 서약을 충실히 지켜나감으로써 초래하는 결과가 매일매일 심각한 양상을 드러내고 있었다. 궁극적으로 어떤 결과에 이르게 될지 목사 자신도 알 수 없었다. 사실상 레이먼드 시뿐만 아니라 미국 전역에 걸쳐 수많은 가정들의 역사와 운명을 바꾸어 놓으려는 일련의 운동이 이제 막 시작되려는 단계에 있었다.

에드워드 노먼 사장과 레이첼 윈슬로우, 파워스 소장 등이 서약을 지키려다가 감수하게 된 여러 가지 사태와 결과를 곰곰이 생각해 보면서, 제일교회에서 이 서약에 참여한 모든 교인들이 충실히 그 서약을 지켜나갈 경우 과연 어떤 결과가 일어날지 깊은 관심을 가지지 않을 수 없었다.

'그들은 모두 변함없이 서약을 지켜나갈 것인가? 혹은 그 서약으로 인해 져야 할 십자가가 너무 무거워서 마침내 등을 돌리는 사람이 있지 않을까?'

이튿날 아침까지도 서재에 앉아서 이 질문에 대해 곰곰이 생각하고 있을 때 제일교회 청년 전도봉사회 회장인 프레드 모리스가 그를 방문했다.

"저에 대한 일로 목사님께 걱정을 끼쳐드리고 싶지는 않습니다만 목사님께서 다소나마 좋은 충고를 해 주시리라 믿고 이렇게 찾아왔습니다."

젊은 청년인 모리스는 서슴없이 용건을 꺼내고자 했다.

"반갑네, 프레드 군, 무슨 일인지 말해 보게나."

맥스웰 목사는 이곳에서 목회를 하게 된 첫 해부터 이 청년을 알고 있었고 늘 충실하고 열성적으로 교회에 봉사해 왔으므로 무척 그를 아끼고 사랑하고 있었다.

"사실은 제가 직장에서 해고당하고 말았습니다. 목사님께서도 아시다시피 저는 작년에 학교를 졸업한 이후 조간지인 '모닝 센티널'(Sentinel) 신문사에서 취재기자로 일해 왔습니다. 그런데 지난 토요일에 저의 상사인 버어 씨가 주일 아침 일찍 현장으로 내려가서 간이 역에서 일어난 기차 강도 사건을 자세히 취재해 오라는 지시를 했습니다. 석간인 데일리 뉴스가 미처 취재에 착수하기도 전에 이 사건을 대서 특필해서 월요일 아침에 호외를 발행하겠다는 것이었지요. 제가 가지 않겠다고 거절하자 버어 씨는 몹시 화가 난 듯 저를 해고시켜 버리고 말았습니다. 그렇게까지 심하게 나올 줄은 꿈에도 몰랐는데 몹시 기분이 상했던가 봅니다. 그 이전에는 제게 항상 잘해 주셨거든요. 과연 예수님께서도 제 입장에서 그렇게 하셨을까요? 다른 친구들이 저의 행동에 대해 고지식하고 어리석은 짓이라고 비난하기에 목사님께 여쭤보는 것입니다. 때때로 어떤 확고한 신념과 동기에 의해 행하는 그리스도인들의 행위가 다른 사람들에게 이상하게 보일지는 모르지만 정말 어리석은 짓이라고 생각하지는 않아요. 목사님은 어떻게 생각하세요?"

"프레드 군, 나는 자네가 충실히 서약을 지켰다고 생각하네. 예수님이라면 자네가 생각한 것과 마찬가지로 주일 아침에 취재하러 나가지는 않으셨으리라 믿네."

"감사합니다, 맥스웰 목사님. 다소 고통스럽게 느껴지긴 했지만 깊이 생각할수록 잘한 일이라고 생각되거든요." 모리스가 방을 나서려고 일어서자 목사도 함께 일어나서 그 청년의 어깨에 사랑이 넘치는 마음으로 손을 얹으며 물었다.

"앞으로 무슨 일을 할 생각인가, 프레드 군?"

"아직은 잘 모르겠습니다만 시카고나 혹은 다른 대도시로 나가 볼 생각입니다."

"데일리 뉴스에 입사하지 그러나?"

"거기는 이미 정원이 꽉 차서 지원해 볼 엄두조차 못내고 있어요."

맥스웰 목사는 잠시 생각에 잠기더니 이렇게 말했다.

"나와 함께 데일리 뉴스 신문사로 가 보세. 노먼 사장을 만나 상의해 보겠네."

그리하여 몇 분 후에 에드워드 노먼 사장은 맥스웰 목사와 청년 모리스를 대면하게 되었고, 맥스웰 목사는 간략하게 찾아온 용건을 말했다.

"자네에게 데일리 뉴스에서 함께 일할 자리를 즉시 마련해 주기로 하지."

노먼 사장은 다소 날카로운 인상을 풍기는 모습이었으나 온화한 미소를 띠면서 말했다.

"나는 주일엔 일하지 않으려는 확고한 주관을 가진 기자를 원하고 있다네. 더구나 나는 지금 새로운 형태의 보도 특집을 구상하여 계획을 짜고 있으니 자네처럼 예수님의 발자취를 따르려는 서약을 충실히 지키려는 청년으로서는 자신의 능력을 한껏 발휘할 수 있으리라고 믿네."

노먼 사장은 즉시 모리스에게 일할 책상을 지정해 주었다. 맥스웰 목사는 집으로 돌아오는 길에 깊은 만족감에 젖어 있었다. 실직당한 사람에게 적절한 일자리를 구해 줄 수 있는 사람만이 느낄 수 있는 행복한 기분이었다.

맥스웰 목사는 곧장 그의 서재로 돌아가려다가 발길을 돌려 밀턴 라이트 씨의 상점이 있는 거리로 향했다. 그는 단지 잠깐 상점에 들러 밀턴 라이트와 반갑게 악수를 나눈 후, 요즈음 그의 사업에 그리스도의 가르침을 충실히 적용한다는 소식을 들었으므로 하나님께서 그의 계획에 축복을 내려 주십사고 기도해 줄 작정이었다. 그러나 목사가 막상 상점 안에 있는 사무실로 들어서자 라이트 씨는 굳이 들어달라고 청하면서 자신의 새로운 계획을 털어놓는 것이었다. 맥스웰 목사는 이처럼 열심히 서약을 지켜나가려는 그의 모습을 물끄러미 바라보며 '과연 이 사람이 여태까지 내가 알고 있던 밀턴 라이트 씨일까?' 하고 자문하지 않을 수 없었다. 라이트 씨는 지나칠 정도로 실리적이고 전형적인 사업가 타입으로서, 항상 세상의 기준에 따라 매사를 우선 '이익을 얻을 수 있는가?'라는 관점에서 바라보고 처리해 왔기 때문이었다.

"맥스웰 목사님, 제가 서약을 한 이후로 이제껏 제가 준수해 왔던 일체의 사업방식에 전면적인 개혁을 시도하지 않을 수 없었음을 솔직히 털어놓고 싶습니다. 지난 20년 동안 저는 상점을 운영해 오면서 예수님이라면 하지 않으실 만한 일들을 수없이 행해 왔습니다. 이제 저는 예수님이라면 하셨을 일들을 깨닫게 되었습니다."

"우선 어떤 변화를 시도할 계획이십니까?"

맥스웰 목사는 빨리 그의 서재로 돌아가서 설교를 준비해야 한다는 생각이 들었다. 그러나 점차 밀턴 라이트 씨와 대화가 진행되는 동안 굳이 서재로 돌아가지 않아도 설교 자료를 얻을 수 있으리라는 확신이 들었다.

"우선 일차적으로 시도해야 할 변화는 종업원들에 대한 제 사고방식을 바꾸는 일이라고 생각합니다. 서약을 했던 주일 바로 다음날 아침 저는 스스로 이렇게 물어보았습니다.

'예수님이라면 이 상점의 점원들, 경리부, 배달부, 영업부 직원들과의 관계에서 어떻게 행동하셨을까? 그분이라면 이제껏 내가 고수해 왔던 인간 관계와는 좀 다르고 사랑과 신뢰가 넘치는 인간관계를 확립하려고 노력하실까?'

저는 곧 그러시리라는 대답을 얻은 후 다시 다음과 같은 질문에 부딪히게 되었지요.

'그러한 인간 관계란 실제로 어떤 형태를 띨 것이며, 그것을 위해 나는 어떤 일을 해야 하는가?'

이 질문에 대해서는 모든 종업원들을 함께 모아 놓고 허심탄회한 대화를 나

뒤보지 않고는 만족할 만한 대답을 찾을 수 없으리라는 생각이 들었습니다. 그래서 모든 종업원들에게 초청장을 보내어 화요일 밤 대창고에서 대화의 광장을 마련했지요. 그 모임에서 좋은 제안이 수두룩하게 쏟아져나왔는데 일일이 목사님께 다 말씀드릴 수가 없군요.

저는 그 모임에서 예수님께서 하셨으리라 여겨지는 말을 그들에게 해 주려고 노력했지요. 그러나 습관처럼 자연스럽게 익숙해진 방식이 아니라서 말하기가 퍽 어려웠고 이따금 실수를 저지르기도 했지요. 그러나 모임에 함께 했던 몇몇 사람들에게 그 모임이 끼친 영향은 믿을 수 없을 정도로 엄청난 것이었습니다. 모임이 끝나기 전에 여러 사람들이 감동을 받아 눈물을 흘리는 모습을 보았으니까요.

'예수님이라면 어떻게 하실까?' 하는 질문을 하면 할수록 몇 년간 저를 위해 일해 온 그들에게 진심에서 우러나온 사랑과 깊은 친밀감을 느끼게 되었어요. 매일 새로운 구상이 머릿속에 떠오르고 그 동기가 예수님의 발자취를 따르려는 서약에 근거하는 한 적용할 수 있는 구체적인 방안을 모색하여 전면적으로 사업의 혁신을 꾀하는 중이랍니다.

사실상 저는 상호 협력과 사업상 이를 적용하는 방식에 대해 아무것도 모르는 상태이므로 얻을 수 있는 모든 자료를 통해 훌륭한 지식과 정보를 알아내고자 노력하고 있지요. 최근에 저는 영국의 브래드퍼드에서 거대한 사업체를 운영했던 티터스 솔트(Titus Salt) 씨의 일생에 대해 연구하고 있는데, 그분은 말년에 에이어(the Aire) 강의 제방 위에 시범 도시를 건설했지요. 그분이 세운 여러 계획들은 저에게 많은 도전을 주고 있습니다. 하지만 저는 아직 예수님이 하시리라고 여겨지는 방식에 충분히 익숙하지 못하기 때문에 모든 세부적인 사항들에 대해 확실한 결론에 이르지 못하고 있습니다. 이걸 좀 보세요"

라이트 씨는 서랍의 깊은 곳을 열심히 뒤지더니 종이 한 장을 꺼냈다.

"예수님이 저의 입장에서 사업을 운영하신다면 실행하시리라고 여겨지는 계획을 제 나름대로 심사숙고해서 이 종이에 적어 보았습니다. 읽어 보시고 목사님의 생각을 좀 말씀해 주십시오."

　예수님이 사업가로서 밀턴 라이트의 입장에 계신다면 하시리라 여겨지는 일들
　1. 결코 이윤 추구만을 제일의 목적으로 하지 않고 모든 일에 우선적으로 하나님께 영광을 돌리려는 목적으로 사업에 임하실 것이다.
　2. 사업상 벌어들인 돈을 결코 사유재산으로 간주하지 않고 인류의 선과 복지를 위해 사용될 하나의 신탁자금으로 간주하실 것이다.
　3. 그가 고용한 모든 종업원들과의 관계는 지극한 사랑과 상호 협조의 관계일 것이다. 그들의 영혼은 궁극적으로 구원받아야 할 귀한 존재들이라는 관점에서 그들을 생각하실 것이다. 항상 이러한 생각을 사업상의 이윤 추구보다 우선적인 위치에 두실 것이다.
　4. 그분이라면 동일한 사업에 투신한 다른 사업가들과의 경쟁에서 이기기 위해 부당한 방법을 사용하지 않을 것이며, 정직하지 않거나 의혹을 살 만한 일들을 하지 않으실 것이다.
　5. 사업 운영상 비이기적이고 상호 협조적인 원칙에 근거하여 모든 세부 사항들을 처리하실 것이다.
　6. 이러한 원칙에 근거하여 사업주와 고용인들과의 관계 개선을 추구하실 것이며, 고객들이나 관련된 일반 사업체에 대해 신임할 수 있고 화목한 관계가 이루어지도록 노력하실 것이다.

　헨리 맥스웰 목사는 라이트 씨가 제시한 계획들을 천천히 읽어내려가면서 자기 자신도 엊그제 예수님께서 하시리라 여겨지는 행동을 구체적으로 기록해 보려고 애쓰던 일이 생각났다. 그는 매우 진지한 태도로 다 읽고나서 라이트 씨의 열성에 가득 찬 눈길과 마주쳤다.

"이런 식으로 사업체를 경영하면서 계속 유지해 나갈 수 있으리라고 믿습니까?"

"물론, 믿고 있습니다. 이타적인 지성이 이기적인 지성보다 훨씬 지혜롭다고 여기지 않으십니까? 만일 종업원들이 사업체의 이득이 결국 자신의 이득과 연결되어 있다는 생각을 하기 시작하고, 더 나아가서 회사를 자신의 것처럼 사랑하기 시작한다면, 결과적으로 좀 더 일에 정성을 기울이고 쓸데없이 시간을 낭비하지 않을 것이며 더욱 근면하고 충실해지지 않을까요?"

"저도 그렇게 생각하고 있습니다. 그러나 대부분의 사업가들은 그렇지 않기 때문에 일반적인 양상을 말씀드린 것뿐입니다. 그렇다면 이제 사장님께서는 기독교적인 원칙과는 전혀 무관하게 오로지 이윤 추구에만 혈안이 되어 있는 다른 사업체들과 어떻게 관계를 유지하실 작정입니까?"

"물론 그런 어려움이 저의 결단을 방해하고 있지요."

"혹시 사장님께서는 경영자–근로자 협동조합으로 알려진 사업 형태를 구상하고 계시는게 아닌가요?"

"예, 말하자면 바로 그것입니다. 이미 말씀드린 바와 같이 저는 아주 세부적인 사항들까지 조심스럽게 연구하고 있답니다. 예수님께서 저의 위치에 계신다면 철저히 비이기적인 방법으로 사업을 운영해 나가시리라는 것이 저의 절대적인 확신입니다. 그분이라면 자신이 고용하고 있는 모든 사람들을 진심으로 사랑하실 것이며, 사업의 주된 목표를 상호 협조에 두고 궁극적으로는 하나님의 나라가 지상에 이루어질 것을 제1의 목표로 삼아 사업 전반을 운영해 나가실 것입니다. 저도 이러한 원칙들을 근거로 하여 여러 가지 계획을 짜고 있습니다. 세부적인 사항들까지 완성하려면 좀 시간이 걸리겠지요."

얼마 후 맥스웰 목사는 밀턴 라이트의 상점을 떠나면서 바야흐로 사업계에서도 개혁의 물결이 일고 있음을 보고 깊은 감명을 받았다. 그의 상점을 지나오면서 그곳에는 벌써 새로운 기운이 솟아오르고 있음을 느낄 수 있었다. 밀턴 라이트 씨가 서약을 한 지 채 일주일도 못되어 종업원들과 새로운 유대감과 관계 개선을 이룩하려는 그의 노력이 점차 사업 전반에 변혁을 일으키기 시작했음은 부인할 수 없는 사실이 되었다. 종업원들의 밝은 표정과 행동을 통해 이런 현상은 눈에 띄게 드러났다.

"만일 라이트 씨가 이러한 방침을 계속 실행해 나간다면 머지않아 레이먼드에서 가장 영향력있는 설교자가 되겠는걸."

맥스웰 목사는 서재에 당도하자 이렇게 중얼거렸다. 그러나 금전적인 손실을 감수하고라도 그가 시작한 개혁을 계속 실행해 나갈 것인지 의아스러운 점도 없지 않았다. 그는 조용히 무릎을 꿇고 주님의 발자취를 따르려고 서약한 무리들 위에 놀라운 능력으로 임재하셨던 성령이 늘 그들과 함께해 주시기를 간절히 기도했다. 전심으로 기도를 하면서 그는, 예수님이라면 그렇게 하시리라고 믿고 이번 주일에는 레이먼드의 술집을 주제로 전개해 나가기로 작정하고 설교 준비를 해나갔다.

그는 이제껏 한 번도 술집을 반대하는 내용의 설교를 해 본 적이 없었다. 또한 이러한 내용의 설교를 함으로써 심각한 반응을 초래하리라는 것도 짐작하고 있었다. 그럼에도 불구하고 꾸준히 설교 준비를 하면서 한 문장 써내려갈 때마다 '예수님이라면 어떻게 말씀하실까?'라는 자문자답을 빼놓지 않았다. 그는 설교 원고를 준비하는 도중에 여러 번 무릎을 꿇고 기도했다. 그 기도가 무엇을 의미하는지는 목사 자신 외에는 아무도 몰랐다. 그가 참다운 기독교 정신으로 예수님의 발자취를 따르기로 서약한 대변혁의 이전에는 설교 준비를 하면서 무릎을 꿇은 적이 몇 번이나 있었던가? 이제 성직자로서 자신의 사역을 생각해 볼 때 지혜를 갈망하는 기도 없이는 감히 설교할 수 없을 것같았다. 그는 더 이상 극적인 언사로 회중들에게 충격과 파문을 던져 주는 방법 따위에는 관심이 없었다. 이제 그가 당면한 가장 큰 문제는 "예수님이라면 과연 어떻게 하실까?" 하는 것이었다.

토요일 밤 렉탱글에서 열린 집회에서 그레이 목사 부부는 일찍이 겪어보지 못한 놀라운 장면을 목격했다. 집회는 매일 밤 레이첼 윈슬로우의 아름다운 찬송으로 인해 더욱 알차게 진행되고 있었다. 낮에 렉탱글을 지나치는 낯선 사람들마저 이런저런 사람들의 말을 통하여 그 집회에 대한 소식을 많이 전해 듣곤 했다. 그 날 밤까지만 해도 저주와 잡담과 지나친 음주는 여전히 사그러지지 않았다.

이러한 집회를 통하여 렉탱글의 무질서한 상황이 다소 개선되고 있거나 레이첼의 노래가 그들의 거친 태도를 순화시키고 있으리라는 생각은 전혀 현실과 관계없는 공상에 불과했다. 이곳 주민들은 소위 '거칠고 무질서한 렉탱글'이라는 낙인을 하나의 자랑처럼 여기고 있었다. 이처럼 오랫동안 뿌리박혀 내려온 풍토와 고질적인 관념에도 불구하고 이곳에 차츰 어떤 변화가 일어나고 있었다. 이러한 변화는 일찍이 상상도 하지 못했고, 미리 알아서 막아 버릴 만큼 눈에 띄는 것도 아니었다.

그레이 목사는 감기가 나아 어느 정도 목소리를 회복했으므로 그 날 밤에는 설교를 할 수 있었다. 목소리가 가라앉을까봐 조심스럽게 설교했으므로 회중이 그의 말을 알아들으려면 조용히 하지 않을 수 없었다. 차츰차츰 그들이 이해하기 시작한 것은 이 사람이 그토록 오랫동안 시간과 정력을 아낌없이 쏟아가면서 그들에게 구세주가 있음을 알려주기 위해 노력하고 있으며, 더구나 아무런 대가나 사리사욕을 구하지 아니하고 완전히 비이기적인 사랑으로 그들을 대하고 있다는 점이었다.

그 날 밤 엄청나게 모여든 군중들은 헨리 맥스웰 목사의 설교를 듣는 제일교회의 품위 있는 군중들 못지않게 조용했다. 천막 주변에 서 있는 사람들도 잠잠했고 술집도 거의 비어 있었다. 마침내 성령의 능력이 그들에게 역사하셨으니 그레이 목사는 자신이 오랫동안 기도해 왔던 일생일대의 기도가 마침내 응답받았음을 깨달았다.

한편 레이첼의 찬양은 그 날따라 일찍이 버지니아나 자스퍼 체이스가 들었던 것보다 훨씬 아름답고 성스러운 분위기를 풍겼다. 그 날 밤에는 의사인 웨스트 박사도 모임에 참석했는데, 그는 일주일 동안 여가 시간을 렉탱글에서 의료 봉사 활동을 하고 있었다. 버지니아는 오르간 앞에 앉아 있었고, 자스퍼 체이스는 앞 좌석에 앉아 레이첼을 응시하고 있었다. 그녀가 찬송을 부르고 있을 때 한 사나이가 강단을 향해 나아가자 렉탱글 사람들은 무슨 일인가 하여 술렁거리기 시작했다.

"큰 죄에 빠진 날 위해
주 보혈 흘려 주시고
또 나를 오라 하시니
주께로 거저 갑니다."

그레이 목사는 너무나 갑작스러운 일이라 거의 아무 말도 하지 못하고 환영의 뜻으로 그 사나이에게 손을 내밀었다. 그러자 천막 안의 두 통로를 따라 상처 받은 죄 많은 사람들이 남녀 구별 없이 강대상을 향해 몰려 들었다. 길에서 창녀 노릇을 하던 여인 하나가 오르간 가까이 다가왔다. 버지니아는 이 창녀의 얼굴을 보자 화려하고 곱게만 자라온 자신의 생애에서 난생 처음으로 예수님이라면 이 죄 많은 여인에게 어떻게 대하셨을까 하는 생각이 퍼뜩 떠올랐고 마음속에서 용기와 힘이 용솟음치면서 마치 새로운 탄생을 맞이하는 느낌이 들었다.

버지니아는 오르간에서 일어나 그녀에게로 다가가서 그녀의 얼굴을 깊은 사랑의 마음으로 들여다보며 두 손을 마주 잡았다. 그 창녀는 몸을 떨고 흐느끼면서 버지니아의 무릎에 쓰러지고 말았다. 그녀의 머리가 긴 의자의 등받이에 기대었으나 여전히 버지니아의 손을 놓지 않고 참회의 눈물을 흘리고 있었다. 버지니아는 잠시 망설이다가 그녀 옆에서 함께 무릎을 꿇으니 머리가 서로 맞닿게 되었다.

두 줄로 강단을 향해 몰려왔던 사람들이 모두 무릎을 꿇고 참회의 눈물을 흘리고 있을 때에, 다른 사람들과는 대조적으로 야회복을 말쑥하게 차려 입은 한 사나이가 좌석을 비집고 앞으로 나오더니, 전에 맥스웰 목사가 설교할 때 소란을 피우던 주정뱅이 옆에 조용히 무릎을 꿇고 머리를 숙였다.

그는 레이첼 윈슬로우에게서 몇 발자국 떨어지지 않은 곳에 무릎을 꿇고 앉아 있었는데, 레이첼이 노래를 부르다가 잠시 호흡을 조정하려고 그쪽 방향으로 몸을 돌리는 순간 느닷없이 나타난 롤린 페이지의 얼굴을 보고는 무척 놀라지 않을 수 없었다. 잠시 동안 그녀의 목소리가 떨리는 듯 하더니 다시 아름다운 목소리로 찬송가를 불러나갔다.

"죄 용서하여 주시고
내 마음 위로하심을
나 항상 믿고 고마워
주께로 거저 갑니다."

그 목소리는 성령의 은혜를 갈구하는 열정으로 충만해 있었고 한동안 렉탱글은 구원의 은총이 가득 찬 분위기에 휩쓸려 있었다.

10

와서 고난을 당하라

<><><><><><><><><>

"누구든지 나를 섬기려거든 나를 따르라."

렉탱글의 집회는 거의 자정이 다 되어서야 막을 내렸다. 그레이 목사는 회심자들과 함께 대화를 나누거나 기도를 하면서 주일 아침이 훤히 밝아올 때까지 잠한숨 자지 않고 꼬박 밤을 새우고 말았다. 그들은 바야흐로 새로운 삶으로 거듭나는 일생일대의 경험에 접하면서 개인적인 도움을 구하려는 듯 전도자 옆에 바싹 붙어 있었다. 그들은 마치 육신의 죽음으로부터 구원받기 위해 오랫동안 그레이 목사에게 의존해 왔던 사람들처럼 불안하고 약한 어린아이들 같아서 그는 좀처럼 그들 옆을 떠날 수 없었다. 이러한 회심자들 가운데는 롤린 페이지도 끼여 있었다.

버지니아와 그녀의 삼촌 웨스트 박사는 11시가 다 돼서야 집을 향해 떠났고, 레이첼과 자스퍼 체이스도 버지니아가 사는 골목까지 그들과 동행했다. 좀 더 걷다가 웨스트 박사마저 집으로 들어가 버리자 레이첼과 자스퍼 체이스 둘만이 한적한 길을 동행하게 되었다.

11시가 지나자 칠흑 같은 밤이 되었다. 자스퍼 체이스는 지금 방 안에 앉아 책상 위에 쌓여 있는 원고 더미를 바라보며 고통스럽게 자정을 넘어가는 시계를 바라보았다. 그는 조금 전에 골목길을 동행하면서 레이첼 윈슬로우에게 자신의 사랑을 고백했으나 그녀는 좀체로 반응을 보여주지 않았던 것이다. 오늘 밤 그로 하여금 레이첼에게 사랑을 고백하도록 충동질한 가장 큰 요인이 무엇인지 그 자신도 잘 알 수 없었다. 그는 레이첼도 자신에게 사랑을 느끼고 있으리라고 지나치게 확신한 나머지, 고백을 함으로써 자신에게 미칠 결과는 조금도 생각하지 않고 그저 자신의 감정대로 행동했던 것이다. 그가 처음으로 그녀에게 사랑을 고백했을 때 그녀가 보여 주었던 반응을 회상해 보려고 애쓰면서 자스퍼 체이스는 착잡한 심정에 사로잡혔다.

오늘 밤처럼 그녀의 아름다움과 은은히 울려 퍼지는 성가의 위력이 그를 완전히 매료시킨 적은 없는 것 같았다. 그녀가 노래를 부르는 동안 그의 시선과 마음은 오로지 그녀에게 쏠려 있었으므로 다른 것은 아무것도 귀에 들어오지 않았다. 천막 안은 떠들썩한 군중들로 꽉 차 있었고 자신이 이런 무지막지한 군중들에 의해 이리저리 밀리면서 간신히 앞좌석에 앉아 있는 것도 잘 알고 있었다. 그러나 이러한 곤경이나 혼란 따위는 그에게 아무런 문제도 되지 않았다. 그는 오늘 밤에 반드시 사랑의 고백을 해야 한다는 느낌이 들었고, 단 둘이서 동행하게 될 때까지 기다려야 한다고 생각했다. 이제 그는 모든 것을 말해 버렸으나 결국 그가 기대한 레이첼의 반응이라든가 적절한 기회가 왔다는 그의 판단은 잘못된 것임이 드러나고 말았다. 그는 레이첼이 자신에게 어느 정도 사랑을 느끼고 있다고 생각했고 또 그렇게 믿어 왔다. 그가 써낸 최초의 소설에서 레이첼을 모델로 하여 여주인공을 그렸고 자신을 모델로 한 남자 주인공과 서로 사랑에 빠져 있었는데, 레이첼도 이것을 알고 있었으나 전혀 거부 반응을 나타내지 않았던 것이다. 이러한 사실은 아무도 모르고 있었다. 자스퍼 체이스가 완성된 책을 그녀에게 선물했을 때 그녀는 등장 인물들의 이름과 성격 등이 미묘한 필치로 묘사되어 그가 자신을 사랑하고 있다는 것을 알게 되었지만 그녀는 화를 내거나 반발하지 않았던 것이다. 그것은 거의 일년 전의 일이었다.

오늘 밤 그는 책상 앞에 앉아 조금 전에 일어났던 광경을 회상하면서 말씨나 표정, 느낌까지 일일이 되새겨 보았다. 그는 며칠 전에 길에서 롤린 페이지와 함께 걷고 있는 그녀를 만났을 때 어느 정도 자신의 느낌을 전달하기 시작했다는 생각도 해 보았다. 그는 당시에 롤린 페이지가 무슨 말을 하고 있었는지 몹시 궁금하게 여기고 있었다.

"레이첼" 그는 오늘 밤 처음으로 그녀의 이름을 성씨 없이 부르며 사랑을 고백했던 것이다.

"오늘 밤에 이르러서야 비로소 내가 당신을 얼마나 사랑해 왔던가를 절실히 깨닫게 되었소. 당신은 나의 표정과 말씨를 보고 내가 당신을 사랑하고 있음을 짐작할 텐데 더 이상 감출 이유가 어디 있겠소? 당신도 알고 있다시피 나는 당신을 내 생명처럼 사랑하고 더 이상 내 마음을 당신 앞에서 숨길 수가 없소."

이러한 고백에 대해 그녀가 처음으로 나타낸 반응은 그가 붙잡고 있던 그녀의 팔이 떨리기 시작했다는 사실이었다. 그녀는 자스퍼 체이스가 고백을 하는 동안 구태여 말을 가로막지도 않았고 그를 향해 얼굴을 돌리거나 외면해 버리지도 않았다. 그녀는 똑바로 앞을 쳐다보면서 입을 열었는데 다소 슬픈듯한 목소리였으나 차분하고 확고한 어조로 말했다. "왜 당신은 하필이면 지금 그런 말씀을 하시는 거죠? 오늘 밤에 있었던 은혜롭고 성스러운 광경을 목격하고 나서 그런 말씀을 하시다니 전 받아들일 수가 없군요."

"아니, 왜, 무엇이 잘못되었단 … "

그는 의외의 반응에 놀라 잠시 머뭇거리더니 입을 다물고 말았다. 레이첼은 그가 잡고 있던 팔을 빼내었지만 여전히 그의 옆에 서서 말 없이 걷고 있었다. 마침내 그는 커다란 기쁨을 잔뜩 기대했다가 오히려 예상치 못한 큰 손해를 본 사람처럼 고뇌에 가득 찬 목소리로 외쳤다

"레이첼, 그렇다면 당신은 날 사랑하지 않는단 말입니까? 당신을 향한 내 사랑이 이제껏 보아온 그 어떤 것보다 성스럽지 못하단 말입니까?"

그녀는 아무런 대꾸도 하지 않고 묵묵히 길을 걸었다. 그들이 가로등 밑을 지

나칠 때 그녀의 얼굴은 몹시 창백했으나 여전히 아름다웠다. 그는 좀 더 다가가서 그녀의 팔을 붙잡으려 했으나 그녀는 슬쩍 비켜서면서 마침내 입을 열었다.

"아니에요. 모든 일에는 다 때가 있는 법인데 … 저는 당신의 말씀에 아무런 대답도 드릴 수가 없군요. 정확히 이유를 설명할 수는 없지만 … 당신은 오늘 같은 밤에 그런 말씀을 하지 말았어야 해요."

바로 이 말 속에서 그는 레이첼의 대답을 알 수 있었다. 그는 지극히 감수성이 예민한 사람이었던 것이다. 마침내 결심을 하고 자신의 사랑을 고백했는데 전혀 반가운 반응을 나타내지 않자 그는 몹시 마음을 상하고 말았다. 그렇다고 여기서 그녀를 붙잡고 간청이나 설득을 한다는 것은 생각할 수도 없는 일이었다. "언젠가 … 언젠가 때가 오면 내 사랑을 받아들이겠소?"

그는 나직한 목소리로 물었으나 그녀는 알아듣지 못한 것 같았다. 이윽고 그녀의 집 앞에 이르러 둘은 서로 헤어졌다. 얼마 후 그는 아무런 작별 인사도 없이 헤어졌다는 사실을 새삼스럽게 머리에 떠올렸다.

이제 와서 생각해 보니 자신의 어리석은 기대와 잘못된 기회의 선택으로 인하여 간단하지만 퍽 중대한 실수를 저질렀음을 알게 되었다. 레이첼은 천막에서 일어난 경이롭고 성스러운 장면들을 마음에 떠올리면서 가슴이 설레는 긴장과 뜨거운 감동을 다시 느끼고 있었는데, 자신은 우둔하게도 그녀의 감정을 미처 파악하지 못했던 것이다. 이처럼 그녀의 감정조차도 충분히 이해하지 못하고 있었으니 그녀가 자신의 고백을 받아들이지 않은 이유를 제대로 이해할 수가 없었다. 제일교회의 탑시계가 밤 1시를 알릴 때까지도 그는 여전히 책상에 앉아 아직 완성되지 않은 소설의 마지막 페이지를 말없이 쳐다보고 있었다.

한편 레이첼은 곧장 자기 방으로 올라가 조금 전에 있었던 일을 다시 떠올리면서 온갖 복잡한 감정에 사로잡혔다.

'나는 이제껏 자스퍼 체이스를 사랑하고 있었던가?' 대답은 긍정적일 수도 있었고 부정적일 수도 있었다. 자신이 어떻게 행동하느냐에 따라 자기 인생의 행복이 좌우되리라는 생각이 퍼뜩 머리에 떠올랐고 한순간 자신이 생각하는 바를 솔직히 말해 버렸다는 야릇한 안도감을 느끼기도 했다.

그 날 밤 천막 안에 몰려들었던 가엾은 사람들이 자신의 찬양을 듣고 보여준 감동스런 표정과, 매우 신속하고 강하고 경외스러운 성령의 불길이 그녀의 인생에 그토록 커다란 감동과 충격을 준 것은 처음이었다. 자스퍼가 친근하게 자신의 이름만을 부르는 순간 얼핏 사랑의 고백을 하리라는 예감이 들었고 자신도 모르게 일종의 혐오감마저 드는 것을 느꼈다. 그는 조금 전에 천막 안에서 목격했던 그 경이롭고 초자연적인 장면을 좀 더 겸허하고 경건한 태도로 받아들여야 한다는 생각이 들었기 때문이었다. 지금이야말로 회심자들의 변화된 행동을 통해 나타난 하나님의 영광을 깊이 되새기고 묵상하는 일 이외에는 어떤 잡념도 갖지 말아야 한다고 느꼈다.

그녀가 천막 안에 모여든 죄 많은 인간들의 영혼에 하나님의 손길이 닿아야 한다는 오로지 하나의 열정에 사로잡힌 채 혼신의 힘을 기울여 찬양을 부르는 동안 자스퍼 체이스는 영적인 감동을 받기는커녕 오직 그녀의 사랑을 받고 싶다는 열망으로 자신을 뚫어지게 쳐다보고 있었다는 생각이 들자, 그뿐만 아니라 그녀 자신도 신성모독의 죄를 범했다는 생각에 충격을 받았다. 그녀가 어째서 이런 느낌이 들었는지 그녀 자신도 확실히 설명할 수 없었지만, 단지 그녀가 알고 있는 바로는 만일 그가 오늘 밤이 아닌 다른 적절한 기회에 사랑을 고백했더라면 이제껏 그에게 느껴왔던 자신의 감정을 변함없이 간직할 수 있었으리라는 느낌이 들었다.

'그러면 그는 이제껏 나에게 어떤 존재였던가? 내가 실수를 저질렀단 말인가?' 그녀는 책장 앞으로 다가가서 일전에 자스퍼 체이스가 선물했던 소설을 꺼내들었다. 그녀가 이제껏 여러 번 읽어 보았던 부분, 즉 자스퍼 체이스가 자신을 위해 쓴 것이 틀림없다고 느껴지는 대목에 이르면 그녀의 얼굴은 늘 발갛게 상기되곤 했다. 지금 그 부분을 다시 꺼내서 읽어 보았지만 어쩐지 별다른 느낌이 들지 않았다. 그녀는 조용히 책을 덮어 책상 위에 놓아 두었다.

차츰차츰 그녀의 머리는 그 날 밤 천막에서 목격한 감동스런 장면들에 대한 회상으로 꽉 들어차는 것을 느꼈다. 그 변화된 얼굴들, 평생 처음으로 성령의 감동을 입어 감화된 얼굴들이 눈앞에 밀물처럼 몰려왔다.

'이 얼마나 놀라운 장면이었던가! 술에 만취하고 방종과 타락에 빠져 있던 사람들이 그들의 삶을 순결하게 하고 그리스도를 믿고 따르기 위해 무릎을 꿇었을 때, 그들의 얼굴에서 완전하게 영혼이 거듭나는 모습을 보지 않았던가? 오! 그러한 장면은 이 세상에 초자연적인 성령의 능력이 나타나심을 증거하는 것이 아닌가. 또한 빈민가에서 몰려든 비참하고 쇠약한 무리들 옆에 롤린 페이지가 무릎을 꿇고 있지 않았던가!'

그녀는 버지니아가 천막을 떠나기 전에 오빠를 부둥켜안고 함께 울던 모습과, 그레이 목사가 옆에서 무릎을 꿇고 기도하던 모습, 버지니아가 손을 잡고 앉았던 창녀가 천막을 나서면서 그녀에게 뭔가 속삭이던 모습 등을 마치 눈앞에 선히 보이는 듯 회상할 수 있었다.

인간의 비극 속에서 성령이 이끌어 내신 이 감동적인 장면들은 레이먼드 전역에서 가장 버림받은 이곳 렉탱글의 한 천막 속에서 절정에 이르렀고, 지금 레이첼의 기억 속에 생생히 되살아나 마치 그녀의 방 안에 한동안 모든 연기자들이 총출연해서 이러한 장면들을 열심히 재현하고 있는 것 같았다.

"아니야, 절대로 그럴 수는 없어. 오늘같이 특별한 날에 그런 말을 내게 하지 말았어야 했어. 우리의 영혼과 정신이 오로지 오늘 밤에 있었던 일만을 생각했어야 해. 확실히 나는 그를 사랑하지 않아. 내 일생을 그에게 맡길 만큼 그를 사랑하지 않는단 말야."

이렇게 큰 소리로 외치고 나자 비로소 온갖 잡념과 갈등이 사라지고 오직 그 날 저녁 천막에서 있었던 일만으로 마음을 가득 채울 수 있었다. 이러한 현상이야말로 성령의 놀라우신 능력이 마침내 렉탱글에 임하셨음을 가장 감동적으로 드러내는 증거라고 레이첼은 생각했다. 그리하여 인간적이고 세속적인 사랑의 회오리가 그녀에게 불어닥쳤음에도 불구하고 자스퍼가 그녀에게 품고 있던 애정이나 그녀가 그에 대해 느꼈던 애정보다 훨씬 더 큰 사랑을 성령의 임재하심을 통하여 느끼게 되었던 것이다.

또다시 주일 아침이 밝아오자 레이먼드의 시민들은 도시의 이곳저곳에서 일상적인 관례와 관습들을 뒤엎고 개혁의 바람을 몰고 오는 여러 가지 사건들이 일어나고 있음을 깨닫게 되었다. 철도회사의 불법 행위를 폭로하고 남들이 부러워하던 직책을 기꺼이 사임한 알렉산더 파워스의 행동은 비단 레이먼드뿐만 아니라 미국 전역에 커다란 센세이션을 일으키고 있었다. 또한 데일리 뉴스지를 발행하면서 나날이 변화해가는 에드워드 노먼 사장의 방침은 도시 전체를 놀라게 했고, 최근에 일어난 어떤 정치적 사건보다 더 큰 화젯거리가 되었다. 레이첼 윈슬로우가 오페라 단장의 호의적인 제안을 거절하고 렉탱글의 집회에서 성가를 부르고 있다는 사실은 사교계에 물의를 일으켰고, 그녀의 친구들에게 놀라움과 의문을 자아내고 있었다.

사교계에서 품위 있는 행동과 재력으로 상당한 위치를 차지하던 버지니아가 늘 참여하던 사교계의 모임에 발을 끊고 매일 밤 레이첼 윈슬로우와 함께 렉탱글의 집회에 참여한다는 소문은 많은 사람들에게 의혹과 논란의 대상이 되었다. 이처럼 유명 인사들을 중심으로 일어난 눈에 띄는 사건들 이외에도 도시 전역에 걸쳐 많은 가정과 사업계와 사교 모임에서 새로운 변화가 일어나고 있었다. 헨리 맥스웰 목사의 제일교회에 다니는 백여 명 가량의 교인들이 "예수님이라면 어떻게 하실까?"라는 질문에 솔직하게 대답을 구한 이후에 모든 일을 처리해 나가기로 이미 서약을 했고, 그 결과 많은 분야에서 일찍이 없었던 사건들이 속출하고 있었다. 그리하여 레이먼드 시는 그동안 겪어보지 못한 변화와 개혁의 물결에 술렁이고 있었다.

이러한 모든 변화의 절정에 다다른 사건이 렉탱글의 천막 안에 놀라운 능력으로 성령이 임하신 사건이었다. 이 도시에서 가장 불결하고 타락과 혼란의 도가니에 빠진 렉탱글 구역에서 죄로 물든 50여 명의 남녀가 토요일 밤에 주님을 영접하고 회심했으며, 그들 중에는 클럽과 사교계에 너무나 잘 알려진 롤린 페이지도 끼여 있었다는 사실이 예배가 미처 시작되기도 전, 순식간에 교인들 사이에 퍼져 나갔다. 이러한 사태들의 쇄도로 인하여 제일교회의 아침 예배는 이러한 변화를 엄연한 진리로 받아들이면서 민감하게 반응을 나타냈다. 무엇보다도 교인들에게 가장 큰 놀라움을 안겨준 것은 맥스웰 목사가 예수님의 발자취를 따르기로 제안한 이후 그 자신이 나타낸 엄청난 변화의 모습이었다. 그는 더 이상 극적인 어조와 웅변으로 교인들을 감동시키려 들지 않았다. 강대상에 올라섰을 때 흐뭇해하고, 만족해하며 세련된 표정과 느긋하고 자신만만한 태도로 설교하던 모습은 온데간데없이 사라지고 전에 보지 못한 태도로 설교에 임했다. 이제 그의 설교는 애써 구상하고 정리한 내용이 아니라 하나님의 생생한 메시지 그대로였다. 그의 설교에는 교인들을 향한 참 사랑과 진지함, 겸손과 진리에 대한 열정, 소망이 흘러 넘치고 있었으며 목사 자신의 이미지는 전혀 부각되지 않고 다만 살아계신 하나님의 목소리가 그대로 들리는 듯했다.

그의 기도 또한 교인들이 이제껏 들어오던 것과는 딴판이었다. 이따금씩 말이 중단되기도 했고 한두 구절쯤은 어법에 맞지 않는 말들이 튀어나올 때도 있었다. 헨리 맥스웰 목사가 기도에 너무 열중한 나머지 이러한 실수를 저지른 경우가 예전에도 있었던가? 그는 설교뿐만 아니라 기도를 할 때에도 감동적이고 유려한 말씨로 실수 없이 해낼 수 있다는 것에 대해 상당한 긍지를 느끼고 있었다. 이러한 그가 교인들 앞에서 정식으로 기도를 할 때마다 지나치게 세련되고 유창한 언어를 사용하는데 대해 일종의 자책감이나 싫증을 느낀 나머지 이전의 방식을 개혁시키려 한단 말인가? 정말이지 그는 설교할 때나 기도할 때나 형식적인 것에 관해서는 더 이상 관심을 기울이지 않는 것 같았다. 교인들의 소망과 간구를 하나님께 충실히 전하려는 간절한 염원이 그로 하여금 때때로 일어나는 실수 따위에는 마음을 두지 않게 변화시킨 것 같았다. 지금처럼 기도가 진지하고 은혜에 충만했던 적이 없음은 두말할 여지가 없었다.

때때로 설교란 언어구사가 유창하다든가 대두된 논제가 새롭고 놀라운 정도에 의해 그 가치와 영향력이 좌우된다기보다는 회중이 처해 있는 상황이나 분위기에 따라 좌우되는 경우가 있다. 그 날 아침 맥스웰 목사는, 교인들이 지난주에 있었던 갖가지 사태들로 말미암아 놀라움과 호기심에 가득 차 있는 분위기에서 일주일 전부터 결정한 목표에 따라 술집에 반대하는 설교를 시작했다.

그는 레이먼드 시에 산재해 있는 술집이 인간 생활에 어떤 악영향을 미치는가에 대하여 특별히 새로운 사실이나 놀라운 예를 들어 설명하지는 않았다. 또한 사업적인 면이나 정치적인 면에서 술집이 미치는 지대한 힘에 대해 괄목할 만한 예들을 열거하지도 않았다. 술집에 대해서 늘상 반박하거나 금주 운동을 역설해 본 적이 없던 그가 어찌 새롭고 유창한 설교를 할 수 있겠는가? 오늘 아침 그의 설교가 훌륭한 성과를 거두었다면, 전에는 한 번도 거론한 적이 없던 술집에 대해 설교했다는 새로운 사실과, 여러 가지 사건들로 인해 흥분된 교인들의 분위기 때문이었으리라.

그는 이제껏 10여년 동안 목회를 해 오면서 술집에 대해 언급한 적이 한 번도 없었다. 더구나 가난하고 타락에 물든 사람들뿐만 아니라 지역사회의 사업계와 정치계, 나아가서는 교회와 교인들 자체에 대해서도 술집이 크나큰 적이 된다고 공박한 적은 결코 없었다. 그러나 이제는 예수님께서도 술집에 반대하여 설교하시리라는 완전한 확신을 가지고 아무 거리낌이나 두려움 없이 설교에 임하고 있었다. 설교가 거의 끝날 무렵 그는 렉탱글에서 시작된 거듭남과 구원의 물결에 대해 진지한 관심을 기울여 달라고 교인들에게 호소했다.

레이먼드 시의 총선거가 가까이 다가오고 있었다. 술집을 허가하느냐의 문제가 선거의 쟁점이 될 수도 있었다. 불쌍한 사람들이 이제 막 죄악의 구렁텅이에서 벗어나 구원의 기쁨을 맛보기 시작했는데, 또다시 지옥 같은 음주의 쾌락에 둘러싸여 곤욕을 치러야 한단 말인가? 무엇이 그들의 환경에 결정적인 영향을 미치는 것이라고 누가 감히 단언할 수 있겠는가? 그리스도의 제자요, 그리스도인 사업가, 혹은 그리스도인 시민이라면 온갖 죄악과 수치스러운 타락의 근원이 되는 술집을 계속 허락해 주어야 한다고 어찌 한 마디라도 주장할 수 있겠는가? 이러한 시기에 그리스도인 시민들이 할 수 있는 가장 가치 있는 일이란 선거에서, 술집을 반대하고 공의를 지키려는 선의의 후보자를 적극 후원하여 도시 전체에 행정상의 정의와 건전한 평화를 구축할 수 있도록 노력하는 일이 아니겠는가? 선거에서 바야흐로 유권자들의 표가 예수님과 맞서는 후보자쪽으로 기울어지려는 판국에 레이먼드 시를 위해 조용히 기도만 드린다고 해서 무슨 소용이 있겠는가? 예수님이라면 어떻게 하실까? 그리스도인이라면 이러한 문제에 대해 십자가를 벗어던지고 조금이라도 고통이나 어려움을 받지 않겠다고 주장하는 그분의 모습을 상상할 수 있겠는가? 제일교회에서 예수님의 행적을 본받기 위해 일찍이 고통을 당해 본 사람들이 과연 얼마나 많을까? 기독교를 믿는다는 것은 단지 양심과 관습과 전통의 문제일까? 그리스도인이 기꺼이 감수해야 할 고통은 어디서 오는 것인가? 예수님의 발자취를 따르기 위해서 변화산과 갈보리 언덕을 올라가야 할 필요가 있지 않을까?

이 부분에서 그의 호소력은 그가 생각했던 것보다 훨씬 강한 것이었다. 이 부분에서 설교를 듣고 있던 교인들의 정신적 긴장이 정점에 이르렀음은 새삼스레 말할 필요도 없다. 제일교회에서 예수님의 발자취를 따르기로 서약한 지원자들을 통하여 전개된 운동은 이제 효모가 발효하듯 빠른 속도로 확산되고 있었다. 만일 헨리 맥스웰 목사가 교인들의 마음속에서 기꺼이 십자가를 지려는 소망이 얼마나 강하게 일어났던가를 헤아릴 수 있었더라면 일찍이 그의 생애에서 맛보지 못한 기쁨과 놀라움을 느꼈으리라.

지난 이천여 년 동안 우리는 주님을 얼마나 제대로 이해하고 따라왔는가에 대해 진심 어린 호소로 교인들의 자성을 촉구하면서 이날 아침의 설교를 끝맺으려는데, 많은 교인들의 얼굴에 진지한 각성과 새로운 각오의 빛이 떠오름을 느낄 수 있었다. 이는 마치 레이첼이 그녀의 어머니에게 "저는 스스로 희생과 고통을 감수하고라도 무언가 하나님을 위해 가치 있는 일을 하고 싶어요. 저는 이러한 열망에 사로잡혀 있답니다"라고 열성에 넘치는 태도로 말하는 것과 같았다. 과연 "이리 와서 고난을 당하라"라는 주님의 부르심만큼 강력한 호소는 없다고 말했던 마치니(Mazzini)가 옳았음을 증명하는 것 같았다.

마침내 예배가 끝나자 많은 교인들이 돌아가고 맥스웰 목사는 지난 두 주일과 마찬가지로 예수님의 발자취를 따르기로 서약하려는 무리들이 모여 있는 교육관을 향해 발걸음을 옮겼다. 이미 서약한 교인들과 새로 서약할 교인들은 모두 남아 달라고 광고했던 것이다. 이제는 이들을 위해 특별 예배가 필요하다고 생각했기 때문이었다. 그가 교육관으로 들어서서 진지한 표정으로 그를 기다리는 교인들을 마주 대하자 가슴이 떨려옴을 느낄 수 있었다. 최소한 백여 명 가량은 모인 것 같았으며 성령께서 전에 없이 놀라우신 능력으로 임재하심을 느꼈다. 자스퍼 체이스의 모습은 보이지 않았으나 나머지 이미 서약한 교인들은 모두 모여 있었다. 맥스웰 목사는 밀턴 라이트 씨에게 기도를 부탁했고, 방 안의 분위기는 온통 성령으로 충만해 있었다. 무엇이 이토록 권능이 넘친 세례를 거역할 수 있겠는가? 이제껏 그러한 성령의 능력을 받지 않고서 어떻게 살아 왔던가?

그들은 서로 체험담과 충고를 나누면서 수없이 기도했다. 맥스웰 목사는 그날의 모임 이후 제일교회와 레이먼드 시의 역사에 기록될 만한 몇 가지 중대한 작업을 시작했다. 마침내 모임을 마치고 집으로 돌아갈 때, 그들 모두가 성령의 능력이 보여주신 놀라운 영광으로 감격에 젖어 있었다.

11

역사에 남을 대대적인 캠페인

◇◇◇◇◇◇◇◇◇◇◇◇◇

링컨 대학의 도널드 마쉬 총장은 맥스웰 목사와 함께 집을 향해 걷고 있었다. 마쉬 총장이 침착한 어조로 말을 꺼냈다.

"목사님, 저는 한 가지 결론에 이르렀습니다. 마침내 저는 무겁기는 하지만 제가 져야 할 십자가를 발견한 셈입니다. 그것을 짊어지고 가지 않는다면 결코 만족스런 삶을 영위할 수 없을 것 같군요."

맥스웰 목사는 말없이 듣고 있었고 총장은 계속 말을 이었다.

"오늘 목사님의 설교를 통해서 내가 무엇을 해야 할지 오랫동안 생각해 왔던 일을 분명히 알게 된 것입니다. '예수님이라면 내 위치에서 어떻게 하실까?'라는 질문을 서약한 이후로 늘 제 자신에게 물어왔지요. 예수님이라도 이제껏 내가 해 온 것처럼 총장으로서 맡은 바 소임을 성실히 행하고 학생들에게 윤리학과 철학을 열심히 가르치셨을 거라고 생각하면서 스스로 만족스럽게 여기려고 노력했지만 그분이라면 뭔가 좀 더 가치 있는 일을 하실거라는 생각을 피할 수 없었습니다. 그러나 이러한 일을 한다는 것이 선뜻 내키지 않았고, 그 일을 함으로써 심한 고통을 당하게 될까봐 두려워하고 있었습니다. 그 일이 무엇인지 목사님께서는 짐작하시겠지요."

"예, 저도 알 것 같습니다. 그것은 또한 저의 십자가도 되지요. 저도 뭔가 다른 작업에 착수하고 싶었습니다."

마쉬 총장은 깜짝 놀라는 듯하더니 곧 마음을 가라앉히고 다소 서글프지만 확신에 찬 목소리로 말했다.

"맥스웰 목사님, 목사님과 저는 전문직에 종사하는 사람으로서 이제껏 시민으로서 마땅히 해야 할 의무를 회피해 온 셈입니다. 우리는 제법 권위의식과 자존심을 지닌 채 문학과 학문이라는 편협된 세계에 안주하면서 우리가 좋아하는 일만 하고 시민들의 생활과 권익을 옹호하기 위한 귀찮은 의무 따위는 회피하면서 살아 왔습니다. 저는 이 도시의 한 시민으로서 개인적으로 이 도시를 위해 마땅히 떠맡아야 할 책임을 의도적으로 외면해 왔음을 부끄럽지만 솔직히 고백합니다.

제가 아는 바에 의하면, 이 도시의 행정이나 사무를 맡은 공무원들은 대부분 소위 위스키 세력이라 불리는 자들에 의해 조종을 받고 있으며 행정 사무에 관련된 모든 일을 철저히 이기적인 방식으로 처리하는 타락하고 무절제한 무리들이라고 봅니다. 그러나 저도 이제껏 대부분의 대학교수들이 그러하듯 시민들의 생활에는 전혀 관여하지 않고 행정을 담당한 무리들이 제멋대로 처리하는 대로 내버려 두면서 관심조차 갖지 않은 채 학문이라는 내 작은 세계에만 몰두하며 살아왔습니다.

'예수님이라면 어떻게 하실까?'라는 질문에 정직하게 대답하는 것마저 회피하려고 노력했었지요. 하지만 이제는 더 이상 그렇게 할 수 없군요. 제가 떠맡으려는 의무는 별다른 것이 아니고 우선 다가오는 선거에 개인적으로 뛰어들어 훌륭한 인격과 양심을 지닌 후보자들을 지명하고 선출하는 일에 내가 지닌 영향력을 최대한으로 행사하고, 오늘날 레이먼드 시에서 공공연히 자행되고 있는 시민 기만 행위, 뇌물의 수수, 정치적 기만과 속임수, 술집을 지지하는 행위 등등 뒤엉킨 악의 소용돌이 속에 깊숙이 뛰어들어 비리를 파헤치려는 것입니다.

조만간 용감히 내 입의 포문을 열어 이러한 부정을 폭로하고자 합니다. 그러나 제반 문제를 지혜롭고 철저하게 다루어 나가지 못할까봐 두려운 생각이 들기도 합니다. 그러나 이런 식의 부정과 악행은 '예수님이라면 절대로 용납하지 않으실 것이다'라고 확신하는 바입니다. 무엇보다도 저는 '예수님이라면 하시리라' 여겨지는 생각에 의해 더욱더 설득을 받고 있습니다. 여기서 바로 제가 져야 할 고난이 비롯되는 셈이지요.

저 혼자 고난을 받는다는 것은 직장이나 가정을 잃는 고통에 비하면 아무것도 아니라고 생각합니다. 솔직히 말하자면 복잡한 선거나 행정 문제에 뛰어들기보다는 대학에서 윤리학과 철학을 강의하면서 조용히 학자다운 연구와 사색에 몰두하며 여생을 보내고 싶습니다. 그러나, '도널드 마쉬, 나를 따르라. 레이먼드의 한 시민으로서 어떠한 희생이 따를지라도 네 신앙과 양심이 지시하는 대로 마땅히 의무를 다하라. 비록 너의 학문적이고 귀족적인 성품에 다소 어울리지 않더라도 이 타락하고 지저분한 도시의 마구간을 청소하는 일을 도와라' 하고 부르시는 주님의 목소리를 분명히 들었을 때 도저히 회피할 수 없음을 느꼈습니다. 목사님, 이것이 곧 나의 십자가이며, 기꺼이 십자가를 짊어지든지 아니면 주님을 부인하든지 둘 중의 하나를 선택해야 할 중요한 갈림길에 놓여 있습니다."

맥스웰 목사는 서글픈 미소를 띠며 대답했다.

"지금 하신 말씀은 내게도 해당되는 말씀입니다. 내가 목사라고 해서 어찌 세련되고 고상한 생각과 언변으로 자기 자신을 그럴싸하게 미화시키면서 설교할 때만 열렬히 양심과 진리를 떠들어대고 정작 해야 할 시민의 의무는 겁쟁이처럼 회피해 버릴 수 있겠습니까? 저는 이 도시의 정치적 문제에 대해서는 참으로 익숙하지 못한 편입니다. 또한 훌륭한 입후보자를 지명하고 적극 후원하는 일에 가담해 본 적도 없습니다.

세상에는 저와 비슷한 목사들이 셀 수 없을 정도로 많이 있을 것입니다. 하나의 특수 계층인 양 강대상에서 설교하는 일에만 전념하면서 시민으로서의 의무와 정당한 권리를 실생활에 활용하는 일은 등한히 하고 있지요. 이러한 위치에서 저도 총장님과 마찬가지로 '예수님이라면 어떻게 하실까?'라는 질문에 분명히 대답해야 할 입장에 놓여 있습니다. 오직 한 가지 저의 의무는 명백합니다. 십자가의 고난을 짊어져야 한다는 것이지요.

목사로서 지금까지 이끌어 온 목회 생활과 여러 가지 사소한 시련들 혹은 어렵게 견디어 온 자기 희생들 따위는, 이제 학자적이고 지성적이며 스스로 자제하는 생활 방식을 과감히 깨뜨리고 좀 더 정의롭고 평화로운 도시 생활을 위해 거칠고, 인정이 없고, 공개적인 투쟁에 뛰어드는 것과 비교하면 아무것도 아니겠지요.

차라리 나로서는 가난과 타락의 구역인 렉탱글에 내려가 남은 여생을 보내면서 이들의 영혼을 구원하는 일에 전념하는 것이 위스키 세력에 휩쓸리는 이 도시의 시정(市政)을 개혁한답시고 온갖 권위와 돈과 음모에 대항하여 악전고투하는 것보다 훨씬 어울리는 생각이겠지요. 그렇게 하면 훨씬 희생도 적겠지만 총장님과 마찬가지로 저도 제 책임을 뿌리칠 수 없는 입장입니다.

'예수님이라면 어떻게 하실까?'라는 질문에 예수님이라면 정의와 진실을 지키기 위해 시민의 본분을 다하실 거라는 대답이 아니고는 내게 아무런 평안이 오지 않기 때문이지요. 총장님께서 이미 말씀하셨듯이 우리처럼 전문적인 직업에 종사하는 사람들, 이를테면 목사, 교수, 예술가, 문필가, 학자들은 거의 한결같이 정치적인 문제를 기피하려는 겁쟁이들이라고 볼 수 있습니다. 그러므로 이러한 부류의 사람들은 무지하거나, 아니면 이기적인 입장에서 시민의 신성한 의무를 유기해 온 셈이지요. 예수님께서 오늘날 살아 계신다면 절대로 그러지 않으시리라고 확신합니다. 우리는 이제 이 고난의 십자가를 짊어지고 주님을 따르는 도리밖에 없군요."

두 사람은 잠시 동안 말없이 걸어가다가 마쉬 총장이 입을 열었다.

"이 문제를 놓고 우리 둘이서만 외로운 투쟁을 전개할 필요가 없다고 생각합니다. 이미 서약을 한 교인들과 힘을 합하면 수적으로 훨씬 강해질 수 있을 것입니다. 술과 부정부패에 대항하여 함께 싸울 수 있도록 레이먼드의 크리스천 연합을 조직하는 게 어떨까요? 그렇게 되면 단순한 항의뿐만 아니라 커다란 힘을 행사할 수 있는 일종의 실력 단체로서 더 강력하고 효과적인 활동을 전개해 나갈 수 있을 것입니다. 천방지축으로 날뛰던 위스키 세력들도 함부로 불법 행위나 부정부패를 자행하지 못하고 다소 주춤하여 겁을 먹을 것입니다. 정의로운 사회를 구현한다는 기본 원칙을 내세워 좀 더 조직적인 실력 행사를 할 수 있도록 대대적인 캠페인을 벌이도록 합시다. 예수님이라도 이런 일에는 훌륭한 지혜를 발휘하실 겁니다. 여러 가지 좋은 방법을 강구하실 뿐만 아니라 대규모 계획도 세우시리라 믿습니다. 우리도 이처럼 하는 게 어떨까요? 이왕 십자가를 질 바에야 사나이답게 용기를 발휘하기로 합시다."

두 사람은 오랫동안 이 문제에 대해 토의한 후 다음날 맥스웰 목사의 서재에서 좀 더 구체적인 계획들을 수립했다. 마침내 예비 선거일이 금요일로 다가왔다. 정치계를 둘러싸고 이상한 소문과, 일반 시민들에게는 잘 알려지지 않은 사건들에 대한 유언비어가 난무했다. 이 지역에서는 지명된 후보들을 투표로 선출하는 크로포드 시스템(Crawford system)이 사용되지 않고 있었으므로 예비 선거는 시민회관에서 공개적으로 열렸다.

레이먼드의 시민들은 그 날의 공개 모임을 결코 잊지 못할 것이다. 그 모임은 레이먼드에서 열렸던 정치 모임들과는 너무나 다른 양상을 띠었으므로 어느 누구도 비교해 볼 엄두조차 내지 못했다. 이번 선거에서 선출해야 할 공직자들은 시장, 시의원, 경찰국장, 시 행정관, 그리고 시 재무관 등이었다.

데일리 뉴스의 토요일 석간에서는 이 예비 선거를 전격적으로 다루었고, 사설에서 에드워드 노먼 사장은 레이먼드의 그리스도인들이 이번 선거에 대해 매우 공정하고 객관적인 태도로 진지한 관심을 보이고 있으며 이는 실로 존경 받을 만한 태도라고 직설적이고 확신에 찬 논지를 펼쳤다. 이 사설의 일부는 레이먼드 역사상 중요한 단면을 반영하고 있으므로 여기에 인용해 보기로 한다.

"어제 저녁 시민회관에서 열렸던 예비 선거는 레이먼드 시의 역사상 전에 없었던 집회라고 말해도 과히 지나치지 않을 것이다. 무엇보다도 모든 시의 행정 사무들을 마치 자신들의 소유물인 양 제멋대로 처리하고 정작 시민들은 하나의 도구나 변변찮은 구경꾼들로 취급해 온 시의 정치인들에게 신선한 충격을 준 집회였다. 어젯밤 이처럼 압도적인 충격을 일으킨 장본인들은 시의 행정 사무에는 직접적으로 관여해 본 적이 없는 일반 시민들이 대부분이었다. 이들은 사적인 이해 관계가 없는 순수한 입장에서 예비 선거에 대거 참여하여 진행을 관장하면서 장차 다가올 선거에 내보낼 가장 적절한 입후보자들을 지명하는 일에 적극적으로 참여했다.

이러한 태도는 공의롭고 자주적인 시민 정신을 확립하는 데 좋은 교훈이 되었다. 링컨 대학의 마쉬 총장은 이제껏 정치적인 집회에 한 번도 얼굴을 나타내지 않았던 인물이었으나 레이먼드 시가 생긴 이래 가장 감명 깊은 연설을 하였다. 마쉬 총장이 일어서서 연설을 하는 동안 여태껏 시 행정을 자기 마음대로 주물러왔던 정치인들의 얼굴을 살펴보니 제각기 표정이 가관이었다. 그들은 '도대체 저 분이 누구요?'라고 의아한듯 물으면서 귓속말로 쑥덕거렸고 모임이 계속 진행되는 동안 당황과 놀라움이 더욱 심해져서 구태의연한 공직자들이 제멋대로 판을 치던 시대가 바야흐로 종말에 이르렀음이 자명해졌다.

제일교회의 헨리 맥스웰 목사, 밀턴 라이트 씨, 알렉산더 파워스 씨, 링컨 대학의 브라운 교수, 월라드 교수와 파크 교수, 웨스트 박사, 필그림 교회의 조지 메인 목사, 성삼위일체 성당의 워드 신부 등을 비롯하여 수십 명의 저명한 사업가들과 여러 분야의 전문가들이 집회에 참여했는데 이들은 모두 그리스도인들로서 가장 나은 입후보자를 천거한다는 분명하고 확고한 목적을 가지고 모임에 참여했음을 쉽사리 알 수 있었다. 이러한 사람들은 이전의 예비 선거에는 전혀 참석하지 않았던 사람들로서 공직자들이나 정치가들에게는 생소한 인물일 수밖에 없었다. 이러한 인물들이 정치인들의 보편적인 수법을 모방하여 유력한 집단을 구성해서 예비 선거의 공정한 진행을 위해 단합된 힘을 보여주려 했던 것이다.

기존의 정치 세력들이 예비 선거를 더 이상 마음대로 조작할 수 없음이 분명해지자 혐오와 불만을 노골적으로 드러내면서 또 다른 후보자를 지명하였다. 이들이 추천한 후보자들의 명단 가운데는 소위 위스키 세력이라 불리는 술집 경영자들과 부패한 공직자들의 이름이 포함되어 있어 모든 선량한 시민들이 바라는 청렴결백하고 유능하고 행정가다운 수완과 인격을 겸비한 후보자들과는 분명한 선이 그어져 있다는 엄연한 사실에 대해 본지에서는 지각있는 시민들의 주의를 촉구하는 바이다.

이번 선거에서는 지방 선택권(local option: 주류 판매 허가 따위의 특별한 사항에 대해서 주민들이 자치적으로 투표하여 가부를 선택하는 권리)의 문제가 야기될 것이며, 이것이야말로 입후보자 공천에서 가장 중요한 문제가 될 것임을 레이먼드 시민들에게 새삼스럽게 상기시킬 필요가 없을 것이다. 레이먼드 시의 행정이 바야흐로 위기에 놓여 있고 선거의 중대한 쟁점으로 우리 앞에 놓여 있다. 우리는 술과 뇌물과 파렴치한 수탈, 무능한 공직자들이 난무하는 시정(市政)을 방관할 것인가? 아니면 마쉬 총장이 그의 고귀한 연설에서 혼신을 기울여 말한 것처럼 우리 선량한 시민들이 마음을 합하여 일어나서 시민 생활의 정화를 위해 행정상의 부정부패를 몰아내고 새로운 질서를 확립하고자 투표권 행사를 통하여 단합된 힘을 발휘할 것인가?

본지는 아무런 주저함도 없이 시민들의 새로운 운동을 적극적으로 지지하고자 한다. 그리하여 이제부터 본지는 레이먼드에서 술집을 몰아내고 위스키 세력의 정치적인 영향력을 분쇄하기 위하여 최선의 노력을 기울일 것이다. 또한 본지는 이번 예비 선거에 모인 시민들이 다수결로 공천한 입후보자들이 당선되어야 하며, 정의와 청렴과 절제와 가정을 사랑하는 시

민들이 마쉬 총장을 필두로 하여 우리 도시의 오랜 숙원이었던 정화와 개
혁의 운동을 시작한 용감한 시민들의 편에 서줄 것을 호소하는 바이다."

마쉬 총장은 이 사설을 읽고 나서 에드워드 노먼 사장에 대해 하나님께 감사
를 드렸다. 동시에 레이먼드 시의 다른 모든 신문들은 데일리 뉴스와 반대편에
서 있다는 것을 충분히 알 수 있었다. 그는 바야흐로 이제부터 시작된 싸움의 심
각성과 중요성을 절대로 과소평가할 수 없었다. 데일리 뉴스가 "예수님이라면
어떻게 하실까?"라는 기준을 편집의 기본 방향으로 설정한 이후 사업상 막대한
손실을 입었으리라는 것은 두말할 필요도 없었다.

이제 남아 있는 가장 중대한 문제는 레이먼드의 그리스도인들이 데일리 뉴스
를 지지해 줄 것인가 하는 점이었다. 그들은 에드워드 노먼 사장이 기독교적인
일간지를 계속 발행할 수 있도록 적극적으로 후원해 줄 것인가? 아니면 흥밋거
리로 읽을 수 있는 범죄와 스캔들, 정치적인 당파싸움 등에 대한 기사를 좋아하
고, 언론계에 개혁의 새 물결을 일으키려는 비타협적인 변화 방침이 혐오스러
워 데일리 뉴스를 외면해 버린 채 재정적인 지원을 거절할 것인가?

이러한 질문은 실제로 에드워드 노먼 사장이 위의 사설을 쓰면서 스스로 물
어보았던 질문이기도 했다. 그는 사설에서 밝힌 자신의 확고한 행동 방침으로
인하여 레이먼드의 많은 사업가들로부터 거센 반발을 받게 되리라는 것을 잘 알
고 있었다. 그러나 사설을 쓰면서도 그는 끊임없이 "예수님이라면 어떻게 하실
까?"라고 자문자답하기를 잊지 않았고, 이제 이러한 물음은 그의 모든 생활에
서 빼놓을 수 없는 중요한 부분이 되어 있었다.

여하튼 전문직에 종사하는 사람들, 일반 교사들 및 대학 교수들, 의사들, 성
직자들 등이 하나로 힘을 합쳐 정치적인 일에 뛰어들어서 이제껏 시 행정을 제
멋대로 주물러 온 악한 세력 단체들에 대해 공공연하게 반기를 들고 일어선 것
은 레이먼드 시의 역사상 처음 있는 일이었다. 이러한 움직임이 일어났다는 사

실 자체가 모든 시민들에게는 커다란 놀라움이 아닐 수 없었다. 마쉬 총장은 정의를 구현하려는 시민들의 힘이 얼마나 위대한 것인가를 이제껏 깨닫지 못했던 자신에 대해 솔직히 부끄러움을 느끼지 않을 수 없었다. 금요일 밤 예비 선거에서 연설을 한 이후 그는 '정치 교수'라는 새로운 별명을 얻게 되었다. 이제 마쉬 총장뿐만 아니라 그의 영향 아래 있는 모든 사람들에게 교육은 일종의 고통과 인내와 희생을 의미했다. 이러한 것들은 적극적인 견지에서 볼 때 참된 발전을 향한 중요한 요소들임에 틀림없었다.

한편 렉탱글에서는 그 주에 영적인 삶의 물결이 최고조에 이르렀고 좀처럼 약화될 기미를 보이지 않았다. 레이첼과 버지니아는 매일 밤 빠짐없이 집회에 참석했으며, 버지니아는 자신이 물려받은 재산을 어떻게 유익한 방법으로 사용할 것인가 하는 물음에 대해 어떤 결정을 내리고 있었다. 그녀는 자신의 결정에 대해 레이첼과 진지한 의논을 한 결과 예수님이라도 버지니아처럼 막대한 재산을 부여받았을 경우 버지니아가 계획한 몇 가지 일에 그 재산을 사용하시리라는 생각에 서로 일치했다. 여하튼 두 처녀는 예수님께서 재산을 어떻게 사용하시든간에 이와 관련된 사람들과 제반 환경이 제각기 다른 만큼 상당한 변화의 요소가 생길 것이라는 느낌이 들었다. 재산을 활용하는 데에 유일한 기독교적 방식이라고 이렇다 하게 내세울 만한 원칙은 없었다. 다만 보편적으로 적용할 만한 기본 원칙이 있다면 '남을 위한 적극적인 활용'을 들 수 있으리라.

성령의 능력의 영광이 두 처녀의 모든 생각을 완전히 사로잡고 있었다. 매일 밤 그들은, 바다 위를 걸어가신다거나 몇 조각의 빵과 물고기로 수많은 사람을 먹이신 것과 같은 놀라운 기적을 체험하였다. 새생명으로 거듭나는 것보다 더 위대한 기적이 어디 있을까? 이처럼 거칠고 본능적이고 술에 찌든 생명들이 진실한 회개와 열렬한 기도, 하나님을 기뻐 찬미하는 사람들로 변화되는 모습을 목격할 때마다 레이첼과 버지니아는 마치 무덤에서 걸어나오는 나사로를 보는 듯한 놀라움과 충격에 사로잡혔다. 참으로 이러한 장면은 그들에게 말할 수 없이 깊은 감동과 흥분을 자아내는 경험이었다.

롤린 페이지는 렉탱글의 모든 집회에 빠짐없이 참석하였다. 그의 삶에 새로운 변화가 일어났음은 의심할 여지가 없었다. 레이첼은 아직 그와 충분한 대화를 나눌 기회를 갖지 못하고 있었다. 그는 조용히 입을 다문 채 침착해졌고 늘 깊은 생각에 잠겨 있는 듯 했다. 확실히 그는 예전의 그가 아니었다. 그는 어느 누구보다도 그레이 목사와 많은 대화를 나누었으며, 레이첼을 피하려 들지는 않았지만 그녀와의 관계를 새롭게 하려는 어떤 의도도 나타내지 않으려고 조심하는 것 같았다. 그리하여 레이첼은 그가 새로운 삶을 시작하게 된 데 대해 자신의 기쁨을 표현하는 일조차 어렵게 느껴졌다. 그는 조용히 기다리면서 그가 새로운 생명으로 거듭나기 이전 그녀와 친구처럼 지내온 관계에 순응하려고 노력하는 듯했다. 그러나 아직은 그녀와 새로운 관계를 이룩하는 일에 의식적인 노력을 할 수 없었다.

주말이 되자 렉탱글의 집회는 두 개의 커다란 세력이 맹렬하게 대립하는 싸움터로 돌변하고 말았다. 성령은 초자연적인 능력을 발휘하여, 오랜 세월 동안 탐욕스럽게 붙잡아 두었던 노예들을 놓치지 않으려는 사탄과 처절한 싸움을 벌이고 있었다. 만일 레이먼드의 그리스도인들이 이러한 싸움이야말로 이제 막 새 생명으로 거듭난 영혼들을 좀 더 깨끗하고 신실한 삶으로 인도하기 위한 하나님의 뜻임을 깨달을 수만 있다면, 옛날처럼 술집 허가 제도를 인정하는 쪽으로 선거 결과가 기울어질 리는 없을 것이다. 그러나 결과가 어떻게 될지는 아직 어느 누구도 알 수 없는 일이었다. 많은 회심자들이 날마다 부딪히는 주변 환경에 대해 느끼는 혐오감은 서서히 확대되기 시작하여 레이첼과 버지니아가 심각하게 인식할 정도에 이르렀다. 그리하여 매일 밤 그들이 집회를 마치고 호화롭고 청결한 주택으로 돌아올 때마다 마음이 몹시 무거워지곤 했다.

때때로 그레이 목사는 몹시 서글픈 표정으로 눈물을 글썽이며 이렇게 말하곤 했다.

"이 가엾은 회심자들 가운데 상당히 많은 사람들이 예전의 생활로 되돌아가고 말 것입니다. 환경은 사람들의 인격이나 생활 방식에 지대한 영향을 미치기 때문에 이 사람들이 주변에서 끊임없이 부딪히는 악마 같은 술의 유혹과 냄새를 계속 버티고 이겨나갈 수 있다는 생각은 하나의 이상에 불과합니다. 오, 주님! 이 나라의 그리스도인들이 언제까지 술집의 허가를 묵과해 버리거나 찬성표를 던짐으로써 미국 전역에 악마 같은 술의 노예가 점점 늘어나는 현상을 방관하고만 있을까요?"

그레이 목사가 이런 문제점을 제기하기는 했지만 즉각적인 대응이 있으리라고는 기대하지 않았다. 금요일 밤에 있었던 예비 선거에서 한가닥 희망의 빛이 보이기는 했지만 그 결과는 아무도 감히 예측할 수 없었다. 위스키 세력들은 지난주 렉탱글의 천막 안에서 있었던 사건과 레이먼드 시민회관에서 있었던 일련의 사태에 충격을 받고 몹시 분개하여 들고 일어나면서 조직적인 반격을 가하기 시작했다. 이러한 세력에 대항하기 위해 그리스도인들이 하나로 힘을 합하여 적극적인 대응책을 펼칠 것인가? 아니면 사업상의 이득 때문에, 혹은 위스키 세력처럼 늘상 단합해서 행동하는 습관에 익숙하지 못하기 때문에 결국 분열되고 말 것인가? 모든 일은 아직 미지수로 남아 있었다. 한편 곳곳에 산재한 술집들은 약이 오른 독사처럼 도사리고 앉아서 언제든지 무방비 상태가 엿보이기만 하면 재빨리 독을 뿜을 만반의 준비를 갖추고 있었다.

토요일 오후 버지니아가 자신의 새로운 계획에 대해 상의하려고 레이첼을 만나러 막 집을 나서려는데, 화려하게 차려 입은 그녀의 친구 세 명을 태운 마차가 다가왔다. 버지니아는 차도까지 나가서 그들과 함께 이야기를 나누었다. 세 친구들은 특별한 볼 일이 있어서 그녀를 찾아온 것은 아니었지만 함께 마차를 타고 가로수길을 달리면서 즐거운 시간을 보내기를 권했다. 마침 공원에서는 취주악단의 연주가 있을 예정이었고 날씨 또한 너무나 화창해서 실내에 틀어박혀 있기엔 아까울 지경이었다.

셋 가운데 한 친구가 붉은 실크 파라솔로 그녀의 어깨를 장난스럽게 톡톡치면서 말했다.

"버지니아, 너 요즘 어디에 있었니? 듣자니까 무슨 특별한 사업 활동에 참여하고 있다던데 우리에게 이야기 좀 해 줄래?"

버지니아는 얼굴을 붉히면서 잠시 머뭇거렸으나 마침내 렉탱글에서 보고 들은 자신의 경험담을 솔직하게 말해 주었다. 마차에 탄 소녀들은 진지한 관심을 보이기 시작했다.

"얘들아, 취주악단의 연주를 들으러 가는 것보다 오늘 오후에 버지니아와 함께 빈민굴에 가보는 게 어떻겠니? 나는 한 번도 렉탱글에 가 본 적이 없거든. 거기는 몹시 더럽고 고약한 데다가 볼 것이 많다고 들었어. 버지니아가 우릴 안내해 주면 무척 … 볼 만한 가치가 있을 거야."

그녀는 '무척 흥미진진할거야'라고 말하려다가 버지니아의 엄숙한 표정을 살펴보고는 '볼 만한 가치가 있을거야'로 고쳐 말했다.

버지니아는 기분이 좀 언짢았다. 처음에는, 이처럼 진지하지 못한 상황이라면 결코 함께 가지 않겠다고 속으로 중얼거렸다. 그런데 마차에 탄 친구들은 조금 전에 가고 싶다고 말한 친구처럼 모두 호기심을 느끼고 있었다.

갑자기 버지니아는 이 친구들의 쓸데없는 호기심에서 어떤 가능성을 엿보았다. 그들은 이제껏 한 번도 죄와 타락과 가난이 뒤섞인 레이먼드 시의 빈민굴을 목격한 적이 없었다. 비록 그들의 동기가 오후의 한가한 시간을 소일하려는 하찮은 것이라 할지라도 굳이 그곳에 데리고 가지 못할 까닭은 없지 않은가?

"그래, 좋아 내가 데려다 줄게. 하지만 진짜 볼 만한 곳으로 너희들을 안내하기 위해서는 내 말을 잘 따라 주어야 해." 이렇게 말한 다음 버지니아는 훌쩍 마차 위에 올라 처음 함께 갈 것을 제안했던 친구 옆에 앉았다.

12

세리와 죄인의 친구

"내가 온 것은 사람이 그 아비와, 딸이 그 어미와, 며느리가 그 시어미와

불화하게 하려 함이니, 사람의 원수가 자기 집 안 식구리라."

"그런즉 너희는 사랑하심을 입은 자녀답게 하나님을 본받는 자가 되라.

그리스도께서 너희를 사랑하심과 같이 너희도 사랑 안에서 행하라."

친구들 가운데 하나가 호들갑스럽게 웃어대며 말했다.

"경찰을 한 명 데리고 가는 게 더 낫지 않을까? 너희들도 알다시피 그곳으로 간다는 건 꽤 위험한 일이잖아."

"아무런 위험도 없어."

버지니아가 딱 잘라 말했다 "네 오빠 롤린이 회심했다는 것이 사실이니?"

처음에 렉탱글로 가자고 제안했던 친구가 호기심이 가득 찬 눈초리로 버지니아를 바라보며 물었다. 마차가 렉탱글을 향하여 달려가는 동안 세 친구들은 마치 버지니아가 특별한 사람이라도 되는 듯 그녀에게 비상한 관심을 집중시키고 있었다.

"그래, 사실이란다."

"그가 여기저기 클럽들을 돌아다니면서 옛 친구들에게 전도하겠네. 좀 우습게 보이지 않니?"

빨간 실크 양산을 든 친구가 이렇게 물었을 때 버지니아는 아무런 대답도 하지 않았다. 이윽고 마차가 렉탱글에 이르는 골목으로 접어들었을 때 세 친구들은 다소 긴장되기 시작하는 모양이었다. 렉탱글에 점점 가까워지자 더욱더 긴장이 고조되는 것 같았다. 버지니아에게는 이미 익숙해진 여러 가지 광경과 악취와 소음들이 세련되고 섬세한 상류사회의 처녀들에게는 전에 느껴보지 못한 두려움을 안겨주고 있었다. 마차가 렉탱글의 한가운데로 들어서자 여기저기에서 흐리멍텅하고 술에 만취한 표정으로, 세련되게 차려 입은 젊은 처녀들을 태운 멋진 마차가 길 한가운데로 달리는 모습을 일제히 주시하는 것 같았다.

'빈민가 방문'이 레이먼드의 사교계에서 일시적 유행이 된 적은 한 번도 없었으며, 상류 사회 출신들과 무지한 빈민들이 이런 식으로 마주친 것도 처음 있는 일이었다. 마차에 탄 처녀들은 렉탱글을 구경하기는커녕 오히려 자신들이 의아함과 호기심의 대상으로 주목받고 있음을 깨닫자 놀라움과 혐오감으로 인해 당황하기 시작했다.

"어서 돌아가자, 이것으로도 충분해."

버지니아의 옆에 앉아 있던 처녀가 초조한듯 말했다. 그들이 막 악명높은 술집들과 도박장들이 즐비한 골목을 지나가려는 참이었다. 길은 무척이나 좁고 지저분했으며 흥청대는 사람들로 붐비고 있었다. 그때 갑자기 한 젊은 여인이 술집 문을 열어젖히며 굴러갈 듯 뛰어나왔다. 그 여인은 술에 만취하여 갈라진 음성으로 노래를 부르고 있었는데 흐느끼면서 찬송을 부르는 것으로 보아 자신이 처한 비참한 상황을 어느 정도 깨닫고 있는 것 같았다.

"내 모습 이대로 … "

마차가 그녀를 지나가려 할 때 그녀는 고개를 들어 마차를 바라보았다. 버지니아가 무심코 그녀를 가까이서 바라보았을 때 그만 깜짝 놀라고 말았다. 며칠 전 밤 집회 때 버지니아 옆에 무릎을 꿇고 흐느끼던 창녀의 얼굴이 아닌가! 버지니아 자신도 그녀 옆에 무릎을 꿇고 그녀를 위해 함께 기도해 주지 않았던가!

"마차를 세워요!"

버지니아는 두리번거리는 마부에게 손짓을 하며 소리쳤다. 마차가 멈추자 곧장 내려선 버지니아는 그녀에게로 달려가 손을 잡아 주었다.

"로린!"

버지니아가 다만 이름을 불렀을 뿐인데 그 창녀는 버지니아의 얼굴을 유심히 바라보더니 몹시 놀란 듯 안색이 창백해졌다. 마차에 탄 처녀들도 갑작스런 일에 몹시 놀란 나머지 숨을 죽이며 바라보고만 있었다. 술집 주인도 문간까지 나와 두 손으로 허리를 짚은 채 물끄러미 쳐다보았다.

렉탱글 사람들은 자기 집 창문에서, 술집 계단에서, 더러운 보도와 지저분한 길바닥에서 너도나도 하던 일을 멈추고 호기심과 놀라움이 섞인 눈초리로 두 여인을 주시하고 있었다.

이러한 장면 위로 봄의 따사로운 햇볕이 부드럽게 내리쬐고 있었다. 공원에서 취주 악단이 연주하는 음악 소리가 렉탱글에도 희미하게나마 흘러들어오기 시작했다. 마침내 연주회가 시작된 모양이었고 레이먼드 상류사회의 사치와 거드름이 가로수가 있는 한길 너머로 제각기 뽐내고 있었다.

버지니아가 마차에서 내려 로린에게 다가갈 때, 앞으로 어떻게 할 것인지 자신의 행동이 어떤 결과를 초래할지에 대하여 아무런 생각도 없었다. 그녀는 단지 잠시나마 새로운 삶의 기쁨과 환희를 맛보았던 한 불쌍한 영혼이 또다시 지옥 같은 수치와 사망의 구렁텅이로 빠져 들어가려는 것을 목격했을 따름이었다. 그 술취한 창녀의 팔을 붙잡기 전에 "예수님이라면 어떻게 하실까?"라는 단 한 가지의 질문을 자신에게 던져 보았다. 이제 이러한 질문은 서약을 한 많은 사람들이 그러하듯이 그녀의 생활에서 빼놓을 수 없는 습관이 되어 있었다.

로린의 옆에 바짝 다가선 채 가까스로 정신을 차리고 주변을 둘러보았을 때 수많은 사람들이 호기심 어린 눈초리로 자신을 응시하고 있음을 생생하게 느낄 수 있었다. 그녀는 우선 마차 위에 탄 친구들을 생각하고 침착한 목소리로 말했다.

"날 기다리지 말고 먼저 가렴. 이 친구를 집까지 바래다줘야겠어."

빨간 실크 양산을 든 친구가 버지니아의 '친구'라는 말에 기가 막혀 어리둥절한 모습이었다. 그녀는 아무런 대꾸도 하지 않았고 다른 친구들도 어안이 벙벙한 듯했다.

"먼저 가라니까, 난 너희들과 함께 갈 수 없어."

버지니아가 재촉하자 마부는 천천히 말을 몰기 시작했다.

"우리가 뭘 좀… 저, 아니 우리의 도움이 혹시 필요하지 않니? 너 혼자서는 아무래도… ."

"아니, 괜찮아. 너희들이 도와줄 만한 일이 아니란다."

마차가 멀리 가 버리자 버니지아는 혼자서 그 여인을 부축했다. 버지니아가 고개를 들어 주위를 둘러보자 그녀를 응시하고 있는 많은 얼굴들이 동정의 빛을 띠고 있었다. 그들의 모습은 전혀 난폭하거나 맹수처럼 본능적이고 잔인해 보이지도 않았다. 성령의 놀라우신 능력이 이미 렉탱글 사람들의 마음을 순화시켜 놓았던 것이다.

"저, 이 여인이 사는 집이 어디죠?"

버지니아가 조심스럽게 물었으나 아무도 대답하지 않았다. 잠시 곰곰이 생각해 본 후에야 비로소 버지니아는 그 이유를 알아차릴 수 있었다. 렉탱글 주민들은 중상류 이상의 사람들에게만 저택과 화목한 가정을 지닐 수 있는 특권이 허락된다는 사실에 대해서 서글픈 침묵 속에 예민한 반응을 보여준 것이다. 술집이라는 지옥의 입구에서 난파된 배처럼 이리저리 떠밀리는 한 보잘것없는 여인에게 애당초 내 집이라고 부를 만한 곳이 있을 리 없다는 생각이 번개처럼 그녀의 뇌리를 스쳐갔다.

갑자기 그 창녀가 버지니아가 잡고 있던 팔을 뿌리치는 바람에 버지니아는 하마터면 길가에 나동그라질 뻔했다.

"날 붙잡지 마! 날 내버려 두란 말야! 지옥에나 가게 내버려 둬! 어차피 난 지옥에 떨어질 팔자라구! 악마가 날 기다리고 있어, 저기서 날 기다리고 있잖아!"

그녀는 발작하듯 소리를 지르더니 돌아서서 떨리는 손가락으로 문간에 서 있는 술집 주인을 가리켰다. 쳐다보던 사람들이 와락 웃음을 터뜨렸으나 버지니아는 다가가서 두 팔로 그녀를 감싸안았다.

"로린, 나와 함께 가요. 로린은 절대로 지옥에 떨어지지 않아요. 당신은 예수님의 품에 안길 것이며, 그분이 당신을 구원해 주실 테니 아무 걱정 말고 나와 함께 갑시다."

버지니아가 분명하고 확신있는 어조로 말하자 로린은 그만 울음을 터뜨리고 말았다. 그녀는 버지니아를 만나자 충격을 받고 어느 정도 정신을 차리고 있었다. 버지니아는 다시 주위를 둘러보며 정중하게 물었다.

"그럼, 그레이 목사님이 사는 곳은 어디죠?"

그녀는 전도자 부부가 천막 부근의 어딘가에서 셋방을 얻어 살고 있음을 이미 들어서 알고 있었다. 많은 사람들이 앞을 다투어 가는 방향을 알려 주었다.

"자, 로린. 나와 함께 그레이 목사님에게 갑시다."

버지니아는 아직도 부들부들 떨고 있는 로린을 붙잡고 다정하게 말했다. 로린은 신음 소리를 내면서 슬프게 흐느꼈고, 아까 버지니아를 뿌리칠 때만큼이나 힘을 주어 버지니아에게 매달렸다.

이렇게 해서 두 여인은 서로 부둥켜 안고 렉탱글의 한복판을 지나 전도자 부부가 세들어 살고 있는 집을 향해 나아갔다. 이러한 모습은 렉탱글 주민들에게 깊은 감명을 남겨 주었다. 그들이 늘상 술에 취해 휘청거릴 때는 눈여겨보지도 않을 일이었지만 이번 일은 전혀 달랐다. 레이먼드에서 가장 부유하고 가장 아름답게 차려 입은 처녀들 중의 하나가, 렉탱글에서조차 비웃음을 받는 가장 추잡한 창녀들 중의 하나를 돌보고 있다는 사실은 너무나 놀랍고 의외의 일이라서 로린 자신에게도 한 인간으로서의 존엄성과 중요성을 부여하기에 충분한 사건이었다.

로린이 술에 만취하여 비틀거리면서 렉탱글의 여기저기를 떠돌아다니는 모습은 렉탱글 사람들에게 늘 하나의 구경거리요 조롱의 대상이 되어 왔다. 그런데 이제 로린이 상류사회 출신의 아름다운 아가씨에게 부축을 받으면서 함께 걸어가는 모습은 평소와는 전혀 딴판이었다. 렉탱글 사람들은 일종의 엄숙함과 경탄을 금치 못하면서 멀어져가는 두 사람의 모습을 바라보고 있었다.

마침내 두 여인이 그레이 목사님 부부의 셋집을 찾아가 문을 두드리자 주인 여자가 나와서 대답하기를, 그들은 지금 외출 중인데 6시가 지나야 돌아올 것이라고 말하는 것이었다.

버지니아는 그레이 목사님을 찾아가서 잠시 동안 로린을 보살펴 달라고 부탁하거나, 혹은 그녀가 제정신을 차릴 때까지 편안하게 쉴 수 있는 곳을 마련해 달라고 요청해야 되겠다는 생각 이외에는 아직 아무런 계획도 없는 상태였다. 그런데 막상 주인 여자의 말을 듣고 나자 한동안 문간에 우두커니 서서 이제부터 어떻게 해야 할지 몰라 당황하고 있었다. 로린은 엉거주춤하더니 계단 위에 주저앉아 두 팔로 얼굴을 감싼 채 울고 있었다. 버지니아는 다소 짜증스럽기도 하고 한편 두려운 생각이 들면서 이 가련한 여인의 모습을 우두커니 바라보았다.

결코 이 상태로 내버려 둘 수는 없다는 생각이 버지니아의 마음을 사로잡았다. 정말이지 뿌리칠 수 없는 막다른 상황이었다. 이제 로린을 집으로 데려가는 것 이외에는 달리 별다른 방법이 없지 않은가? 술 냄새를 풍기며 비틀거리는 이 가엾고 집 없는 창녀를 병원이나 빈민 구제소 같은 곳의 낯선 사람들에게 맡기느니 차라리 집으로 데리고가서 돌보지 말란 법이 없지 않은가?

게다가 버지니아는 자선 단체나 빈민 구제소에 대해서 솔직히 아는 바가 별로 없다. 실제로 레이먼드에 그런 구제 기관이 두세 군데 있긴 하지만 로린 같은 술 냄새를 풍기며 비틀거리는 창녀를 받아줄는지도 의심스러운 일이었다. 이제 버지니아가 당면한 문제는 이러한 걱정거리가 아니었다. "예수님이라면 로린을 어떻게 하실까?" 하는 진실한 자문자답만이 버지니아에게 가장 중요한 문제였다. 마침내 나름대로 대답을 얻은 후 버지니아는 로린을 부축해서 다시 일으켜 세웠다.

"자, 로린. 나와 함께 우리 집으로 가요. 모퉁이를 돌면 전차를 잡을 수 있을 거예요."

로린은 비틀거리기는 했지만 놀랍게도 두 발을 힘있게 딛고 바로 섰다.

버지니아는 그녀가 반항하거나 함께 가기를 완강히 거절하리라고 예상했지만 아무런 말썽도 부리지 않고 순순히 따라나섰다. 모퉁이를 돌아서 전차를 잡아타니 시내로 들어가는 사람들로 인해 전차 안은 몹시 비좁았다. 그들이 전차 안으로 들어서자 자신과 로린을 향한 많은 사람들의 따가운 시선이 다소 고통스럽게 느껴졌다. 그러나 정작 버지니아의 생각은 시간이 흐를수록 이제 곧 부딪히게 될 할머니와의 대면에 더욱더 쏠리고 있었다. '할머니가 어떤 반응을 보이실까?'

이제 로린은 거의 제정신을 차리고 있었지만 아직 제대로 몸을 가누지는 못하고 있었다. 어쩔 수 없이 버지니아가 그녀의 팔을 붙잡아 주었는 데도 불구하고 로린은 몇 차례나 버지니아 쪽으로 넘어질 뻔했다. 얼마 후 전차에서 내려 가로수 길을 함께 걸어가고 있는 동안 소위 교양 있는 사람들이 호기심 어린 눈초리로 그들을 흘깃흘깃 바라보았다.

이윽고 버지니아의 호화스런 저택 앞에 당도했을 때, 버지니아는 할머니와 맞부딪칠 생각으로 걱정이 되면서도 자신도 모르게 안도의 숨을 내쉬었다. 출입문을 닫고 갈 곳 없이 방황하는 창녀 로린과 함께 넓은 홀에 들어서자 무슨 일이 닥치든지 능히 헤쳐나갈 수 있으리라는 자신감이 들었다.

페이지 여사는 서재에 앉아 있다가 버지니아가 들어오는 인기척을 듣고 넓은 현관이 있는 홀로 나왔다. 버지니아는, 어리둥절한 표정으로 주위의 웅장하고 멋진 가구며 장식들을 둘러보고 있는 로린을 부축한 채 서 있다가 주저하지 않고 또렷한 목소리로 말을 꺼냈다.

"할머니, 렉탱글에서 친구 한 명을 데리고 왔어요. 그녀는 지금 어려운 처지라서 의지할 만한 집도 없거든요. 당분간 여기서 그녀를 돌봐 주었으면 싶어요."

페이지 여사는 어이가 없다는 표정으로 손녀와 로린을 번갈아 보더니 입을 열었다.

"아니, 이 여자가 네 친구라는 거냐?"

이렇게 묻는 할머니의 목소리는 너무나도 냉정하고 경멸적인 어조였으므로 버지니아는 그 어느 때보다도 마음이 아팠다.

"예, 그렇답니다."

버지니아의 얼굴이 붉어졌지만 최근에 그레이 목사가 설교를 하면서 사용했던 '세리와 죄인들의 친구'라는 어구가 마음에 떠올랐다. 예수님께서도 이러한 경우에 자신이 하는 행동대로 하시리라는 확신이 들었다.

"너 저 여자가 어떤 여자인지 알기나 하니?"

페이지 여사는 화가 머리끝까지 치밀어 올라 숨을 씩씩거리면서 버지니아 옆으로 바짝 다가왔다.

"물론 잘 알고 있어요. 그녀는 갈 곳 없이 방황하는 신세이지요. 할머니께서 구태여 제게 설명하지 않으셔도 돼요. 아마 할머니보다 제가 더 잘 알고 있을 테니까요. 이 여인은 지금 술에 취해 있지만 역시 하나님의 귀한 자녀랍니다. 그녀가 무릎을 꿇고 진심으로 회개하는 것을 목격했고 악마가 그 무시무시한 마수를 뻗어 그녀를 다시 지옥으로 끌어들이려는 것도 목격했어요. 그리스도의 은혜를 받고 있는 저로서 할 수 있는 최소한의 일이란 이 여자를 그런 위기에서 어떻게든 구해내는 일이라는 생각이 들었어요.

할머니, 우리는 모두 그리스도인이라고 자처하고 있어요. 그런데 여기 가난하고 버림받은 한 여인이 집도 없이 떠돌아다니며 비참한 삶으로 빠져 들어가 영영 구원받지 못할 위기에 놓여 있습니다. 다행히도 우리는 쓰고 남을 만큼 넉넉하고 편안한 생활을 하고 있지요. 그래서 이 여인을 우선 우리 집으로 데려왔고 잠시나마 보살펴줄 생각이랍니다."

페이지 여사는 버지니아를 똑바로 노려보면서 주먹을 불끈 쥐었다. 이러한 행위는 모두가 상류사회의 행동규범과는 철저히 상반되는 것이었다.

'세상 사람들이 거리를 떠돌아다니는 창녀와의 친분 관계를 어떻게 용납해 줄 것인가? 우리 가문이 늘 사회의 지도 계급으로서 품위를 유지하기 위해서는 재산과 권위를 지닌 사람들과 항상 필수적인 관계를 맺고 지내야 하는데, 버지니아의 이 철없는 행동으로 인하여 체면이 손상됨은 물론 많은 사람들의 조롱과 비판을 어떻게 물리칠 수 있을까?'

페이지 여사에게 사교계의 이목은 교회나 그밖의 어떤 단체보다 훨씬 중요한 위치를 차지하고 있었다. 사교계야말로 매우 두렵고 순응해야 할 어떤 위력을 지니고 있다고 생각했다. 사교계에서 좋은 평판을 잃는다는 것은 재산 그 자체를 잃는 것만큼이나 두려운 일이었다.

페이지 여사는 똑바로 서서 엄한 표정으로 버지니아를 노려보고 있었는데 완강한 고집과 독선적인 결단이 완연히 드러나 보였다. 버지니아는 한쪽 팔로 로린을 부축한 채 차분한 표정으로 할머니를 바라보고 있었다.

"버지니아, 이런 일은 절대로 용납할 수 없어! 그 여자를 요양소로 보내고 비용은 우리가 지불해 줄 수도 있지 않니? 우리 집 안의 명예와 품위를 위해서라도 그런 여자를 우리 집에서 돌볼 수는 없다는 걸 알아둬!"

"할머니, 저도 할머니께 조금이나마 불편을 끼쳐드리고 싶지 않아요. 하지만 이 갈 곳 없는 여인을 오늘 밤만이라도, 가능하다면 좀 더 우리 집에서 보호해 주었으면 해요."

"그렇다면 모든 책임을 네가 지도록 해라. 난 저런 천한 여자와 절대로 한 집에 머물 수 없어!"

"할머니, 이 집은 제가 사는 집이고, 할머니께서 양해해 주신다면 우리 모두가 함께 살 수 있는 집이에요. 이번 일의 경우, 예수님이 제 입장이라면 하시리라 믿어지는 대로 행하고자 할 뿐입니다. 사교계는 저에게 하나님처럼 절대적인 존재가 아니며 이 가련한 여인의 입장을 생각하면 사교계의 평판 따위는 조금도 두렵지 않습니다."

"그렇다면, 내가 이 집을 나가겠다!"

할머니는 버럭 소리를 지르더니 현관 끝까지 걸어갔다가 다시 되돌아와서 치밀어 오르는 흥분과 분노를 억제할 수 없다는 듯 버지니아를 향해 소리쳤다.

"넌 술취한 창녀를 끌어들인 탓에 이제껏 함께 살아온 이 할미를 집 밖으로 쫓아냈다는 사실을 명심해 둬라!"

말을 마치자마자 아무런 대꾸도 필요없다는 듯 페이지 여사는 이층으로 올라가 버렸다. 버지니아는 하인을 불러 로린을 좀 보살펴 주라고 일렀다. 그녀는 너무나 기가 질려 벌벌 떨고 있었고, 현관에서 옥신각신하는 동안 버지니아에게 매달려 있는 바람에 그녀의 손가락이 닿았던 부분이 욱신거릴 지경이었다.

버지니아는 할머니가 정말 집을 나가실지 아닌지를 도무지 알 수 없었다. 할머니는 자기 소유의 재산이 넉넉한 데다가 건강하고 힘이 있었으므로 혼자서도 능히 살아갈 수 있었다. 또한 남부에 형제자매들이 많이 살고 있었으므로 일년 중 얼마 동안은 그들에게로 가서 지내시기도 했다. 버지니아는 이러한 상황을 잘 알고 있었으므로 할머니의 여생이 그다지 걱정스럽지는 않았지만 조금 전에 있었던 언쟁이 몹시 가슴 아프게 느껴졌다.

차를 마시러 내려오기 전까지 자기 방에 혼자 앉아서 곰곰이 생각해 봤지만, 결코 후회스러운 행동이라고 생각되지는 않았다.

"예수님이라면 어떻게 하실까?" 다시 한 번 자문자답해 보면서 옳은 일을 했다는 데 대해 조금도 의심을 갖지 않았다. 만일 그녀가 실수를 저질렀다손 치더라도 판단을 잘못한 것이지 마음이 나빴던 것은 아니기에 … .

13

주님의 재산을 어떻게 활용할까?

차 마실 시간이 되었다는 벨 소리를 듣고 아래층으로 내려오자 할머니의 모습이 보이지 않았다. 서둘러 하인을 시켜 할머니를 모셔오라고 보냈더니 이내 와서 하는 말이 방에 안 계시더라는 것이었다. 얼마 후 오빠인 롤린이 돌아와서 할머니는 남부행 저녁 열차를 타고 이미 떠나셨다고 전해 주었다. 친구를 전송하러 역에 나갔다가 우연히 할머니를 만났는데, 몹시 화가 난 표정으로 떠나지 않을 수 없는 이유를 낱낱이 말씀하시더라는 것이다.

버지니아와 롤린은 테이블을 사이에 두고 마주 앉아서 슬프지만 진지한 표정으로 상대방을 바라보았다.

"롤린!"

버지니아는 오빠의 이름을 부르면서 그가 회심한 이후 처음으로 오빠의 변화된 삶이 자신에게 얼마나 소중한 의미를 부여하는지 비로소 깨닫게 되었다.

"오빠는 날 나무랄 작정인가요? 내가 잘못했다고 생각해요?"

"아니다, 네가 잘못했다고 생각하지는 않는단다. 하지만 이번 일은 우리에게 무척 가슴 아픈 일이로구나. 그 가련한 여자의 안전과 구원이 결국 너의 보살핌에 달려 있다고 생각한다면 너로서는 그렇게 할 수밖에 없었을게다. 버지니아야, 이 여인처럼 가난하고 불쌍한 사람들이 주변에 흔히 있다는 사실을 외면한 채 우리는 호화스런 저택에 살면서 온갖 사치를 다 부리고 세속적인 쾌락을 추구하며 이기적으로 살아왔지 않니? 예수님이 네 입장에 계셨더라도 틀림없이 너처럼 하셨을 거야."

　롤린은 버지니아를 위로해 주면서 밤늦도록 함께 앉아 여러 가지 문제에 대해 서로 솔직한 의견을 주고받았다. 버지니아는 예수님의 발자취를 따르기로 서약한 이후 온갖 놀라운 변화를 겪어 왔지만 오빠 롤린의 삶이 완전히 거듭난 것만큼 그녀에게 깊은 감동을 안겨준 사건은 없었다. 정말이지 이제껏 방탕한 생활을 해오던 오빠가 그리스도 안에서 완전히 새로운 사람으로 변해 있었다. 낡은 것은 모두 지나가 버렸으니 보라, 그의 모든 것이 새로워지지 않았는가!

　버지니아의 요청을 받고 달려온 웨스트 박사는 로린을 위해 필요한 모든 치료를 해 주었다. 로린은 평소에 너무 술을 많이 마신 나머지 일종의 알콜중독 증세로서 정신 착란증, 조울증, 의식이 희미해지는 현상을 보이기까지 했다. 지금 그녀에게 해 줄 수 있는 최선의 일은 될 수 있는 한 편안하고 조용한 상태에서 안정을 취하도록 보살펴 주고 깊은 사랑으로 돌보아 주는 일이었다.

　이렇게 해서 로린은 아름답게 장식된 방의 침대에 누워 예수님께서 바다 위를 걸어가는 그림을 바라보며 아직 몽롱한 시선으로 날마다 이 그림 속에 숨겨진 깊은 의미를 찾아내려고 애를 쓰면서, 도대체 어떻게 이런 천국 같은 곳에 오게 되었는지 알 수 없다는 듯 뒤척이고 있었다.

　또한 버지니아는 거센 삶의 파도에 이리저리 밀리고 찢겨진 채 만신창이가 되어 우연히 자신의 발 밑에까지 떠밀려온 이 가련한 영혼의 소생과 구원을 위하여 전심을 다해 기도함으로써 주님께 더욱 가까이 다가가고 있었다.

　한편 렉탱글 사람들은 평소보다 깊은 관심을 가지고 이번 선거의 결과를 기다리고 있었다. 그레이 목사 부부는, 가난하고 불쌍한 영혼들이 매일 쉴 새 없이 그들을 유혹하는 주변 환경을 이겨내려고 애써 싸우다 그만 지친 나머지 로린처럼 될대로 되라는 식으로 이리저리 떠돌아다니면서 결국 끓어오르는 죄악의 심연으로 다시 빠지게 될까봐 몹시 안타까워하며 눈물을 흘리고 있었다.

매주 주일마다 제일교회의 대예배 직후 갖게 되는 서약자들의 모임은 점점 열기를 띠면서 어느 정도 틀이 잡혀갔다. 예비 선거가 있던 주의 주일 아침, 대예배를 마치고 교육관에 들어선 헨리 맥스웰 목사는 뜨거운 열기로 인하여 온몸이 떨려오는 감동을 느꼈다. 이번 주에도 역시 자스퍼 체이스를 제외한 전원이 모임에 참석했고 상호 신뢰감과 동지애를 나누면서 모두가 한결같이 동일한 서약을 따른다는 유대감으로 긴밀하게 결속되어 있는 듯했다. 그리스도의 정신을 따르기 위해서는 마음의 문을 활짝 열어놓고 솔직하게 자신의 경험을 고백해야 한다는 생각에 누구나 동의하고 있었다. 그리하여 데일리 뉴스의 사장인 에드워드 노먼은 그곳에 모인 동지들에게 자신의 고충을 자연스럽게 토로했다.

　"사실상 지난 3주 동안 입은 경제적 손실은 이루 말할 수 없을 지경입니다. 구체적인 액수를 말씀드릴 수는 없습니다만 날마다 많은 구독자들을 잃어가는 실정에 놓여 있지요."

　"그들이 구독을 중단하는 이유가 도대체 무엇입니까?"

　맥스웰 목사가 이렇게 묻자 모두들 궁금한듯 귀를 기울였다.

　"그들이 내세우는 이유야 각양각색이지요. 이를테면 어떤 사람은 신문이 새로운 소식과 사건들을 모두 실어 주기를 바라고 있답니다. 즉 범죄사건을 심층 취재한 기사, 프로 권투 같은 특별한 기사, 연예인이나 유명 인사들의 스캔들을 다룬 기사, 기타 음란 사건 기사 등등을 모두 실어 달라는 것이지요. 또 어떤 사람들은 더 이상 일요판 발행을 하지 않는 것에 크게 반발하고 있습니다. 일요판 못지않게 지면을 증가시켜 토요일 특집판을 발행함으로써 기존 독자들의 구미에 맞추려고 했지만 그들은 막무가내여서 엄청난 수의 구독자들을 잃게 되고 말았습니다.

　내가 초래한 가장 큰 손해는 광고주들이 떨어져나간 데 있으며, 정치적인 문제들에 대해 개인적으로 확고한 소신을 밝힘으로써 입은 손해도 이만저만이 아니지요. 어쩌면 정치적인 이유로 받은 손해가 가장 치명적일지도 모르겠습니다. 우리 신문의 구독자들 중 상당수의 사람들이 극단적인 당파 근성을 지닌 사람들이기 때문입니다.

솔직히 말씀드려서 앞으로도 계속 예수님이 추구해 나가시리라 여겨지는 방식대로 신문을 발행하기 위하여 정치적인 기사들을 공정하고 도덕적인 관점에서 다루어 나가고자 한다면 우리 신문사는 조만간 문을 닫게 될 것입니다. 다만 이제 레이먼드 시에서 서서히 치솟기 시작한 한 가지 요인에 기대를 걸 뿐이지요."

그가 잠시 말을 중단하자 방 안에는 호기심 어린 침묵이 깔렸다. 누구보다도 버지니아가 큰 관심을 나타내며 얼굴이 발갛게 상기되어 있었다. 그녀는 이미 노먼 사장이 말하고자 하는 내용에 대해 전부터 깊이 생각해 온 사람처럼 보였다. 노먼 사장은 말을 계속 했다.

"그 한 가지 요인이란 레이먼드의 진실한 그리스도인들이 서로 힘을 합치는 것뿐이지요. 우리 데일리 뉴스지가 참된 신앙이 없는 사이비 그리스도인들로부터 버림을 받았고, 신문을 단지 자신들의 호기심을 충족시켜 주고 흥미를 유발시킬 만한 모든 종류의 기사를 조달해 주는 상인으로 간주하는 독자들로부터 외면당했다고 한다면, 예수님이 추구하시리라고 진지하게 믿는 편집 방향대로 발행되는 신문을 지지하고 후원해 줄 만한 참다운 그리스도인들이 과연 이 레이먼드에 충분히 존재할까요? 아니면 교회에 참석하는 사람들이라고 해도 기존 신문들이 보편적으로 발행되어온 방식에 타성이 밴 나머지 기독교적이고 도덕적인 의도를 배제하지 않는 한 신문을 구독하지 않겠다는 말입니까?

여기 모이신 분들에게 말씀드리기 거북한 일입니다만 저는 최근에 따르기로 한 개인적인 서약 때문에 우리 신문과는 관계없는 사업상의 문제로 막대한 재산의 손실을 입게 되었습니다. 예수님의 발자취를 따른다는 저의 행동 규칙을 이것과는 무관한 사람들과의 상호거래에도 그대로 적용시킴으로써 결과적으로 많은 금전적 손실과 정신적 갈등을 겪게 된 셈이지요. 제가 생각하는 바로는 서약을 한 사람들이라면, 무슨 일을 하든 '과연 수지가 맞을까?'라는 질문보다 '예수님이라면 어떻게 하실까?'라는 질문에 근거하여 행동 방침을 정해야 한다고 봅니다.

이러한 행동 규칙에 따라 모든 일을 처리해 나감으로써 결국 수십 년 동안 신문을 발행하여 얻은 수익을 며칠 내에 거의 잃게 되고 말았습니다. 지난 3주간의 경험을 통하여 확실히 알게 된 바에 의하면 아무리 위대한 사업가일지라도 예수님의 발자취를 따르려는 행동규칙을 정직하게 따르다가는 현 경제 체제하에서 막대한 손해를 입게 될 것이라는 점입니다.

하지만 제가 최근에 설정한 편집 방향대로 계속 밀고 나갈 수만 있다면 기독교적인 일간지가 반드시 성공을 거둘 수 있다는 확신을 갖고 있기 때문에 이 자리에서 그동안 입은 손해를 말씀드렸던 것입니다. 최후의 승리를 거두기 위해 제 모든 정력과 남은 재산, 굳건한 믿음을 쏟아넣을 계획입니다. 하지만 이미 말했듯이 그리스도인들이 힘을 합하여 구독과 광고 청탁 등을 통해 적극 후원해 주지 않는다면 조만간 데일리 뉴스사는 문을 닫게 될 것입니다."

진지한 관심을 보이며 노먼 사장의 고백을 듣고 있던 버지니아가 질문을 던졌다.

"기독교적 성격의 일간지가 수지를 맞추려면 기독교 계통의 대학처럼 많은 기부금과 후원이 필요하다는 말씀이신가요?"

"바로 그렇습니다. 비기독교적인 내용이라서 실을 가치가 별로 없는 기사가 있다면 기꺼이 삭제하고 그 대신에 훨씬 재미있고 유익하며 주목을 끌 만한 기사로 그 자리를 채울 수 있도록 여러 가지 계획들을 이미 세워 놓았지요. 예수님이 인정하실 만하고 예수님이 실으실 만한 기삿거리로 만들어진 일간지가 끝까지 이러한 편집 방향을 고수해 나간다면, 결국은 그리스도인들의 호응을 얻어 재정적인 흑자를 낼 수 있다고 확신하는 바입니다. 그러나 세부적인 계획들을 실행해 나가려면 우선 많은 자금이 소요되겠지요."

"얼마나 필요하다고 생각하십니까?"

버지니아가 침착한 목소리로 물었다. 노먼 사장이 예리한 눈으로 그녀를 바라보다가 이렇게 묻는 그녀의 진의가 무엇인지 알아차린 순간 그의 얼굴이 금세 붉어지고 말았다. 노먼 사장은 버지니아가 어린 소녀 적에 주일학교 유년부에 다닐 때부터 익히 알고 지내왔으며 한때는 그녀의 아버지와 긴밀한 사업 관계를 맺기도 했었다.

"레이먼드 규모의 도시에서 우리가 구상해 온 신문이 정상적인 위치를 확고히 차지하려면 50만 달러쯤 필요하다고 봅니다."

노먼 사장의 목소리는 다소 떨리고 있었다. 순식간에 그토록 염원했던 구원의 손길이 눈앞에 다가오자 철저하고 신실한 그리스도인으로서 평생을 신문계에 투신해 온 노먼 사장은 드디어 신문계에서 위대한 업적을 남길 수 있다는 기대감으로 반백이 다 된 머리와 예리한 눈동자의 얼굴이 환히 빛나고 있었다.

"그렇다면 … ."

버지니아는 잠시 말을 멈추고 그동안 심사숙고해온 결과를 확신있게 발표했다.

"제가 기꺼이 그 신문에 50만 달러를 기부하겠습니다. 다만 한 가지 조건이 있다면 지금까지 설명해 주신 대로 기독교적인 일간지로서 그 사명을 다해 달라는 것입니다."

"하나님, 감사합니다!"

맥스웰 목사가 나지막하게 부르짖었고 노먼 사장의 얼굴은 오히려 창백할 지경이었다. 나머지 교인들이 아직도 버지니아를 바라보고 있는 동안 버지니아는 자신의 의견을 피력했다. 그녀의 목소리에는 일종의 고뇌와 서글픔이 서려 있어 듣고 있는 사람들로 하여금 두고두고 기억할 만한 깊은 감명을 안겨주었다.

"교우 여러분, 이 자리에 함께 하신 여러분께서 제가 마치 큰 자선을 베푸는 것으로 생각하지 말아 주시길 바랍니다. 최근에 그동안 제 개인의 소유라고 생각해 왔던 재산이 정녕 제 것이 아니라 하나님의 것임을 분명히 깨달았습니다. 하나님의 재산을 관리하는 사람으로서 현명한 투자 방법을 찾아냈다고 해서 헛된 자만에 빠지거나 남들로부터 공치사를 받을 입장이 못 됩니다. 저는 단지 그 재산의 주인이신 하나님이 제게 요구하시는 대로 하나님의 영광을 위하여 정직하게 사용하려고 노력했을 뿐이기 때문입니다.

저는 사실 오랫동안 이 계획을 심사숙고해 왔습니다. 교우 여러분께서도 잘 알고 계시다시피 이제 막 시작된 레이먼드 시의 위스키 세력과 우리 그리스도인들의 싸움에서 저는 데일리 뉴스 같은 양심적인 신문이 그리스도인들을 적극 지지하고 나섬으로써 우리의 선봉이 되어 주어야 할 필요성을 깊이 인식하게 되었습니다. 다른 모든 신문들은 주점 허가를 지지하는 편에 서 있기 때문입니다. 술집이 그대로 존속하는 한, 렉탱글에서 죽어가는 영혼을 구원하기 위한 필사의 노력은 숱한 환난과 실패의 고통을 겪게 될 것입니다. 전도자 그레이 목사님이 아무리 복음 집회를 계속한다고 해도 회심한 자들의 반 이상이 술꾼들인 데다가 여기저기서 날마다 유혹의 손길이 끊이지 않는다면 무슨 소용이 있겠습니까? 그러므로 데일리 뉴스지가 폐간되도록 그저 방관하고 있다는 것은 적에게 항복하는 것과 마찬가지 행위라고 생각합니다.

저는 노먼 사장님의 확고한 신앙심과 언론인으로서의 역량을 깊이 신뢰하고 있습니다. 그가 세운 구체적인 계획에 대해서 아직 별로 아는 바가 없지만, 대대적인 스케일로 유익한 기사들을 제공하면서 적극 밀고 나간다면 틀림없이 성공할 수 있으리라고 확신하는 바입니다. 일반 신문이 재정적으로 더 수지를 맞출 수 있다고 해서 그리스도인의 지성이 비그리스도인의 지성보다 뒤떨어진다고는 믿지 않기 때문입니다. 그러므로 이제 제 돈이 아닌 하나님의 돈을 예수님께서도 그렇게 하시리라 믿고 이 유능한 대리인에게 맡기고자 합니다. 만일 이러한 기독교적인 일간지가 일년 동안만 지속적으로 발행될 수 있다면 앞으로도 많은 재산을 기꺼이 이 사업에 투자할 생각입니다.

저에게 감사하거나 저의 이러한 결정을 무슨 대단한 일로 여기지도 말아 주십시오. 하나님이 제게 맡기신 돈으로 최근 몇 년 동안 개인적인 욕구와 이기심, 허영을 채우려는 데만 분주했을 뿐 제가 한 일이 도대체 무엇입니까? 이제 남은 돈으로 이제껏 제가 훔친 하나님의 돈을 보상하기 위해 노력하는 일 말고 무엇을 할 수 있을까요? 제가 지금 할 수 있는 일은 바로 이것이며 예수님이라도 그렇게 하시리라고 믿습니다."

교육관에는 눈에 보이지는 않지만 성령의 놀라우신 능력이 임재하여 온 방안을 채우고 있음을 분명히 느낄 수 있었다. 한동안 어느 누구도 입을 열지 않았다. 맥스웰 목사는 자신의 얼굴을 응시하는 열렬한 시선들을 마주 대하며 19세기가 아닌 1세기로 거슬러 올라가 예수님의 제자들이 모든 소유물을 공유하고 깊은 사랑을 나누던 시대에 와 있는 듯한 느낌이 들었고, 제일교회의 역사상 느껴 본 적이 없을 정도로 강한 유대감과 동지 의식이 교인들 사이에 자유롭게 오가고 있음을 감지했다.

이 소수의 무리가 예수님이 행하리라 여겨지는 대로 행동할 것을 서약하기 전까지 얼마나 많은 제일교회 교인들이 일상생활에서 이토록 깊은 사랑과 동지 의식을 나누었을까? 그곳에 참석한 사람들 모두가 똑같은 생각에 젖어 있었다. 맥스웰 목사는 가까스로 정신을 가다듬고 현세에 처한 자기 자신과 주변 환경을 의식했다. 버지니아가 자신의 의견을 솔직히 피력함과 더불어 서서히 일어나기 시작한 동지 의식과 사랑은 이제껏 느껴보지 못했을 정도로 심화되어 무거운 침묵 속에서도 그들을 온통 사로잡고 있었다. 이들 중의 누군가가 이러한 분위기를 다소나마 표현하고자 했다면 다음과 같이 말했을 것이다.

"내가 하나님의 뜻에 순응하여 서약을 지켜나가는 도중 세상적인 고통과 금전적 손실을 입는다 할지라도, 나와 더불어 '예수님이라면 어떻게 하실까?'라는 질문에 합당한 행동 방침을 따르기로 서약한 그리스도인들의 참된 사랑과 교제로 넉넉히 이길 수 있으리라."

이런 느낌을 확신하게 해 주려는 듯 성령의 물결이 더욱 힘차게 그들 사이로 넘실거렸다. 이러한 성령의 능력은 예수님의 초기 제자들에게 눈에 보이는 많은 기적들이 일어나게 함으로써 주님에 대한 믿음을 더욱 굳건하게 하여 온갖 고난과 순교를 용감하게, 더 나아가서는 기쁨으로 받아들이도록 만들었던 것이다.

모임이 끝나기 전에 노먼 사장 이외의 몇몇 교인들이 자신의 경험과 생각을 솔직하게 털어놓았다. 그들 중 청년 몇 명은 정직하게 서약을 지켜나가다가 그만 직장을 잃었다고 말했으며, 알렉산더 파워스는 조사위원회로부터 가능하면 빠른 시일 내에 그가 제시한 증거를 토대로 조치를 취하겠다는 약속을 받았다고 간략하게 설명했다.

그는 지금 예전의 직업이었던 전신기사직에 종사하고 있었다. 그가 소장직을 사퇴한 이후 그의 아내와 딸이 전혀 대중 앞에 얼굴을 드러내지 않는다는 사실은 꽤 심각한 일이었고, 오직 당사자인 알렉산더 파워스만이 가족적인 소외감과 그의 진지하고 차원 높은 사퇴의 동기를 곡해하는 뭇사람들의 비난과 조소로 인해 고통의 십자가를 감내하고 있었다.

모임에 참석한 사람들 가운데 이와 유사한 고난의 짐을 진 사람들이 상당히 많았으며 이러한 고통은 말로는 형언하기 어려울 정도로 괴로운 아픔이었다. 맥스웰 목사는 서약한 교인들의 신상과 환경을 소상하게 파악하고 있었으므로, 서약을 지켜나가는 과정에서 가족들로부터 소외를 당하고, 심지어는 오해와 증오마저 불러일으키고 있음을 어느 정도 정확히 파악할 수 있었다. 가족중의 일부는 예수님의 행동 방침을 따르고 일부는 이에 불응한 경우, 한 사람의 가장 큰 적은 바로 가족 가운데 있다는 것이 사실이었다. 예수님께서는 영생과 사망의 길을 분명히 갈라놓고 계시는 분이다. 우리 인간은 끝까지 그분과 함께 동행하든지, 아니면 그분의 길을 무시하고 자신의 길을 가든지 신중하게 양자택일을 해야 할 것이다.

14
누가 이 여인을 죽였는가?

이번 모임에서 두드러지게 느낄 수 있었던 것은 교우들 상호 간에 깊은 동지의식이 어느 때보다 고조되었다는 점이었다. 이러한 현상을 파악한 맥스웰 목사는 감동으로 말미암아 떨려오는 마음을 애써 가라앉히며 생각에 잠겼다.

'이 같은 동지애가 절정에 이를 때는 과연 언제쯤이며 어떤 결과를 초래하게 될까?'

그는 아직 아무것도 예측할 수 없었지만 공연히 그 결과에 대하여 두려워하지도 않았다. 단지 이 간단하고도 실행하기 어려운 서약을 각양각색의 사람들이 준수해 나가고자 노력함으로써 나타나는 결과들을 점점 경이롭게 여기면서 지켜보고 있을 따름이었다. 서약으로 인한 결과는 이미 도시 전역에 상당한 물의를 일으키고 있었다. 서약한 1년이 끝날 즈음에 과연 어떤 결과가 나타날지 누가 감히 예측할 수 있으리요?

이러한 동지의식의 구체적인 발로는 노먼 사장이 신문의 계속적인 발행을 지지하기 위한 경제적 후원을 확약받음으로써 드러나기 시작했다. 모임이 끝나자 많은 교우들이 그를 향해 몰려왔으며, 레이먼드 시의 그리스도인들에게 적극적인 도움을 요청한 그의 호소에 대해 버지니아가 선뜻 보여준 반응이 이 소수의 무리들에 의해 충분히 이해되고 있었다. 일반 가정이나 선량한 시민의식을 위하여, 특히 지금 이 도시가 처해 있는 위기 상황을 감안할 때 이처럼 양심적인 신문의 가치는 측량할 수 없을 정도였다.

이처럼 넉넉하게 자금 지원을 받게 된 신문이 앞으로 무슨 일을 해낼 수 있을지는 두고 봐야 할 일이었다. 그러나 이미 노먼 사장이 주장한 것처럼 단지 경제적 후원만이 신문에 막강한 영향력을 부여하는 것은 결코 아니었다.

기독교적인 편집 방향을 고수하려는 신문이 이 도시에서 강력한 힘을 지니기 위해서는 레이먼드 시의 모든 그리스도인들로부터 절대적인 지지와 폭넓은 공감을 얻어야 할 것이다.

다가오는 일주일 동안 레이먼드 시는 온통 흥분과 초조의 도가니로 변할 것이다. 즉 이번 주는 총선이 실시되는 기간이었다. 마쉬 총장은 충실히 서약을 이행하여 고난의 십자가를 짊어진 채 남자답게 버텨나갔다. 그러나 때로는 몸서리를 치면서 신음소리를 내기도 하고 고통에 못 이겨 눈물을 흘리기까지 했다. 그의 뿌리깊은 신념과 자존심이 크게 훼손된 데다가, 몇 년간 학자로서 연구와 교육에 파묻힌 채 은둔 생활을 해 오던 그가 예수님의 발자취를 따르기 위해 사회로 뛰쳐나옴으로써 이제껏 겪어보지 못한 심한 고통과 빗발치는 반발을 겪었기 때문이었다.

마쉬 총장과 더불어 제일교회에서 같은 서약에 가담한 대학교수들이 몇 명 더 있었다. 그들 모두가 지도급 시민으로서 마땅히 감수해야 할 모든 의무를 외면해 온 처지였으므로 마쉬 총장과 비슷한 고통과 아픔을 체험할 수밖에 없었으리라. 이 점에서는 헨리 맥스웰 목사도 마찬가지였다. 그는 위스키 세력을 필두로 연합 전선을 편 각종 단체들과 대항하여 치열한 싸움을 벌임으로써 나날이 새로운 모험에 접하여 공포와 악몽에 시달렸다. 이처럼 견디기 힘든 십자가는 처음이었으므로 그는 십자가를 진 채 비틀거렸다. 과다한 의무로부터 벗어났을 때 잠시 틈을 내어 서재에서 휴식을 취하려고 하면 이마에서 식은 땀이 비오듯 흘러내렸고, 알지도 보지도 못한 괴한이 슬쩍 다가와서 실제로 테러 행위를 하는 듯한 공포에 사로잡히기도 했다.

한참 세월이 흐른 후 자신이 경험한 일들을 되돌아보면 새삼 놀라지 않을 수 없으리라. 그는 결코 겁쟁이가 아니었으나 이제껏 자기의 직분에만 충실하던 사람이 갑자기 전혀 생소한 분야에 뛰어들었을 때 자신도 모르게 밀려오는 공포를 느끼지 않을 수 없었다. 더구나 낯선 일에 직면하여 미숙한 나머지 사소한 일에도 자신의 무지가 드러날 때는 수치심에 사로잡히기도 했다.

마침내 투표일인 토요일이 되자 시민들의 흥분은 극에 이르렀다. 모든 술집을 폐쇄해야 한다는 주장이 대두되었으나 다만 부분적으로 성공을 거두었을 뿐이었다. 종일토록 흥분으로 인하여 막대한 양의 술이 팔려나갔으며, 렉탱글 주민들은 온통 법석을 떨면서 씩씩거리거나 저주를 퍼붓는 등 레이먼드 시에서 가장 추악한 양상을 드러내고 있었다.

그레이 목사는 그 주간에도 계속해서 전도 집회를 열었고 예상했던 것보다 좋은 성과를 거두기도 했다. 이윽고 선거일인 토요일이 되자 이제껏 심혈을 기울여온 그의 전도 사업이 최대의 위기에 이르렀음을 직감했다. 성령과 술의 사탄이 치명적인 결투를 벌이는 것 같았다. 집회에 많은 사람들의 관심이 쏠릴수록 천막 바깥에서는 더욱 포악한 반응을 보이고 있었다. 주점에 종사하는 사람들은 더 이상 분노를 숨기지 않고 노골적으로 감정을 드러내면서 공공연한 폭력과 위협이 난무했다. 그 주간에 한 번은 그레이 목사와 동료 몇 명이 밤늦게 천막을 나서다가 돌멩이, 술병, 각목 등 온갖 팔매질 세례를 받았다. 경찰에서는 특별 기동대를 파견했으며 레이첼과 버지니아는 늘 롤린과 웨스트 박사의 각별한 보호를 받고 있었다. 레이첼이 부르는 성가의 위력은 조금도 감소되지 않았고 오히려 밤을 거듭할수록 더욱 큰 위력을 나타내어 실제로 성령의 임재하심을 체험하게 해 주었다.

처음에 그레이 목사는 선거일인 토요일 밤에 변함없이 집회를 열 것인가에 대해서 망설였다. 그러나 그는 나름대로의 행동 방침이 있었고 언제나 주님의 뜻에 따라 그 방침을 준수해 나갔다. 성령께서 평소와 마찬가지로 집회를 열라고 인도하시는 듯해서 더 이상 주저하지 않고 집회를 열었다.

저녁 6시경에 투표가 마감되자 도시 전역에 걸친 흥분은 그야말로 극에 달했다. 레이먼드 시에서 이처럼 치열한 선거전은 일찍이 없었으리라. 과연 술집을 허가하느냐 마느냐에 대한 이견이 선거의 쟁점으로 부각된 일은 지금껏 한 번도 없었다. 또 사회 각계 각층의 사람들이 이번 선거전처럼 두 파로 나뉘어 대립한 적은 없었으며, 링컨 대학의 마쉬 총장, 제일교회의 담임목사, 성당의 주임신부, 중상류층의 좋은 저택에 거주하는 전문직 종사자들이 제각기 선거구에 나타나서 참여와 모범을 보임으로써 기독교적인 양심을 발휘한 적도 일찍이 없었을 것이다.

각 선거구의 정치인들은 이러한 광경을 보고 내심 경악을 금치 못했지만 그렇다고 맹렬한 정치 활동을 그만둘 사람들이 아니었다. 시간이 흐를수록 선거전은 열기를 더해갔고 저녁 6시경에 이르자 그 어느쪽도 자신 있게 결과를 예측할 수 없었다. 레이먼드 시 역사상 이처럼 치열하고 특별한 양상을 보인 선거전은 없었다는 생각에 모든 시민들이 동의했고, 양측은 지대한 관심을 보이며 개표 결과의 발표를 기다리고 있었다.

밤 10시가 넘어서야 천막 전도 집회가 막을 내렸다. 이번 집회는 퍽 특이했고 어떤 면에서는 괄목할 만한 성과를 거둔 집회이기도 했다. 맥스웰 목사는 낮에 치른 선거전 때문에 거의 녹초가 되다시피 지쳐 있었으나 그레이 목사의 요청이 간곡하여 도저히 거절할 수 없음을 깨닫고 집회에 참석했다. 마쉬 총장은 지금껏 한 번도 렉탱글에 와 본 적이 없었지만 이 도시 최악의 지역에서 한 헌신적인 전도자가 상당한 영향력을 발휘하고 있음을 주목하고는 일종의 호기심에서 모임에 참석했다. 레이첼과 버지니아는 언제나 그렇듯 롤린과 웨스트 박사를 동반하고 벌써부터 와 있었고, 버지니아의 집에서 묵고 있던 로린도 이제 제정신을 차린 후 오르간 옆 좌석에 다소곳이 앉아 있었다. 그녀는 경건하고 겸손한 자세로 자신에 대한 일종의 두려움을 지닌 채 충실한 개처럼 항상 버지니아의 곁을 떠나지 않았다.

집회가 진행되자 시종일관 로린은 머리를 숙인 채 때때로 눈물을 흘리기도 하고 레이첼이 '양 떼를 떠나서'라는 찬송가를 부를 땐 숨죽여 흐느끼기도 했다. 눈에 보일 것 같기도 하고 가까스로 손에 잡힐 듯한 영생의 소망을 소중히 간직한 채, 새 삶으로 거듭난 기쁨을 약간 맛보기는 했지만 과연 충분히 누릴 권리가 있는지 두려워하는 사람처럼 로린은 주위에서 들려오는 기도와 간절한 호소, 죄를 고백하는 소리에 열심히 귀를 기울이고 있었다.

천막 안은 몹시 북적거렸고 여느 때와 마찬가지로 천막 바깥은 다소의 소란으로 시끄러웠다. 이러한 소란은 밤이 깊어질수록 더욱 심해져서 마침내 그레이 목사는 더 이상 집회를 오래 끌지 않는게 현명하다는 판단을 내렸다.

때때로 천막 부근의 여기저기에 모여든 거친 군중들로부터 커다란 고함소리가 들려오기도 했다. 마침내 선거의 개표 결과가 발표되기 시작하자 렉탱글 주민들은 무허가 여인숙과 셋집, 술집과 도박판으로부터 빠져나와 거리로 쏟아져 나오기 시작했다.

이러한 혼란의 와중에서도 레이첼이 지닌 성가의 위력은 천막 안의 회중이 흩어지지 않도록 조용히 붙잡아 두고 있었다. 노래가 끝나자 이 날도 12명이 넘는 회심자들이 주님을 영접했으나 마침내 군중들이 술렁거리기 시작했으므로 그레이 목사는 서둘러 집회를 끝내 버린 후 회심자들과 함께 천막 안에 좀 더 남아 있었다.

레이첼, 버지니아, 로린 등의 여자들과 롤린, 마쉬 총장, 맥스웰 목사, 웨스트 박사 등의 남자들은 서로 이야기를 나누며 내려갔다. 그런데 천막을 나서자마자 렉탱글 사람들이 술에 만취하여 폭동이라도 일으킬듯 웅성거리고 있음을 알았고, 좁은 길에 가득 모인 군중들 사이를 비집고 나아갈 때 수많은 사람들의 무시무시한 눈초리가 자신들을 향해 집중되고 있음을 느꼈다.

"저기에 그놈이 있다! 저 키가 크고 모자를 쓴 놈 말이야. 필시 그놈이 대장이다!" 한 거친 목소리가 튀어 나왔다. 마쉬 총장은 키가 크고 풍채가 당당하여 누구보다도 드러나 보였다.

"선거 결과가 어떻게 되어가고 있습니까? 결과를 확실히 알기엔 아직 이른가요?" 마쉬 총장이 다소나마 분위기를 부드럽게 하려는 듯 큰 소리로 묻자 한 사나이가 대답했다.

"2선거구와 3선거구에서는 주점을 불허하는 쪽의 승리가 거의 확실한 것 같소. 그렇게 되면 위스키 세력이 맥을 못추겠지요."

"하나님, 감사합니다! 정말 그렇게 되기를 바랍니다."

맥스웰 목사가 나지막하게 외치고 나서 잠시 후 심각한 표정으로 입을 열었다.

"그런데 마쉬 총장님, 우리는 지금 위험한 상황에 놓여 있습니다. 거친 술꾼들의 범상치 않은 눈총을 알아차리시겠지요? 우선 여성들부터 안전한 곳으로 피신시켜야 합니다."

"정말 그렇군요."

마쉬 총장이 침통한 표정으로 대답하는 순간 어디에선가 돌멩이들이 마구 날아오더니 이윽고 별의별 것들이 다 날아왔다. 그들 앞에 놓인 좁은 차도와 보도는 렉탱글에서 가장 포악한 술꾼들로 가득 메워져 있었다.

"사태가 매우 심각해지는 걸."

맥스웰 목사는 다급한 표정으로 이렇게 되뇌이며 마쉬 총장, 롤린, 웨스트 박사 등과 더불어 어떻게든 군중들 사이를 뚫고 지나가기 위해 필사적인 노력을 기울였다. 버지니아, 레이첼, 로린 등은 비로소 큰 위험에 처하게 된 것을 깨닫고 남자들의 보호를 받으며 바짝 뒤쫓아갔다. 렉탱글 사람들은 술에 만취하여 주점 불허를 주장하는 사람들에 대해 몹시 분노하고 있었다. 그들은 이번 선거전에서 주점 불허 지지자들의 두 우두머리격인 마쉬 총장과 맥스웰 목사를 목격하자, 머지않아 그들이 이제껏 즐겁게 드나들던 술집들을 모조리 빼앗아갈지도 모른다고 생각했다.

"저 건방지고 콧대 높은 귀족들을 없애 버려!"

한 날카로운 목소리가 이렇게 외치자 진흙과 돌멩이가 빗발치듯 날아왔다. 롤린 페이지가 날쌔게 레이첼 앞으로 뛰어들어 그가 방패처럼 막아주지 않았더라면 레이첼이 맞아 결국은 쓰러졌을지도 모를 온갖 돌멩이와 주먹 세례를 그의 머리와 가슴으로 대신 맞아 주었다는 사실을 레이첼은 이후에도 늘 기억하게 되었다.

경찰의 기동대는 미처 도착하지 못한 상태였다. 바로 그때 로린이 위를 올려다보더니 날카로운 비명을 지르면서 버지니아 앞으로 고꾸라지는 바람에 버지니아는 길 옆으로 넘어질 뻔했다. 너무 갑작스런 사건이었으므로 아무도 이런 짓을 저지른 폭도의 얼굴조차 쳐다보지 못한 채 누군가가 커다란 술병을 내던졌다는 사실을 알게 되었다. 그 술병은 일주일 전에 로린이 뛰쳐나왔던 바로 그 술집의 위층 방 창문에서 떨어졌으며 로린의 머리를 강타했고 로린은 순식간에 의식을 잃은 채 길바닥에 쓰러지고 말았다. 버지니아는 얼른 몸을 돌려 로린의 옆에 무릎을 꿇고 앉았다.

바로 그때서야 경찰관들이 도착했고 마쉬 총장은 한쪽 팔을 번쩍 들어 군중들을 향해 내저으면서 마치 야수가 포효하는 것처럼 커다란 목소리로 울부짖었다. "그만들 두시오! 당신들이 한 여인을 죽이고 말았소!"

이 서글픈 외침소리에 폭도들은 잠시 잠잠해졌다.

"그게 정말이오?"

맥스웰 목사가 소스라치게 놀라서 이렇게 묻자 웨스트 박사는 로린의 한쪽 편에 무릎을 꿇고 그녀를 부축하며 앉아 있다가 짤막하게 대꾸했다.

"죽어가고 있소!"

로린은 살며시 눈을 뜨더니 버지니아를 보고 미소를 지었다. 버지니아는 로린의 얼굴에 흘러내리는 피를 닦아 주면서 그녀의 이마에 입을 맞추었다. 로린은 다시 한 번 미소를 짓더니 잠시 후 그녀의 영혼은 이미 천국에 가 있었다.

술이라는 악마에 의해 수천 명이 죽어가고 있는데 이 가련한 여인도 그 중 한 사람에 불과했다. 몽매한 군중들아, 이제 썩 물러가라! 이 더러운 거리에 살고 있는 너희 죄 많은 남녀들아, 이 숭고한 주검이 대경실색하여 서 있는 너희들 앞을 지나가게 하라! 이 가련한 여인도 분명 하나님의 귀한 자녀일진대 너희 렉탱글의 술꾼들은 그녀의 머리에 포악한 야수의 형상을 남겼도다! 이 여인의 싸늘한 주검에서 거듭난 영혼의 형상이 찬란히 빛날 수 있도록 세상의 모든 죄를 대속하기 위해 죽으신 예수 그리스도께 감사를 드리자.

이 여인의 생명을 앗아간 너희 술취한 살인자들아! 흐느끼고 비통해하는 참된 그리스도인들이 그녀를 에워싸고 따르는 가운데 이 여인이 이 세상의 마지막 문턱을 경건히 지나가게 하라. 기독교 국가임을 내세우는 미국의 시민들이여! 누가 이 여인을 죽였는가? 물러서라! 그리고 침묵을 지켜라! 로린이라 불리는 한 여인이 살해되었으니 술에 만취하여 온 거리를 방황하던 불쌍하고 죄 많은 창녀가 아니더냐? 오 하나님, 언제까지 언제까지 이대로 두어야 합니까? 술꾼이 그녀를 죽였으니 술집을 허가하고 방관해 온 미국의 그리스도인들이 이 여인을 죽인 것이다. 언젠가 심판의 날이 오면 누가 로린의 살인자인지 분명하게 밝혀지리라.

15

특별한 장례식

<><><><><><><><><><><>

"나를 따르는 자는 어둠 가운데 다니지 아니하리니."

로린의 시신은 주택가에 위치한 페이지 가문의 저택에 안치되었다.

악몽 같은 토요일 밤이 지나고 주일 아침이 밝아오자 숲과 들에서 일찌감치 만발한 꽃들의 향기를 도시 구석구석에 실어나르기 시작한 달콤하고 향긋한 봄바람이 거대한 홀의 한쪽 창문을 통해 들어와서 로린의 관을 부드럽게 감싸주었다. 교회의 종소리가 은은히 울려 퍼지자 주택가의 사람들은 예배를 드리려고 서둘러 걸어가다가 호기심과 의문이 가득 찬 눈초리로 페이지 가문의 대저택을 올려다보면서 이 도시의 새로운 역사를 만들어 준 최근의 여러 가지 사건들에 대해 이야기를 나누며 교회로 향했다.

제일교회의 헨리 맥스웰 목사는 어젯밤의 충격이 아직 가시지 않은 듯한 표정으로 빽빽이 들어 찬 회중들을 마주 대했다. 그는 어젯밤에 겪은 심각한 체험을 통하여 자연스럽게 우러나오는 힘과 열정으로 설교에 임했기 때문에, 회중들은 얼마 전까지만 해도 그가 자랑스럽게 여기던 웅변적이고 자극적인 어투로 설교를 진행하는 듯한 느낌을 받았다. 다만 한 가지 다른 점이 있다면 열정적인 호소로 일관된 오늘 아침의 설교가 어젯밤 사건의 슬픈 회상과 사이비 그리스도인들에 대한 비난이나 준엄한 책망으로 일관되었기 때문에 대부분의 교인들이 심한 자책감에 빠지거나 내면적인 분노와 흥분을 감추지 못해 얼굴이 창백해졌다.

그 날 아침 눈을 뜨자마자 레이먼드의 시민들은 결국 시당국이 주점 허가를 계속 인정해 주기로 했다는 사실을 알게 되었다. 제2 선거구와 제3 선거구에서 주점 허가 반대파가 거의 승리를 거두리라는 렉탱글에서 퍼진 소문은 전혀 근거 없는 거짓임이 판명되었다. 아주 근소한 차이로 승리가 판가름났다는 것은 틀림없는 사실이었다. 그러나 근소한 차이이건 압도적인 차이이건 그 결과는 마찬가지였다. 결국 레이먼드 시민들은 한 해 더 주점 허가를 연장하는데 찬성표를 던졌던 것이다. 개표 결과로 인하여 레이먼드 시의 그리스도인들은 무거운 책임과 비난을 함께 짊어지지 않을 수 없었다. 그리스도인임을 자처하는 수백 명의 사람들이 투표에 기권했고, 이보다 더 많은 수의 그리스도인들이 주점 허가를 적극 주장하는 위스키 세력에 찬성표를 던졌던 것이다.

만일 레이먼드 시의 모든 그리스도인들이 한결같이 단합하여 주점 허가 반대파에 찬성표를 던졌더라면 술집이 시민들 사이에서 득세하기는커녕 불법으로 인정되어 쫓기는 신세가 되고 말았으리라. 수십 년 동안 레이먼드에서 술집이 번성해 왔고, 위스키 세력이 레이먼드를 거의 지배하다시피 해 왔다는 사실은 어느 누구도 부인할 수 없을 것이다.

예수님이라면 과연 어떻게 하실까? 어젯밤 살해당한 그 가엾은 여인은 누구인가? 그녀의 삶이 방황과 파멸의 구렁텅이에서 헤어나지 못하도록 온갖 유혹을 서슴지 않았던 술의 마수에 의해서 이처럼 꽃다운 나이에 무참히 살해되지 않았던가? 그녀를 파멸과 죽음으로 몰아넣은 이 술집들이 주점 허가 지지 세력의 승리로 한 해 더 문을 열게 됨으로써, 술의 악마들이 던지는 유혹과 무서운 흉기로 인하여 앞으로도 얼마나 많은 사람들이 죄악의 수렁에서 벗어나지 못하다가 결국에는 로린처럼 피비린내 나는 종말을 거둘 것인가? 한편 술집 지지 세력을 방관하거나 찬성표를 던진 레이먼드의 그리스도인들은 어떻게 이 막대한 책임을 면할 수 있을 것인가?

맥스웰 목사는 개표 결과에 대한 분노와 흥분을 감추지 못한 채 떨리고 갈라진 목소리로 주일 아침 그의 회중들을 향해 이런 요지의 설교를 쏟아놓았다. 교인들 가운데 수많은 남녀들이 그의 설교 도중 눈물을 흘렸다. 마쉬 총장은 평소의 늠름한 자세와 잘생기고 굳건하고 자신감에 넘치는 태도는 온데간데없이 사라진 채 가슴에 파묻은 얼굴에서 커다란 눈물이 양 볼을 타고 흘러내렸고, 회중이 많이 모인 대예배에서 이제껏 한 번도 자신의 감정을 노출해 본 적이 없다는 사실을 까맣게 잊은 듯했다.

그 옆에 에드워드 노먼 사장이 단정한 용모와 날카로워 보이는 얼굴로 반듯하게 앉아 있었으나, 맥스웰 목사의 설교가 진행됨에 따라 자신의 진리에 대한 확신을 송두리째 뒤흔드는 듯한 격한 감정의 소용돌이로 인하여 입술을 떨면서 의자의 한 모서리를 힘껏 움켜잡고 있었다. 지난주 노먼 사장만큼 온갖 희생과 고통을 감수하면서까지 시민의 여론에 크나큰 영향을 미친 사람은 없었으리라. 그리스도인들의 양심을 너무 늦게 혹은 너무 나약하게 일깨웠다는 생각이 심한 자책감과 함께 노련한 편집장의 마음을 무겁게 짓누르고 있었다.

"예수님이라면 어떻게 하실까?"라는 행동 방침에 의해 훨씬 전부터 여론을 선도해 왔더라면 어떻게 되었을까? 지금쯤 어떤 성과를 거두었으리라고 누가 예측할 수 있을까?

성가대 좌석에 앉아 있던 레이첼 윈슬로우는 참나무 칸막이의 난간에 닿을 정도로 얼굴을 숙인 채 걷잡을 수 없는 슬픔에 빠져 있었다. 맥스웰 목사의 설교와 기도가 끝난 후 가까스로 일어나서 독창을 하려 했으나 슬픔으로 목이 메어 목소리가 제대로 나오지 않자 그녀로서는 평생 처음으로 노래를 계속하지 못하고 흐느끼면서 다시 주저앉고 말았다.

이 뜻밖의 장면 때문에 예배당 안에 무거운 침묵이 흐르더니 이윽고 슬픔과 흐느낌의 도가니로 변해 버렸다. 일찍이 제일교회가 이 같은 눈물의 세례에 파묻힌 적이 있었던가? 어떤 저속한 감정에도 흔들리지 아니하고 어떤 어리석은 흥분에도 동요되지 않은 채, 항상 일사불란하고 빈틈없고 전통적으로 확고하게 지켜오던 제일교회의 예배 질서가 어쩌다가 이렇게 무너져 내렸단 말인가? 최근 들어 제일교회의 교인들은 사실상 깊은 자책을 느껴오던 터였다. 이제껏 그리스도인이랍시고 빈 껍질뿐인 신앙의 감정에 의존한 채 좀 더 깊은 생명의 샘물을 거의 망각하고 살아오다가, 이제 그 무의미한 안일의 껍질을 벗어던지고 제자도의 참뜻을 깨닫게 되었던 것이다.

이날 아침 맥스웰 목사는 예수님의 발자취를 따르기로 이미 서약한 동지들과 더불어 새로이 이 서약에 참여할 지원자들이 없느냐고 묻지 않았다. 그러나 예배가 끝나고 회중들이 모두 가 버린 후에 교육관 안으로 들어서자 처음 서약한 교인들 이외에도 많은 교인들이 모여 있음을 한눈에 알 수 있었다. 깊은 동지애로 인해 모임의 분위기는 한결 부드러웠으나 성령의 임재하심으로 열기가 넘쳐 흘렀으며, 위스키 세력과 다시 투쟁을 시작하여 기필코 그 아성을 분쇄하고 말겠다는 강렬하고 확고한 결의가 살아 숨쉬고 있었다.

오늘 교육관에 모인 모든 서약자들의 관심은 오직 한 가지 목표에 쏠려 있었고 합심하여 서로가 용기와 힘을 북돋워 주었다. 모임은 열정으로 인해 이따금씩 중단되는 기도와 진실한 뉘우침, 여러 가지 고백과 한층 새로운 생활을 염원하는 간구로 가득 차 있었다. 또한 모두가 한결같이 술집의 마수와 그 무시무시한 저주로부터 선량한 시민들을 구원해 달라고 간절히 부르짖기도 했다.

지난주에 일어난 사건 때문에 제일교회 전체가 심한 동요에 사로잡혀 있는 반면, 렉탱글도 역시 이상하게 술렁이고 있었다. 로린의 죽음 그 자체는 그다지 주목할 만한 사건이 못 되었다. 그녀가 특별한 관심의 대상으로 부각되고 그녀의 죽음이 보통 이상의 중요성을 띠게 된 것은 최근 들어 그녀가 고급 주택가의 사람들과 친분을 갖게 되었기 때문이었다. 렉탱글의 모든 주민들은 지금 그녀의 시신이 고급 주택가에 위치한 페이지 가(家)의 저택 내에 안치되어 있음을 잘 알고 있었다. 그녀의 관이 굉장하다고 과장된 소문이 렉탱글에서 이미 화젯거리로 떠돌고 있었다. 렉탱글 주민들은 장례식이 어떻게 거행될지 자세히 알고 싶어 공연히 안달이었다. 장례식은 모든 사람들이 지켜보는 가운데 공공연하게 치러질까? 버지니아 페이지는 장례식을 어떤 방식으로 치를 셈일까?

지극히 개인적인 일이긴 하지만 렉탱글 주민들이 고급 주택가의 부유층에 대해서 이처럼 엉뚱한 관심에 휩쓸리기는 처음이었다. 좀체로 그럴만한 기회가 없었기 때문이었다. 그레이 목사 부부는 로린의 친구와 친지들이 마지막으로 그녀의 명복을 빌어 주고자 하는데 어떻게 하면 되는지 묻는 사람들로 둘러싸이다시피 했다. 방황하며 떠돌던 창녀였으므로 평소에 그녀를 알고 있는 사람들이 많은 데다가 최근에 회심한 신자의 대부분이 그녀의 친구였기 때문이다.

그리하여 월요일 오후 전에 없이 몰려든 상상 외의 군중들이 지켜보는 가운데 천막에서 로린의 장례식이 치러지게 되었다. 그레이 목사가 버지니아의 집으로 찾아가서 그녀와 맥스웰 목사와 함께 상의한 결과 그렇게 하기로 합의를 보았던 것이다.

"저는 예나 지금이나 많은 사람들이 몰려들어 법석대는 장례식은 딱 질색입니다. 그러나 로린이 아는 가난한 친지와 이웃들이 그녀가 드디어 세상을 떠나가는 모습을 지켜보고 불쌍한 그녀의 시신 앞에 마지막으로 명복을 빌어 주고자 하는 진지한 간청을 매정하게 뿌리칠 수 없더군요. 맥스웰 목사님은 어떻게 생각하십니까? 목사님이 결정하시는 대로 따르겠습니다. 목사님과 페이지 양이 좋다고 생각하시는 것이라면 뭐든지 최상의 방도라고 믿기 때문입니다."

확신을 갖고 이렇게 말하는 그레이 목사의 한결같은 순수성이야말로 위대한 힘의 원천인 것 같았다. 심각하게 그레이 목사의 말을 듣고 있는 맥스웰 목사가 입을 열었다. "물론 저도 같은 생각입니다. 지금처럼 어수선한 시기에 일종의 전시효과를 노리며 장례식을 치른다는 것은 정말 마음에 들지 않습니다. 하지만 이번의 경우는 좀 다르군요. 만약 여기서 장례식을 치른다면 렉탱글 사람들이 오려고 들지 않을 겁니다. 가장 좋은 방법은 그들이 다같이 지켜보고 참여하는 가운데 천막에서 장례식을 치르는 것이라고 생각합니다. 페이지 양도 그렇게 생각하시는지요?"

"네, 그렇게 해요. 오, 너무나 가련한 영혼! 그녀가 나 대신에 자신의 생명을 바쳤으리라는 것 외에는 아무것도 모르겠어요. 세속적인 전시 효과를 노리며 장례식을 치를 수도 없고 또 치러서도 안 될 것입니다. 하지만 그녀의 친구들이 소망대로 그녀에게 명복을 빌어 주도록 허락했으면 합니다. 그런다고 해서 별다른 지장은 없을 거예요."

이렇게 해서 다소 어려움이 예상되기는 하지만 천막 안에서 장례식을 치르기로 합의를 보았다. 버지니아, 웨스트 박사, 롤린, 맥스웰 목사, 마쉬 총장, 제일교회 중창단 등이 참여했는데, 이들은 모두 평생 잊을 수 없을 만한 특별한 장례식을 지켜 보았다.

그 날 오후 상당히 유명한 신문사의 기자 한 명이 이웃 도시에서 열리는 편집자 회의에 참여하기 위해 우연히 레이먼드를 지나치게 되었다. 그는 렉탱글의 한 천막에서 특별한 장례식이 거행되리라는 소문을 듣고 호기심을 느껴 이곳을 찾아왔다. 이 장례식을 소상히 묘사한 그의 기사는 이튿날 대서특필되어 수많은 독자들의 눈길을 끌었다. 레이먼드 역사의 한 장이 될 만한 그의 기사 중 일부를 발췌하여 여기 신고자 한다.

"렉탱글이라고 알려진 무척 지저분하고 타락한 빈민가에 복음을 전파하는 전도자 존 그레이 목사의 천막에서 어제 오후 매우 특별한 장례식이 거행되었다. 이 장례식은 지난 토요일 밤 선거로 인한 대소동이 일어났을 때 불쌍하게 희생당한 한 여인을 위한 것이었다. 고인은 이 전도자가 매일 밤 개최하는 복음 집회에 참석해 오면서 최근에 회심한 것으로 보이며, 그 날 밤 집회를 마치고 친구들과 다른 회심자 몇 명과 함께 귀가하다가 뜻밖의 죽음을 당했다고 한다.

그녀는 생존시 술에 만취하여 방황하는 거리의 창녀였다고 하는데 그럼에도 불구하고 천막에서 거행된 그녀의 장례식은 대도시의 큰 교회에서 거행되는 어느 유명 인사의 장례식 못지않게 깊은 감명을 남겨주었다.

우선 매우 세련된 중창단이 부르는 절묘한 화음의 아름다운 찬송가가 퍽 인상적이었다. 이런 지역에는 매우 생소한 한 이방인으로서 거대한 규모의 교회 안에서나 혹은 대 음악회에서 들을 법한 매우 뛰어난 화음의 찬송가를 이런 빈민가의 천막 장례식에서 듣게 되니 정말 큰 충격이요 놀라움이었다.

그러나 무엇보다도 괄목할 만한 것은 뛰어나게 아름다운 한 젊은 여성 레이첼 원슬로우 양이 부른 성가 독창이었다. 필자가 알기로는 이 미모의 젊은 여가수는 국립 오페라 단장인 크렌델 씨로부터 파격적인 대우의 입단 권유를 받았는데 개인적인 이유로 이를 거절했다는 것이다. 그녀가 우아한 태도로 부르는 찬송가에는 놀라운 위력과 아름다움이 깃들어 있어 절반도 채 부르기 전에 대다수의 청중들이 숨죽여 흐느끼고 있었다. 물론 장례식에서 많은 사람들에게 감동과 슬픔을 불러일으킨다는 것은 그다지 특이한 일이 아니지만 그 뛰어난 목소리만큼은 수만 명에 하나 있을까 말까한 것이었다.

그녀는 현재 제일교회의 성가대에서 찬송을 부르고 있다고 들었는데, 만일 대중적인 가수로서 사회에 진출한다면 어느 가수 못지않게 후한 보수를 받을 수 있을 것이며, 그처럼 뛰어난 목소리는 많은 사람들의 주목을 끌게 되어 조만간 크게 유명해질 것이다.

찬송가의 합창과 독창 이외에도 이 장례식은 매우 특별한 양상을 보여주었다. 언뜻 겉으로 보기엔 매우 단정하고 평범한 인상의 전도자가 진행을 위하여 몇 마디 말하고 나자 레이먼드 제일교회 담임목사인 세련되고 깔끔한 모습의 헨리 맥스웰 목사가 나타났다. 그는 고인이 된 로린이 이미 세상을 하직할 모든 마음의 준비를 해두었노라고 확신하면서, 매우 예리하고 심각한 어조로 이 땅의 주류 사업체가 고인과 비슷한 남녀들의 생활에 얼마나 치명적인 악영향을 미치고 있는지 힘주어 말하기 시작했다.

물론 레이먼드는 철도 교통의 요지이고 주변 지역의 여러 가지 생산물들이 집결하는 곳이라서 여기저기에 술집이 많다. 목사가 언급한 내용으로 보아 그는 최근에 주점 허가에 대한 자신의 견해를 완전히 바꾸어 버렸음을 간파할 수 있었다. 분명히 그는 주점 허가 제도에 대해 상당히 강경한 반박을 했는데도 불구하고 장례식의 조사(弔詞)로서 전혀 부적당한 느낌을 주지 않았다.

다음으로 여느 장례식과는 판이한 매우 특별한 순서가 이어졌다. 천막 안의 관 부근에 자리잡았던 여인들이 다같이 부드럽고 서글픈 목소리로 '양 떼를 떠나서'라는 찬송을 부르기 시작했다. 찬송이 계속되는 동안 앉아 있던 여인들이 한줄씩 일어나 관 옆을 지나가면서 제각기 고인의 명복을 빌어 주는 뜻으로 관 위에 꽃 한 송이씩을 얹어 놓는 것이었다. 한 줄이 끝나면 다음 줄이 일어나 이 순서를 다 마칠 때까지 바람이 잔잔하게 부는 날 천막 지붕을 촉촉히 적셔주는 가랑비처럼 부드럽고 차분한 찬송가가 계속 이어졌다. 그것은 무척 단순하면서도 감명 깊은 장면이었다.

천막의 사방은 전부 말아 올려서 천막 안에 들어오지 못한 수백 명의 인파가 마치 죽은 듯이 조용하게 바깥에 선 채 거친 외모와는 어울리지 않게 몹시 슬프고 엄숙한 표정을 띠고 있었다. 어림잡아 백여 명 이상의 여인들이 이 순서에 참여했는데 모두들 천막 복음 집회에 참석하면서 최근에 회심했다는 것이었다. 필자로서는 이 여인들의 찬송가를 어떻게 묘사해야 할지 잘 알 수가 없다. 남자는 없이 오직 여성들만이 부르는 합창 소리는 무척 부드러우면서 슬프고 엄숙한 분위기를 더욱 고조시킴으로써 놀랄 만한 감동을 자아냈던 것이다.

레이첼 윈슬로우 양이 다시 일어나 '양 아흔아홉 마리'라는 성가를 부름으로써 장례식의 모든 순서는 막을 내렸다. 다음엔 전도자 그레이 목사가 다 함께 머리 숙여 기도하자고 엄숙한 목소리로 말했다. 필자는 기차 시간이 임박해 부득이 기도 도중에 자리를 뜨지 않을 수 없었는데 기차가 철도 공장 옆을 지나갈 때 마지막으로 장례식 광경을 볼 수 있었다. 수많은 인파가 천막 밖으로 몰려나와 자연스럽게 무리를 이루더니 여섯 명의 여인들에 의해 운구되는 관을 뒤따르고 있었다. 이 삭막하고 비정한 나라에서 그처럼 감동적인 장면을 목격한 것은 정말이지 오랜만의 일이었다."

로린의 장례식이 이처럼 낯선 이방인에게도 감동을 주었다면 그녀의 삶과 죽음에 밀접한 관련이 있는 사람들에게는 얼마나 깊은 감동을 주었는지 상상하고도 남음이 있다. 관 속에 누운 로린의 시신처럼 렉탱글 사람들에게 깊은 감동과 충격을 던져 준 것은 이제껏 없었다. 또한 성령께서는 이 감각 없는 시신이 그토록 놀라운 역사를 이루도록 특별한 권능으로 축복해 주신 것 같다. 그 날 밤 성령께서는 대부분 여자들이긴 하지만 수십 명의 길 잃은 영혼들을 선한 목자의 품으로 인도해 주셨던 것이다.

여기서 한 가지 말해 두어야 할 것이 있다. 맥스웰 목사는 설교에서 누군가 위층 창문에서 술병을 던져 로린을 죽게 했던 술집에 대해 아직 살인자가 판명되지 않았으니 마땅히 영업정지 처분을 내려야 한다고 강력히 주장했고 거의 주장이 관철되는 듯했다. 경찰 당국에서 살인 혐의자들을 체포하여 수사가 진행되었던 월요일, 화요일 이틀 동안 술집은 형식적으로 폐업했다. 그러나 누구에게서도 혐의가 발견되지 않자 채 일주일도 지나기 전에 술집은 거리낌없이 정상 영업을 하고 있다. 결국 이 세상의 재판관들은 로린을 살인한 죄의 대가로 어느 누구도 처벌하지 못하고 말았던 것이다.

16
구원과 봉사의 소명

◇◇◇◇◇◇◇◇◇◇◇◇◇◇◇◇

렉탱글을 포함한 레이먼드 전역에서 버지니아만큼 로린의 죽음을 예리한 충격과 슬픔으로 받아들인 사람은 없었다. 그녀에게는 마치 몸의 한 부분을 잃어버린 것처럼 가슴 아프게 느껴졌다. 일주일이라는 짧은 기간이었지만 로린이 자기 집에 머물러 있는 동안 버지니아의 마음은 새로운 삶을 향해 활짝 열려 있었던 것이다. 버지니아는 이 문제에 관해 장례식이 있던 다음날 레이첼과 함께 이야기를 나누었다. 그들은 페이지 가의 거대한 저택의 홀에 앉아 있었다.

"나는 이러한 윤락 여성들을 좀 더 가치 있는 삶으로 선도하기 위해 내 재산의 일부를 사용하고자 한단다."

버지니아는 로린의 시신이 놓여 있던 홀의 한쪽 끝을 바라보며 말을 이었다.

"한 가지 좋은 계획을 생각해 냈는데 오빠 롤린과 여러 가지 상의를 한 끝에 그도 이 계획을 위해 상당한 재산을 내놓기로 했어."

"버지니아, 넌 그 계획에 대해 얼마나 많은 돈을 사용할 생각이니?"

레이첼은 아무런 거리낌 없이 이렇게 물었다. 전에는 이처럼 사적인 질문을 일체 회피해 오던 그녀였으나 이제 사람이 소유한 이 세상의 모든 것들은 결국 하나님의 것에 속한다는 생각이 들어 솔직한 심정으로 물었던 것이다.

"적어도 45만 달러는 이 계획을 위해 사용할 수 있어. 오빠는 훨씬 더 많은데, 회심하기 전의 방탕하고 호사스런 생활 때문에 아버지께서 오빠에게 물려주신 재산의 절반 가량을 헛되이 날려 버린 것에 대해 몹시 후회하고 있단다. 오빠랑 나는 '예수님이라면 재산을 어떻게 활용하실까?'라는 질문에 대해 정직한 자세로 대답해 보면서 우리가 지닌 재산을 가장 보람있고 뜻있는 일에 사용함으로써 사회에 환원하고자 노력하고 있단다. 내가 데일리 뉴스 신문에 자금을 후원하려는 것은 예수님이라도 그렇게 하셨으리라는 확신이 들었기 때문이야. 지금처럼 우리가 주점 허가 세력과 대치하고 있는 상황에서 교회에서나 대학에서는 양심적인 기독교 계통 일간지가 필요하다고 생각해. 노먼 사장님이 가장 적절한 방법으로 이 50만 달러를 사용해 주기만 한다면, 데일리 뉴스지는 많은 사람들로 하여금 예수님의 발자취를 따르도록 이끌어 주는 레이먼드에서 가장 강력한 요소가 되리라고 믿고 있어.

애, 레이첼! 내게 또 한 가지 계획이 있는데 네가 함께 참여해 주었으면 좋겠어. 오빠와 나는 렉탱글의 많은 땅을 사들일 예정이란다. 지금 천막이 세워져 있는 땅은 오랫동안 소송에 걸려 있는데 법원에서 판결이 나는 대로 매매 계약을 체결하려고 생각해. 나는 얼마 동안 대도시 빈민가의 한가운데에 기독교 사역의 여러 방법들을 연구해 왔단다. 나는 아직까지 레이먼드에서 할 수 있는 가장 현명하고 효과적인 사역이 무엇인지 구체적으로 아는 바가 없지만 이것 한 가지는 분명히 알고 있단다.

내 재산, 즉 하나님께서 내게 선용하라고 맡기신 재산으로 깨끗하고 위생적인 숙소, 불우 여성들의 쉼터, 여공이나 여점원들을 위한 시설, 로린 같은 윤락 여성들을 위한 보호소 등을 세울 수 있다고 생각해. 난 단순히 자금만 대는 사람이 아니고 여러 가지 문제 속에 직접 뛰어들어 불행에 처한 사람들과 동고동락하면서 최선의 노력을 기울이고 싶어. 이 일에 하나님께서 도와주시리라 믿어.

하지만 레이첼, 너도 아다시피 우리가 아무리 많은 돈을 투자하면서 할 수 있는 모든 개인적인 희생을 다한다 할지라도 술집이 이 도시에서 합법적으로 건재하는 한 렉탱글 같은 추악하고 타락한 지역을 크게 개선시키지 못할거야. 비단 이 도시뿐만 아니라 어느 대도시에서 추진 중인 기독교 사역도 마찬가지일거야. 기독교의 선교단체나 사회사업 단체가 죄에 빠진 영혼들을 구원하고자 노력하는 속도보다 훨씬 빨리 술집의 마수가 그들을 죄악의 구렁텅이로 끌어들일 테니까.”

버지니아는 갑자기 일어서서 천천히 넓은 홀을 걷기 시작했다. 레이첼은 슬프지만 희망의 빛이 감도는 목소리로 대답했다.

“네 말이 옳아. 하지만 너의 재산으로 선한 사업을 벌일 수 있다는 것이 얼마나 멋지고 값진 일이니? 이 도시에서 술집이 항상 남아 있으리라고는 볼 수 없잖아. 레이먼드에서 기독교 세력이 승리하는 날이 반드시 오고야 말 테니까.”

레이첼 옆에까지 다가와서 걸음을 멈춘 버지니아의 창백하고 진지한 얼굴이 밝아지는 것 같았다. “나도 그렇게 될 것을 믿는단다. 예수님의 발자취를 따르려고 서약하는 사람들이 점점 늘고 있어. 레이먼드에 이런 서약자들이 오백 명만 된다면 술집은 패망의 길을 면치 못할 거야. 하지만 레이첼, 렉탱글 사람들을 주께로 인도하여 구원받게 하려는 이 계획에서 이제 네가 맡아줄 역할을 좀 생각해 줬으면 좋겠구나. 네 목소리에는 아무나 흉내 낼 수 없는 놀라운 힘이 담겨 있어. 최근에 여러 가지 생각들이 떠올랐는데, 이를테면 말이야 청소년 층의 불우한 여성들을 모아 음악 학원을 만들고 그들에게 여러 가지 음악적인 기술을 가르쳐 주는거야. 그들 중에는 상당히 뛰어난 소질을 지닌 사람들도 있겠지. 어제 그 여인들이 부르던 아름다운 찬송가를 어느 누가 들어 본 적이 있었겠니?

레이첼, 네 천부적인 재능을 발휘할 좋은 기회라고 생각하는데 너는 어떠니? 오르간을 비롯해서 오케스트라를 구성할 수 있는 악기들을 가장 좋은 것으로 마련해 줄게. 빈민가의 영혼들을 좀 더 높고 순수하고 가치 있는 삶으로 인도하기 위해 음악보다 더 설득력 있는 방법은 없을거야.”

버지니아의 말이 채 끝나기도 전에 이제 비로소 평생의 사업이 생겼다는 기쁨으로 레이첼의 마음이 벅차올랐다. 그 기쁨은 레이첼의 가슴과 마음속으로 순식간에 확산되어 걷잡을 수 없는 감격의 눈물이 그녀의 두 볼을 타고 마구 흘러

내렸다. 바로 그 일이야말로 자신이 이제껏 꿈꾸어 온 장래의 소망이 아닌가! 또한 자신이 지닌 음악적 재능을 최대한 발휘할 수 있는 가치 있고 멋진 기회가 아닌가! 레이첼은 감격한 듯 벌떡 일어나서 두 팔로 버지니아를 껴안았다. 두 처녀는 흥분과 열정에 사로잡혀 함께 홀을 걷기 시작했다. 레이첼은 말했다.

"그래, 정말 기쁘고 고맙구나! 기꺼이 내 일생을 바쳐 그 일에 헌신하겠어. 예수님께서 이런 식으로 내 재능을 이용하여 가치 있는 일을 하면서 살아가도록 만들어 주신 기회라고 굳게 믿어. 주님께서 여러 가지 일을 처리할 수 있도록 허락해 주신 '돈'이라는 지렛대를 이용하여 인류를 위한 크나큰 기적을 이룰 수 있지 않을까?"

"그래, 거기다가 네가 바치고자 하는 재능과 끝없는 열정을 생각할 때 틀림없이 굉장한 기적을 이룰 수 있을 거야."

버지니아가 미소를 띠며 말하자 레이첼이 대꾸를 하려는데 마침 롤린이 들어왔다. 그는 잠시 주저하는 듯하더니 홀을 빠져나가 서재로 들어가려 했다. 그러자 버지니아가 그를 불러 세우고 그가 하려는 여러 가지 일에 대해 몇 가지 질문을 했다. 롤린은 되돌아와서 자리를 잡고 앉아 셋은 함께 장래의 계획을 의논했다. 롤린은 버지니아와 함께 있는 탓인지 레이첼이 눈앞에 앉아 있어도 조금도 당황하는 기색을 드러내 보이지 않았으며, 냉정하지는 않지만 무척 정중한 태도로 그녀를 대했다. 그가 과거에 보여 주었던 방탕하고 예의 없는 태도는 그의 놀라운 회심으로 인해 모두 빨려들어가 버린 것 같았다. 그가 레이첼과의 관계를 잊었을 리 만무하지만 지금으로서는 거듭난 삶의 새로운 목표에 완전히 몰두해 있는 듯했다. 잠시 후 누군가의 방문을 받고 롤린이 나가 버리자 레이첼과 버지니아는 다른 일들에 대해 이야기를 나누기 시작했다.

"그런데, 요즘 자스퍼 체이스는 어떻게 지내고 있을까?"

버지니아가 지나가는 말투로 물었으나 레이첼은 아무 대꾸도 없이 금세 얼굴을 붉혔다. 버지니아가 미소를 띠며 몇 마디 덧붙였다.

"아마도 또 한 권의 소설을 쓰고 있을 거야. 레이첼, 이번 작품에서도 너를 모델로 끌어들여 이야기를 전개해 나갈까? 그의 첫 번째 작품에서도 너를 모델로 주인공을 설정한 듯한 느낌을 늘 갖고 있었거든."

레이첼은 오랜 친구인 버지니아에게 늘 그래왔듯이 솔직한 심정을 털어놓았다. "버지니아, 얼마 전까지만 해도 그가 나를 사랑한다고 말했을 때 나도 그를 사랑하고 있다고 생각해 왔어. 그런데 막상 그가 내게 프로포즈를 하자 일종의 거부감이 생겨 해야 할 말을 다해 버렸단다. 어리석게도 그는 렉탱글의 천막 집회에서 최초의 회심자들이 속출했던 그 엄숙하고 경이적인 밤에 그런 고백을 했거든."

버지니아가 침착하고 진지한 태도로 말했다. "잘됐다는 생각이 드는구나."

"아니, 어째서?" 레이첼은 깜짝 놀라며 되물었다.

"나로서는 그를 진심으로 좋게 생각해 본 적이 없었기 때문이야. 내가 감히 그를 판단할 수는 없지만 그는 평소에 너무 냉정하고, 교회에서 다른 사람들과 함께 서약을 할 때부터 그가 성실히 이를 지켜나갈 것인지 늘 불안하게 생각해 왔어."

레이첼은 생각에 잠긴 얼굴로 버지니아를 바라보며 말했다.

"난 이제껏 한 번도 내 마음을 그에게 털어놓은 적이 없었단다. 하지만 그는 작품을 통하여 내게 많은 감동을 주었고 나도 작가로서 그의 재능을 늘 존경해 왔어. 때때로 내 마음이 상당히 그에게 쏠리고 있다고 느껴졌고, 그 날 밤이 아닌 다른 때에 그가 프로포즈를 했더라면 나도 그를 사랑한다고 쉽사리 말해 버렸을지도 몰라. 하지만 이젠 그렇지 않단다."

레이첼은 갑자기 말을 중단하고 버지니아를 올려다보았는데, 레이첼의 아름다운 얼굴에는 또다시 눈물이 흘러내리고 있었다. 버지니아는 레이첼에게로 다가가서 다정하게 감싸 주었다.

레이첼이 떠나간 후 버지니아는 혼자 홀에 남아서 레이첼이 방금 전에 보여

준 확신에 대해 곰곰이 생각해 보았다. 레이첼의 태도로 보아 틀림없이 더 할 말이 있는 듯했으나 결국 털어놓지 않고 돌아가 버린 것에 대해서 조금도 서운하지는 않았다. 레이첼이 더 이야기하지 않아도 그녀의 마음을 잘 이해할 수 있을 것 같았다.

잠시 후 롤린이 되돌아오자 두 남매는 다정스럽게 팔짱을 긴 채 요즘 들어 일종의 습관이 되어버린 듯 넓다란 홀을 이리저리 거닐기 시작했다. 지금 그들이 막대한 자금을 투입하여 렉탱글의 토지를 사들이려는 계획에 레이첼이 관련되어 있었으므로 그들의 대화는 자연스럽게 레이첼에 관한 이야기로 흘러들어갔다. "레이첼처럼 성악에 천부적인 재질을 타고난 미모의 처녀로서 렉탱글의 빈민들을 위해 기꺼이 자신의 전 생애를 바치겠다고 선뜻 나서는 사람이 요즘에 어디 있을까요? 레이첼은 지금 몇몇 학생들에게 개별적으로 음악을 지도하여 생계를 해결하고, 남는 시간은 렉탱글의 빈민들을 위해 모든 것을 바칠 생각이래요."

"그런 각오야말로 틀림없이 자기 희생의 훌륭한 모범이 되겠지."

롤린은 어색한 듯 다소 딱딱한 어투로 말했다. 버지니아는 예리한 눈초리로 오빠의 얼굴을 바라보며 여섯 명의 꽤 유명한 오페라 가수들의 이름을 들먹이면서 물었다.

"정말이지 요즘 흔히 볼 수 없는 모범이라고 생각되지 않아요? 여기 이 오페라 가수들을 좀 생각해 봐요 … 그들이 과연 이러한 일을 하려고 들까요?"

"아니, 그렇지는 않겠지. 너에게 렉탱글을 구경시켜 달라고 졸랐던 네 친구들도 좀체로 그런 일을 하려들진 않을거야."

롤린은 언젠가 마차를 타고 와서 버지니아에게 호기심 어린 요청을 했던 빨간 파라솔의 처녀 이름을 떠올리며 대답했다. 그러자 버지니아도 클럽의 젊은 청년의 이름을 떠올리며 말했다.

"그 클럽 회장이라는 청년도 클럽을 위하여 지금 오빠가 하고 있는 일을 결코 하지 않을 거예요."

남매는 한동안 입을 다문 채 넓은 홀 안을 왔다 갔다 했다. 이윽고 버지니아가 진지한 얼굴로 입을 열었다.

"오빠, 예전처럼 레이첼에게 관심을 좀 가져 주세요. 왜 그렇게 분명하고 딱딱한 태도로 레이첼을 대하는 거죠? 제 말이 오빠의 기분을 상하게 했다면 용서해 주세요. 내 생각엔 레이첼이 오빠의 그런 태도에 대해 몹시 서운하게 여기는 듯해요. 레이첼이 그런 변화에 익숙하지 않은 것 같으니 좀 더 친근하고 부드러운 태도로 대해 주세요."

롤린은 갑자기 걸음을 멈추더니 마음이 몹시 동요되는 듯했다. 버지니아에게서 팔을 빼내어 두 손으로 뒷짐을 진 채 혼자 홀을 왔다 갔다 하더니 이윽고 버지니아 곁에 와서 갑자기 멈춰섰다.

"버지니아, 너 혹시 내가 숨기고 있던 것을 눈치 챈 게 아니냐?"

버지니아는 당황하는 태도로 오빠를 바라보더니 뭔가 알아차렸다는 듯 묘한 기색이 얼굴을 스치고 지나갔다.

롤린은 조심스럽게 감정을 억제하면서 조용한 목소리로 말했다.

"나는 이제껏 레이첼 윈슬로우 이외에는 아무도 사랑해 본 적이 없단다. 그녀가 우리 집에 초대되어 오페라 단장의 제의를 거절하겠다고 말하던 날, 나는 한길까지 그녀를 따라가 구혼을 했지. 물론 예상했던 대로 그녀는 내 청혼을 거절하면서 그 이유로 내 인생엔 아무런 목표가 없기 때문이라고 말하더군. 사실 그녀의 말은 옳았어. 이제 나는 새로운 사람이 되어 인생의 참된 목표를 갖게 되었지만 너도 생각해 보렴. 어떻게 이제 와서 내가 그녀에게 구차한 말을 할 수 있겠니? 솔직히 나는 레이첼이 부르는 성가에 감동하여 회심하게 되었단다. 그 날 밤 레이첼이 노래를 부르는 동안에 그녀의 목소리가 마치 하나님의 메시지인 양 내 귀와 가슴을 쟁쟁히 울리고 있었지. 그녀에 대한 내 개인적인 사랑이 구세주이신 하나님에 대한 깊은 사랑으로 승화되었다고 믿고 있어."

롤린은 잠시 말을 멈추더니 깊은 감정을 감추지 못한 채 말을 이었다.

"버지니아, 난 지금도 변함없이 그녀를 사랑하지만 그녀가 날 사랑하리라고 는 생각할 수 없구나."

롤린은 말을 마치고 서글픈 미소를 띤 채 여동생의 얼굴을 바라보았다.

'난 그런 줄 모르고 있었어.'

버지니아는 마음속으로 뇌이면서 오빠의 얼굴을 천천히 뜯어보았다.

방탕하게 지내던 흔적은 모두 사라졌으며, 굳게 다문 입술은 남자다움과 용기를 나타냈고, 누이를 바라보고 있는 눈은 맑고 솔직했으며, 체구는 건강하고 우아하게 보였다. 롤린은 이제 어엿하고 늠름한 사나이가 되어 있었다. 레이첼이 그를 사랑하지 않을 이유가 없지 않은가? 분명히 두 사람은 잘 어울리는 한 쌍이었고, 더구나 이제 두 사람의 인생 목표는 다 같이 기독교적인 동기와 성령의 힘에 의해 움직여지고 있었다.

그녀는 이러한 자신의 생각을 오빠에게 모두 털어놓았지만 롤린은 그다지 위안을 얻지 못했다. 장래의 계획에 대하여 긴 대화를 나눈 후 버지니아는 오빠가 하려는 일과 태도에 깊은 감명을 받았다. 그는 자신이 선택한 방식대로 우선 여러 클럽을 돌아다니며 뚜렷한 삶의 목표 없이 시간을 허비하는 많은 청년들을 선도할 계획이었고, 한편 레이첼에 대해서는 공연히 회피하거나 만날 구실을 만들기 위해 일부러 애쓰지도 않을 작정이었다.

하지만 그는 자신의 감정을 다스리는 자제력에 대해선 그다지 자신이 없었다. 그가 여전히 레이첼을 깊이 사랑하고 있다는 사실을 그녀가 알게 될 경우 또다시 거절당하지 않을까 하는 두려움을 미처 떨치지 못하고 있음을 버지니아는 어렴풋이 짐작할 수 있었다.

17
서약이 그렇게 중요한 것일까?

이튿날 버지니아는 새로운 재단으로 발간되는 신문에서 자신이 맡아야 할 역할을 구체적으로 상의하기 위해 에드워드 노먼 사장의 사무실로 찾아갔다. 맥스웰 목사도 여기에 참여하여 합의한 사항은, 예수님이 일간 신문의 편집인으로서 매사를 처리할 때에 구세주로서 그분이 행동 지침으로 삼으실 만한 원칙들을 그대로 따르자는 것이었다.

"여기 예수님이 신문 편집인이라면 실천하시리라고 여겨지는 계획들을 몇 가지 구체적으로 적어 보았습니다."

에드워드 노먼 사장은 이렇게 말하고 나서 책상 위에 놓인 서류를 집어들고 천천히 읽기 시작했다. 맥스웰 목사는 예수님이 행하시리라고 여겨지는 행동 원칙들을 나름대로 적어보고자 노력했던 자신의 경험과, 사업상 서약에 따른 새로운 방침을 적용하기 위해 여러 원칙들을 세워 들려 주던 밀턴 라이트 씨의 일을 새삼 머리에 떠올렸다.

"제목은 '예수님이 레이먼드의 한 일간지 편집장인 에드워드 노먼의 입장이라면 어떻게 행하실까?'라고 정했습니다.

(1) 그분이라면 건전하지 못하다든가 저속하고 순수하지 못한 기사나 사진은 일체 신문에 싣지 않으실 것입니다.

(2) 그분이라면 신문의 정치면을 어느 한 쪽에 치우침 없이 양심적인 관점에서 다루어 나가실 겁니다. 즉 모든 정치적인 문제들을 늘 하나님의 나라와 관련

지어 살펴보고, 제반 정책들을 국민 복지의 측면에서 '어느 것이 정당한가?'의 기준에 따라 지지하실 것이며, 결코 '어느 편에 가장 유리한가?'의 기준에 따르지 않으실 겁니다. 다시 말하자면, 모든 정치적인 문제들을 그밖의 다른 일을 처리하실 때와 마찬가지로 지상에 하나님의 나라를 실현한다는 관점에서 다루어 나가실 것입니다."

노먼 사장은 잠시 읽는 것을 멈추고 주위를 둘러보면서 말을 이었다.

"이 둘째 항목은 예수께서 일간지의 편집인으로서 정치적인 기사들을 이런 식으로 다루어 나가시리라는 제 의견이라는 점을 양해해 주시기 바랍니다. 정치적 기사에 관한 예수님의 행동 원칙에 대해 저와는 다른 견해를 가지고 있는 신문 편집인들에게 비판을 가하거나 제 의견이 옳다고 주장할 생각은 전혀 없습니다. 저는 단지 '예수님이 에드워드 노먼의 입장이라면 어떻게 하실까?'라는 질문에 제나름대로 정직한 대답을 얻고자 노력했을 뿐이고 그 대답을 종이에 차근차근 적어 보았을 뿐입니다.

(3) 예수님이 발행하시는 일간지의 궁극적인 목적과 당면 목표는 하나님의 뜻에 합당할 것입니다. 즉 예수님께서 신문을 발행하는 주된 목적은 돈을 번다거나 정치적 영향력을 확보하는 데 있지 않고, 신문이라는 매체를 통해 무엇보다도 우선 하나님의 나라를 이 땅에 실현하려 한다는 절대 원칙을 모든 독자들에게 명확히 이해시키려고 하실 것입니다. 이러한 근본적인 목적은 복음 사역을 하는 목사나 선교사의 목적과 마찬가지로 분명하고 의문의 여지가 없어야 할 것입니다.

(4) 비기독교적이고 의혹을 일으킬 만한 광고는 절대로 싣지 않으실 것입니다.

(5) 예수님이라면 신문사 직원들과 깊은 사랑과 신뢰의 원칙에서 관계를 형성해 나갈 것입니다."

노먼은 다시 한 번 주위를 둘러보았다.

"다섯째 조항에 관해 제가 생각하는 바를 말씀드리면, 예수님께서는 모든 직원들이 제각기 동일한 대의명분 아래 서로 힘을 합쳐 협조해 나감으로써 사업상 상호 이익을 얻는다는 생각을 전제로 하실 것입니다. 저는 현재 이러한 계획을 세부적으로 구상 중에 있으며 반드시 성공하리라고 확신하는 바입니다. 아무튼 이처럼 공동 이익을 전제로 사랑과 신뢰의 요소를 사업에 적용시키면 어느 특정 개인이나 회사 자체의 이익만을 위해 일한다는 이기적이고 비능률적인 원칙들이 제거되어 편집자들, 기자들, 인쇄공들을 비롯한 모든 사원들이 신문을 활성화시키기 위해 헌신적인 노력을 기울이는 가운데 가장 이상적인 사랑의 관계가 이루어질 거라고 생각합니다. 또한 이러한 효과는 사랑과 공감뿐만 아니라 사업상의 이익을 전직원에게 공동 배분하는 형태로 나타나게 될 것입니다.

(6) 예수님이 오늘날 한 일간지의 편집인이라면 기독교계의 선교 및 복음화 사업에 많은 지면을 할애하실 것입니다. 그분이라면 한 면을 특별히 지정하여 기독교의 개혁운동, 각종 사회 문제들, 기독교 구제 기관 및 자선사업, 기타 유사한 각종 활동과 문제점들을 구체적으로 다루어 나가실 것입니다.

(7) 그분이라면 술집을 인류의 가장 큰 적이요 문명사회의 불필요한 해악으로 단정하고 총력을 기울여 신문 지상을 통해 대적해 나가실 것입니다. 이처럼 강력한 반대 입장을 고수함으로써 대중들의 상당한 반발을 산다거나 구독자들의 수가 감소하는 결과를 초래한다 할지라도 이에 아랑곳하지 않고 끊임없는 투쟁을 계속해 나가실 것입니다."

에드워드 노먼 사장은 주위의 이해를 구하는 듯 얼굴들을 살펴보고 나서 차근차근 자신의 소신을 밝혀 나갔다.

"술집 문제에 대해서는 이것이 저의 솔직한 결심입니다. 물론 이미 말씀드린 바와 같이 저와 다른 견해를 갖고 있는 타 신문의 편집자들에게 비판을 가할 생각은 조금도 없습니다. 다만 예수님의 입장에서 생각해 볼 때 그분이라면 이 나라의 정치나 사회 생활에서 술집의 세력을 철저히 제거시키고자 신문이 발휘할 수 있는 모든 영향력을 총동원하여 투쟁하실 것을 믿습니다.

(8) 예수님이라면 일요판 신문을 발간하지 않으실 것입니다.

(9) 예수님이라면 독자들이 알아야 할 세상의 제반 소식들을 선별하여 게재하실 것입니다. 전혀 알 필요가 없다고 판단되어 게재하지 않을 기사들 가운데는 잔인한 프로 권투 기사, 지나치게 파헤친 범죄 사건 기사, 개인의 사생활을 침해하는 각종 스캔들, 또한 앞서 언급한 첫째 항목에 위배되는 기사들이 포함되어 있습니다.

(10) 예수님이 신문 사업에 투자할 많은 자금을 보유하셨다면, 그분에게 협조하여 가치 있고 훌륭한 기삿거리를 자유 기고할 가장 뛰어나고 큰 영향력을 지닌 기독교 집필자들을 남녀 구별 없이 확보하기 위해 아낌없이 투자하실 것입니다. 이 또한 저의 편집 의도이며 며칠 후 더 세부적인 계획을 보여드릴 수 있을 것입니다

(11) 이미 말씀드린 기본 원칙들에 의거하여 신문사를 운영해 나가는 도중 어떤 세부적인 계획이 요구될지라도 신문이 지향해 나갈 궁극적인 목표는 이 세상에 하나님의 나라를 실현하는 데 있어야 할 것입니다. 모든 세부 사항들은 필수적으로 이러한 궁극적 원칙에 준하여 설정될 것입니다."

노먼 사장은 계획의 발표와 설명을 마치고 나서 한동안 깊은 생각에 잠기더니 다시 말문을 열었다.

"지금까지 기본적인 원칙들만 대략 설명해드렸습니다. 좀 더 강력한 영향력을 지닌 신문을 만들기 위해 이제껏 완전히 구체화시키지 못한 수많은 아이디어들을 가지고 있습니다. 지금 말씀드린 것은 그저 제안에 불과한데 다른 신문기자들과 상의해 보았더니 그들 중의 일부는, 결국 나약하고 지지부진한 주일학교 신문 정도밖에는 되지 않을 거라고 말하더군요. 저로서는 주일학교 정도의 역할만 해낼 수 있다면 꽤 성공적이라고 생각합니다.

사람들은 뭔가 나약한 것을 빗대어 말할 때 으레 주일학교를 들먹이곤 하는

데 도대체 그 이유를 알 수 없군요. 오늘날 이 나라의 문화가 발전해 온 과정에서 주일학교가 국민들의 종교라든가 의식 형성에 가장 강력한 영향력을 발휘해 왔음을 그들은 왜 깨닫지 못하는 것일까요? 신문이 선한 의도로 제작된다고 해서 반드시 나약하리라고 볼 수는 없습니다. 선한 것들이 궁극에 이르러서는 악한 것들보다 훨씬 강하기 때문이지요.

제가 지닌 의문점은 '과연 레이먼드의 그리스도인들이 한마음 한뜻으로 신문을 적극 지원해 줄 것인가?' 하는 문제입니다. 지금 이 도시에는 2만 명이 넘는 그리스도인들이 살고 있습니다. 이들의 과반수만 데일리 뉴스를 지지해 준다 해도 신문의 생명력은 보장될 것입니다. 맥스웰 목사님, 그러한 지원의 가능성에 대해 어떻게 생각하십니까?"

"저로서는 지각 있는 답변을 해드릴 만큼 충분히 알고 있는 바가 없습니다만 진심으로 데일리 뉴스를 믿고 있습니다. 버지니아 양이 말한 대로 데일리 뉴스가 1년만 존속해 나간다면 그 중대한 역할과 영향력에 대해 더 이상 이야기할 필요가 없겠지요. 우리가 판단하건대 신문을 발행하는 데에 가장 중요한 것은 '예수님이라면 어떻게 하실까?'라는 절대적인 기준을 신문사 경영이나 신문 발행의 제반 규칙에 충실히 적용하고, 그리스도인들의 뛰어난 두뇌, 힘, 지성, 감각 등의 요소에 가장 이상적으로 부합시켜 예수님의 사랑과 정신에 조금이라도 어긋나는 이단적 신앙이나 광신, 편협되고 옹졸한 신앙으로부터 완전히 벗어나서 존경받을 수 있는 신문을 발간해야 한다는 것입니다. 그러한 신문은 전 인류에게 올바른 사고와 행동 방식을 고취시킬 가장 이상적인 신문이 될 것입니다. 이 세상에서 진정 위대한 신앙과 지성의 소유자라면 이런 취지의 기독교적인 일간지를 발행하고자 최선의 노력을 기울일 것이라고 믿습니다."

에드워드 노먼 사장이 겸손한 어조로 대답했다.

"의심할 여지 없이 저는 앞으로 수많은 실수를 저지를 것이며 많은 은혜와 충고가 필요할 것입니다. 그러나 '예수님이라면 어떻게 하실까?'라는 질문을 끊임없이 자신에게 던지면서 솔직한 답변에 따라 예수님의 발자취를 따라가려는 노력을 게을리하지 않을 작정입니다. 그 결과에 연연하지 않고 말입니다."

조용히 듣고만 있던 버지니아가 드디어 입을 열었다.

"저는 이제야 비로소 '우리 주 예수 그리스도의 은혜와 그를 아는 지식에서 자라가라'는 말씀의 참 뜻을 깨달을 수 있을 것 같군요. 그러니까 제가 예수님을 더 잘 알지 못하고는 그분께서 어떻게 하시리라는 것을 소상히 알지 못할 것입니다."

"옳은 생각이에요. 내가 그분의 정신을 좀 더 잘 알지 못하고는 이 여러 가지 경우에 어떻게 행하시리라는 것을 제대로 파악할 수 없음을 비로소 깨달았습니다. 예수님의 정신을 좀 더 이해하고 파악할 수 있어야만 '예수님이라면 어떻게 하실까?'라는 질문에 대해 정확하고 진실한 답변을 얻을 것이며 인생의 모든 문제점과 크나큰 의문이 풀려나갈 수 있을 것입니다. 그분의 발자취를 따르기 위해서는 우선 그분을 잘 알아야 할 것입니다."

맥스웰 목사가 힘주어 말하고 난 후 버지니아와 에드워드 노먼 사장은 약정서에 서명을 했다. 이제 노먼 사장은 양심적인 기독교 일간지를 발행하기 위한 거액인 50만 달러가 자기 손에 쥐어졌음을 깨달았다.

버지니아와 맥스웰 목사가 돌아간 후 노먼 사장은 사무실 문을 잠그고나서 홀로 무릎을 꿇고 앉았다. 그는 성령의 임재하심을 느끼며 전지전능하신 하나님께 어린아이처럼 순수한 마음으로 도와주실 것을 간청하는 기도를 드렸다. 책상 앞에 무릎을 꿇고 간절히 기도를 올리는 동안 '누구든지 지혜가 부족한 사람은 후히 주시고, 꾸짖지 아니하시는 하나님께 구하라 그가 주시리라'는 약속의 말씀이 그의 머릿속에서 맴돌았다. 틀림없이 그의 기도는 응답을 받을 것이며, 한때 인간의 탐욕을 만족시켜 주기 위한 저속한 흥미 위주의 신문으로 타락했던 이 막대한 힘을 지닌 신문이 이제 하나님의 권능을 나타내기 위한 충실한 도구로 헌신함으로써 하나님의 나라를 지상에서 실현하려는 목적이 서서히 달

성될 것이리라.

그로부터 두 달이 흘러갔다. 레이먼드의 제일교회는 서약을 지키려는 행동과 그 결과에 대한 이야기로 한창이었다. 여름이 되어 차츰 무더워지는 날씨에도 불구하고 예수님의 발자취를 따르기로 서약한 교인들의 예배 후 모임은 갈수록 열정과 힘을 더해갔다.

그레이 목사는 마침내 렉탱글에서의 전도사역을 마쳤다. 가끔씩 이곳을 지나치는 사람들이라면 옛날의 지저분하고 소란스런 분위기가 예나 지금이나 달라진 것이 없다고 생각할지 모르지만, 그곳에 살고 있는 수백 명의 주민들이 진심으로 회개하여 주님을 영접했다. 그러나 술집, 매음굴, 싸구려 여인숙, 도박장들은 여전히 번창하여 온갖 타락의 독물을 퍼부어 대면서 전도자 그레이 목사가 혼신의 힘을 기울여 구원한 회심자들의 영혼을 유혹하기 위해 안간힘을 썼다. 그리하여 악마는 또다시 렉탱글 여기저기에 재빠른 마수의 손길을 뻗치고 있었다.

헨리 맥스웰 목사는 해외 여행을 가지 않는 대신 렉탱글에 사는 한 비참한 가족의 여름 휴가를 주선하기 위해 아무도 모르게 그 돈을 썼다. 그들은 한 번도 그 불결하기 짝이 없는 렉탱글의 셋집을 벗어난 적이 없는 사람들이었다. 맥스웰 목사는 그 가난과 병에 찌든 가족에게 휴가를 마련해 주면서 보낸 일주일을 결코 잊지 못하리라.

어느 무더운 여름날 맥스웰 목사는 찌는 듯이 무덥고 불결하기 짝이 없는 한 렉탱글의 셋집에 들어섰다. 그 가족들을 도와 역으로 데리고 가서 함께 기차를 타고 아름다운 해변으로 향했다. 그곳에 미리 마련해 둔 한 여신도의 별장에 도착하자 눈이 휘둥그레진 이들은 십여 년 만에 처음으로 서늘하고 신선한 바다 공기를 한껏 마시고 소나무 향내가 실려오는 바람을 쐬면서 평생 처음으로 휴가를 즐겼다.

이 가족의 어머니가 젖을 먹이고 있는 막내아이는 늘 병을 앓았고, 다른 세 아이들 중 하나는 다리를 저는 불구였다. 아버지는 오래 전부터 실직한 상태였고, 후에 맥스웰 목사에게 눈물을 흘리며 고백한 바에 의하면 여러 번 자살을 시도한 적이 있었다. 그는 여행 도중 내내 병약한 막내아이를 안고 있었다. 이 가족이 편히 쉴 수 있도록 보살펴 준 다음 맥스웰 목사가 레이먼드로 돌아가려 했을 때, 그 사나이는 맥스웰 목사의 손을 부여잡고 참았던 울음을 마침내 터뜨리며 흐느껴 울었다. 아이들의 어머니는 작년 여름 유행성 전염병이 렉탱글을 휩쓸 때 열병으로 세 아이를 잃었다. 그녀는 몹시 지치고 탈진한 모습으로 줄곧 기차의 창가에 앉아 오랜만에 마주 대하는 바다와 하늘과 들판의 경치와 맑은 공기에 심취해 있었다. 이 모든 즐거움이 그녀에겐 꿈이요 기적처럼 느껴졌다.

주말에 레이먼드로 돌아온 맥스웰 목사는 잠시 바닷바람을 맛본 탓인지 찌는 듯한 무더위를 느끼면서도 자신이 목격한 기쁨에 대해 하나님께 감사를 드렸고, 평생 처음으로 값진 희생을 했다는 기쁨을 느끼면서 겸허한 마음으로 목회 사역에 몰두했다. 여태껏 여행의 필요성을 깊이 인식하지도 못하면서 매년 레이먼드의 무더위를 피해 정기적으로 떠났던 여름 휴가를 포기할 만큼 자기 자신을 부정해 본 일이 없었기 때문이었다.

교인들 중에 몇몇이 여름 휴가를 떠나지 않은 이유를 물어오면 그는 이렇게 답변하곤 했다.

"사실 올해는 여행을 떠나야 할 필요성을 느끼지 않습니다. 건강도 꽤 좋으니 그냥 레이먼드에 머무는 게 좋겠어요."

그는 자신이 빈민 가족에게 한 일을 자기 아내 이외에는 전혀 눈치 채지 못하게 감출 수 있었다는 데에 일종의 안도감을 느꼈다. 이런 종류의 일은 쓸데없이 떠벌리거나 다른 사람의 인정을 받고자 해서는 안 되며, 왼손의 일을 오른손이 모를 정도로 은밀히 해야 한다고 생각했기 때문이다.

여름은 서서히 지나가고 있었고 맥스웰 목사는 차츰 주님을 더 잘 알게 되었다. 제일교회는 여전히 성령의 놀라우신 능력으로 인도되었고, 맥스웰 목사는 이처럼 오래 성령께서 교회에 임재해 계심을 보고 놀라움을 감추지 못했다. 그는 새로운 제자도를 받아들이고 난 후 교회가 갈라지고 찢긴 채 산산이 흩어질 위험에서 구해 주신 것이 곧 이 성령의 임재였음을 깊이 인식하고 있었다.

지금도 서약을 하지 않은 많은 교인들 가운데는 레이첼의 어머니 윈슬로우 부인처럼 주님의 발자취를 따르려는 운동을 그리스도인의 의무를 광신적으로 해석함으로써 비롯된 것으로 간주하며, 이전의 평범한 상태로 되돌아가기를 바라는 교인들도 적지 않았다. 한편 이러한 상황 중에도 제일교회의 모든 성도들은 성령의 영향을 받고 있었고, 맥스웰 목사는 여름 내내 주님의 발자취를 따르고자 하는 자신의 방식대로 목회자로서의 사역을 큰 기쁨과 함께 감당해 나가면서, 알렉산더 파워스에게 약속한 대로 철도 공장의 노동자들과 계속 집회를 가졌고, 나날이 주님을 더 잘 알게 되는데 보람을 느끼고 있었다.

길고 긴 무더위가 한 차례 지나가고 어느덧 신선하고 서늘한 바람이 살랑거리는 8월 어느 날 오후, 자스퍼 체이스는 한길에 위치한 아파트 방 안을 서성이다가 창문으로 다가가 밖을 내다보았다.

그의 책상 위에는 원고 더미가 수두룩하게 쌓여 있었고 레이첼에게 사랑을 고백했던 그 날 밤 이후로 한 번도 그녀를 만나지 않았다. 그는 예민한 감수성 ―더구나 좌절당했을 때는 극도로 예민해지는 그의 감수성― 때문에 일부러 레이첼과의 만남을 회피하면서 자신을 고독 속으로 몰아넣었고, 혼자 있을 때만 제대로 작품에 몰두할 수 있는 그의 작가적 습관으로 인해 더욱 고독을 자초하고 있었다

그 기나긴 여름의 무더위 속에서도 그는 오로지 집필에 전념했고 이제 그의 소설은 거의 완성 단계에 다다랐다. 그는 자신의 모든 것을 투입하여 미칠 듯한 정열로 오로지 작품에만 전념하면서 순간순간 이 정열이 자신을 저버리고 어쩔

수 없는 상황으로 몰아 버리지 않을까 하는 두려움에 사로잡히기도 했다. 그는 제일교회에서 다른 교인들과 더불어 주님의 발자취를 따르기로 서약했던 일을 잊지 않고 있었다. 그 서약은 글을 쓰는 동안에도 내내 의식에서 지워지지 않았고 레이첼에게 거절당한 이후로 천 번이 넘을 정도로 자신에게 질문을 던졌다.

"예수님이라면 어떻게 하실까? 그분이라면 이런 유의 통속적인 소설을 쓰실까?"

그의 작품은 대중들의 인기를 얻을 만한 줄거리와 문체로 쓰여진 일종의 통속소설이었다. 인간의 본능과 감성을 자극하여 즐거움을 주는 것 이외에는 별다른 목적도 없었다. 이 소설의 감동적인 문체와 도덕적 교훈이 그럴싸하긴 했지만 적극적으로 기독교적인 믿음과 교훈이 담긴 곳은 거의 찾아볼 수 없었다. 자스퍼 체이스는 이런 유의 소설이 잘 팔린다는 것을 이미 알고 있었다. 세상 사람들에게 인기와 칭찬을 얻을 만한 작품을 집필하는 방식도 터득하고 있었다.

"예수님이라면 어떻게 하실까?"

그는 예수님이라면 결코 이런 유의 소설을 쓰지 않으실 거라고 생각했다. 이 질문은 가장 적절하지 못한 시기에 그로 하여금 정신적인 부담을 가중시킴으로써 그만 슬그머니 화가 치밀었다

'일개 작가로서 예수님의 모범과 행적을 따른다는 것은 지나치게 이상적인 생각이야. 물론 예수님께서는 놀라운 능력을 발휘하여 기독교적인 뚜렷한 목적을 가지고 뭔가 유익하고 인간의 영혼에 도움이 될 만한 작품을 쓰시겠지. 자스퍼 체이스, 그렇다면 너는 어떤 목적 의식을 가지고 이 작품을 쓰고 있는가? 거의 대부분의 작가들이 그러하듯이 돈 때문인가 아니면 돈과 작가로서의 명성 때문인가?'

솔직히 자신이 이러한 목적으로 새로운 소설을 집필하고 있다는 사실을 굳이 숨기고 싶지 않았다. 그는 가난하지 않았으므로 돈 때문에 집필하려는 유혹을 느껴본 적은 없었다. 그러나 무엇보다도 작가로서의 명성을 얻고 싶다는 욕망

으로 작품을 쓰곤 했다. 그러기 위해서는 이런 유의 대중소설을 써야만 했다. "하지만 예수님이라면 어떻게 하실까?" 이 질문은 레이첼의 거절보다 훨씬 더 그를 괴롭게 만들었다.

'나는 결국 서약을 어길 것인가? 그 서약이 내게 무엇보다도 중요한 것인가?'

그는 갈등에 휩싸여 질문을 거듭하면서 창가에 서 있었다. 그때 마침 롤린 페이지가 맞은편 클럽에서 걸어나오는 것이 보였다. 그는, 거리를 따라 내려가고 있는 롤린 페이지의 잘생긴 얼굴과 귀족적인 풍채가 퍽 돋보인다고 생각했다. 그는 책상으로 돌아와서 몇 장 남은 원고지를 뒤적이다가 다시 창문 옆으로 다가갔다. 롤린이 아주 멀리까지 걸어갔는데 레이첼 윈슬로우가 그의 옆에서 걷고 있었다. 그 날 오후 버지니아를 만나러 갔다가 돌아오는 그녀를 롤린이 우연히 만나게 된 것이 틀림없었다.

자스퍼 체이스는 두 사람의 모습이 한길에서 군중 속으로 사라질 때까지 바라보다가 다시 책상으로 돌아와 원고를 쓰기 시작했다. 그가 소설의 마지막 페이지를 끝마쳤을 때는 벌써 날이 저물고 있었다.

"예수님이라면 어떻게 하실까?"

그는 결국 서약이 실현하기 어려운 이상이라고 단정지으면서 마침내 예수님을 부정함으로써 이 질문에 답변했다. 방 안이 점점 더 어두워지기 시작했다. 그는 이처럼 의도적으로 자신의 방향을 선택하고 나자 알 수 없는 낙심과 좌절감에 휩싸이고 말았다.

18

서약 1주년 기념식

"네게 무슨 상관이 있느냐 너는 나를 따르라."

그 날 오후 자스퍼 체이스가 자기 방 창문 옆에 서서 한길을 내려다보고 있는 동안, 롤린은 거리를 따라 내려가면서 레이첼 윈슬로우를 마음에 두지 않았고 우연히 그녀를 만나리라고는 전혀 기대하지도 않았다. 그런데 막 큰 길로 접어들자 갑자기 그녀와 마주치게 되어 자기도 모르게 가슴이 설렘을 억제할 수 없었다. 이제 그는 레이첼과 나란히 걸으면서 그가 아무리 노력해도 쉽사리 지워지지 않던 세속적인 사랑의 한순간을 기쁘게 맞이하고 있었다. 레이첼이 먼저 입을 열었다.

"저는 방금 버지니아를 만나고 오는 길이에요. 렉탱글의 토지를 매입하는 일은 거의 마무리되어가고 있다더군요."

"그럴 겁니다. 그 토지는 오랫동안 소송에 묶여 있던 꽤 골치 아픈 곳이었지요. 버지니아가 전면적인 계획과 건물 세부 배치도까지 다 보여 주었나요?"

"우리는 여러 가지 계획들을 세밀하게 검토해 보았답니다. 버지니아가 이런 일에 대해 어디서 그렇게 좋은 아이디어들을 얻을 수 있었는지 저는 놀라움을 금할 수 없었어요."

"버지니아는 이제 상당수의 전문적인 빈민 사업가들보다 아놀드 토인비

(Arnold Toynbee), 이스트 엔드 런던(East End London)이나 미국의 기독교 선교단체나 교회 자선 사업 등에 대해 더 많이 알고 있을거예요. 올 여름 내내 여러 가지 정보와 자료들을 입수하여 연구하느라 시간을 보냈으니까요"

롤린은 장차 착수하게 될 자선 사업에 관한 이야기를 나누면서 점차 마음이 편해짐을 느꼈다. 그것은 둘 다 공통적으로 관심을 가지고 있는 부담없는 화제였기 때문이었다.

"올 여름 내내 뭘 하고 지내셨어요? 요즘엔 자주 뵙기가 힘들던데."

레이첼은 이렇게 묻고 나서 갑자기 얼굴이 붉게 달아올랐다. 자신의 질문이 마치 롤린에게 상당한 관심을 갖고 있다거나 요즘 자주 만나지 못한 것을 아쉬워하는 것처럼 들릴까 싶어 은근히 쑥스러웠기 때문이었다.

"요즘 좀 바빴지요." 롤린이 짧게 대답했다.

"무슨 일을 하셨는지 좀 이야기해 주세요. 너무 짧게 답변하시니까. 제가 이런 질문을 해도 괜찮을까요?"

레이첼은 진지한 표정으로 롤린의 얼굴을 바라보며 솔직하게 물었다. 그러자 롤린은 품위 있고 부드러운 미소를 띠며 대답했다.

"물론이지요. 아직은 구체적으로 말할 단계가 아니지만 전에 알고 지내던 사람들과 가깝게 접근할 수 있는 기회를 만들어서 더 값지고 유익한 삶을 살아가도록 전도하는 중이랍니다."

그는 뭔가 더 말하려다가 좀 부끄러운듯 갑자기 말을 멈추었다. 레이첼은 공연히 캐묻고 싶은 생각은 없었다. 이윽고 롤린은 하고자 하는 말을 계속하려는 듯 다시 입을 열었다.

"나도 예수님의 발자취를 따르기로 서약을 했고, 요즈음 내가 하고 있는 일에서도 '예수님이라면 어떻게 하실까?'라는 질문의 솔직한 답변을 구한 다음 그대로 행하고자 노력하고 있지요."

"그것이 바로 제가 궁금하게 여기는 점이랍니다. 버지니아는 제게 다 이야기해 주었거든요. 당신이 우리와 더불어 서약을 지키고자 노력하고 있다니 생각만 해도 기쁘고 놀라운 일이군요. 클럽에 드나드는 청년을 어떻게 전도해 나갈 작정이신가요?"

"그렇게 단도직입적으로 물어오니 이제 솔직한 대답을 하지 않을 수 없군요."

롤린은 또다시 미소를 띠며 말을 이었다.

"당신도 기억하겠지만 그 날 천막 집회에서 회심하기로 결심한 나는 자신에게 이렇게 물었지요(이렇게 말하고 있는 그의 목소리가 떨리고 있었다). '내가 이제 지난날을 속죄받고 참다운 그리스도인으로 가치 있게 살아가려면 내 삶에 어떤 목적을 가지고 살아가야 할까?' 이 문제를 깊이 생각하면 생각할수록 내가 기꺼이 십자가를 질 수 있는 장소로 생각이 쏠렸습니다.

내가 지난날 그러했듯이 별다른 일 없이 클럽을 드나들면서 돈과 시간을 허비하는 방탕한 젊은이들만큼 오늘날의 사회 체제에서 철저히 소외되고 방관되고 있는 사람들이 없다는 것을 한 번이라도 생각해 본 적이 있습니까? 교회에서는 렉탱글의 주민들처럼 가난하고 비참한 지경의 사람들을 돌보아 주고 노동자들의 복지를 위해 노력하면서, 해외의 이방인들에게 선교사와 막대한 선교자금을 보내고 있습니다. 그러나 멋지게 차려입고 도시 주변을 쏘다니거나 할 일 없이 클럽에 드나드는 젊은이들은 전도와 선교의 대상에서 늘 제외되어온 형편입니다. 이런 사람들이야말로 누구보다도 많은 도움이 필요한 사람들이기에 저는 스스로 다짐을 했습니다. '나는 이제껏 이런 부류의 사람들에 속해 있었으므로 그들의 속성이나 장단점을 비롯해서 어느 누구보다 그들을 잘 알고 있는 셈이다. 나는 렉탱글 사람들의 속성이나 접근 방법을 잘 모르기 때문에 내가 그들을 위해 일하는 것은 적절하지 못하다. 그러나 돈과 시간을 허비하며 방황하는 젊은이들에게는 쉽게 접근하여 그들의 삶을 선도할 수 있을 것이다'라고 말입니다. 그래서 나는 이제껏 이런 일을 위해 노력해 오고 있습니다. 당신이 그러했듯 나도 스스로에게 '예수님이라면 어떻게 하실까?' 하고 정직하게 물어보았을 때 그와 같은 응답이 나오더군요. 그 일이 곧 내가 져야 할 십자가이기도 합니다."

이 마지막 말을 할 때 롤린의 목소리가 어찌나 낮았던지 레이첼은 길거리의 소음 때문에 알아듣는 데 몹시 애를 먹었다. 그러나 결국 알아들을 수 있었고 그의 구체적인 실천 방안이 무엇인지 물어보고 싶었다. 그의 계획에 대한 그녀의 관심은 이제 단순한 호기심의 단계를 훨씬 넘어 있었다. 롤린은 자기에게 아내가 되어 달라고 구혼하던 멋쟁이 건달 청년과는 전혀 딴판이 되어 있었으므로, 그녀에게는 전혀 생소한 사람을 대하는 듯 생각되었고 그와 대화를 나눌 때도 역시 이런 기분은 마찬가지였다.

그들은 한길을 벗어나 레이첼의 집이 있는 골목길로 접어들었다. 그곳은 롤린이 레이첼에게 왜 그를 사랑할 수 없는지 이유를 묻던 길목이었으므로 둘 다 갑자기 어색한 기분에 사로잡힌 채 한동안 말없이 걸어갔다. 레이첼은 그 날을 잊지 않았고 롤린도 물론 잊을 수가 없었다. 이때 레이첼이 적당한 말을 찾지 못해 미처 묻지 못했던 질문을 던짐으로써 드디어 오랜 침묵을 깨뜨렸다.

"당신이 잘 알고 지내온 클럽 청년들에게 전도를 해나갈 때 그들이 당신에게 어떤 반응을 보여 주던가요? 당신이 그들에게 어떤 방식으로 접근했는지, 또 그들이 뭐라고 답변했는지 알고 싶어요."

롤린은 레이첼의 질문을 받고 그제서야 어색한 기분이 사라지는지 이내 대답해 주었다.

"아, 사람에 따라 제각기 반응이 가지각색이었지요. 상당수의 친구들이 내가 혹시 돌아버린게 아닌가 의아스럽게 여기더군요. 허지만 나는 변함없이 회원으로 남아 있으면서 그들과 좋은 친분을 유지하는 가운데 쓸데없는 비판 따위는 삼가고 늘 지혜롭게 대처해 나가려고 많은 노력을 기울였지요. 그런데 그런 건달 청년들 가운데 얼마나 많은 사람들이 내 설득과 호소에 귀를 기울였는지 당신이 안다면 무척 놀랄 것입니다. 당신이 믿지 않을지 모르지만 바로 며칠 전 밤만 해도 십여 명이 넘는 청년들이 매우 진지하고 솔직한 태도로 종교문제에 대해 토론을 나누었답니다. 그들 중 몇 명의 친구들이 이전의 나쁜 습관을 버리고 새로운 삶을 시작하려고 했을 때 내 기쁨은 실로 형언하기 어려울 정도였지요.

나는 늘 '예수님이라면 어떻게 하실까?'라는 질문을 끊임없이 던져 보면서 슬기로운 방법을 찾으려고 노력했지요. 내 방법이 매우 완만한 속도를 취했으므로 그 반응 역시 천천히 일어났지요. 내가 발견한 한 가지 중요한 사실은 그들이 나를 멀리하거나 배척하지 않는다는 사실이었습니다. 이것은 꽤 좋은 징조라는 생각이 들었지요. 또 한 가지 중요한 사실은 그들이 내가 하는 이야기를 듣고 렉탱글에서 우리가 시도하려는 사역에 큰 관심을 나타내면서 그 사역에 돈을 기부하겠다고 약속했다는 것입니다. 이외에도 많은 변화가 일어났지만 주목할 만한 것은 몇몇 청년들이 도박에 탐닉하는 나쁜 습관에서 완전히 벗어나게 되었다는 사실이지요."

롤린은 열정이 넘치는 어조로 말을 했고, 이제 그의 실생활의 가장 큰 일부가 되어 버린 자신의 전도 사역에 대한 깊은 관심으로 인하여 그의 얼굴은 완전히 딴판이 되어 있었다. 레이첼은 그의 이야기를 들으면서 다시 한 번 힘차고 남성다운 어조를 느낄 수 있었다. 그가 무척 즐거운 마음으로 자신이 지고 가는 건달 청년들의 전도 사역에 대해 이야기해 주었음에도 불구하고 그곳에는 진지한 갈등과 고뇌가 깔려 있음을 알아차렸다. 그가 십자가의 무거운 짐을 찬양과 기쁨으로 감내할지라도. 다음 순간 그녀는 롤린의 변화된 모습과 그의 새로운 삶에 어울릴 수 있는 적절한 반응과 감정을 신속하게 조절하면서 말을 꺼냈다.

"제가 언젠가 당신에게는 아무런 삶의 목적이 없다고 비난했던 일을 기억하시나요? 이젠 당신의 새로운 모습에 합당한 말씀을 드리면서 진심으로 사과하고 싶어요. 당신이 서약을 지켜 나가기 위해 혼신의 힘을 기울여 순종하는 자세와 용기를 대하고 보니 진심으로 당신께 존경을 금할 수 없습니다. 지금 당신의 삶은 너무나 고귀하고 가치 있게 보이는군요."

롤린은 어느 정도 충분한 자제력을 찾게 된 이후 레이첼의 얼굴이 이때처럼 아름답게 보인 적이 없는 것 같았다. 그는 가슴이 설레고 손발이 떨리기 시작하여 도저히 자제력을 발휘하기 어려웠다. 레이첼도 그의 심정을 충분히 이해할 수 있었으므로 둘은 또다시 깊은 침묵에 잠긴 채 함께 걸었다. 마침내 롤린이 입을 열었다

"정말 고맙군요. 당신으로부터 그런 말을 들을 수 있다니 이보다 기쁘고 보람있는 일은 없는 것 같군요."

그는 레이첼의 얼굴을 잠시 동안 뚫어지게 바라보았다. 그 눈동자와 표정에서 레이첼은 자신에 대한 그의 변함없는 사랑을 읽을 수 있었으나 결국 그는 더이상 아무 말도 하지 않았다.

그들이 헤어진 후 레이첼은 곧장 집으로 들어가서 자기 방으로 올라가 두 손으로 얼굴을 감싼 채 이렇게 중얼거렸다. "늠름하고 고귀한 뜻을 지닌 남자로부터 사랑을 받는다는 것이 어떤 것을 의미하는지 이제 서서히 알 것 같아. 난 결국 롤린 페이지를 사랑하게 될거야. 아니 내가 도대체 지금 무슨 말을 하고 있지? 레이첼 윈슬로우, 넌 벌써 잊어버렸니?"

그녀는 일어서서 방 안을 서성거렸다. 그녀는 마음에 깊은 자극을 받았으나 결코 후회나 슬픔 따위는 아니었다. 새로운 기쁨과 환희가 서서히 그녀를 휩싸기 시작하면서 전혀 새로운 경험의 세계로 들어섰던 것이다. 그러나 새로운 감정의 위기와 설렘 속에서도 진실한 그리스도인으로서 마침내 여유를 되찾게 되었을 때 비로소 느낄 수 있는 강하고 진지한 기쁨을 그 날 밤 늦게서야 한껏 만끽할 수 있었다. 그에게 이성으로서 느끼는 사랑의 감정은 진실로 이러한 기쁨의 일부에 불과했다. 그녀가 롤린 페이지에게 사랑을 느끼기 시작한 것은 그가 진실한 그리스도인이었기 때문이었고, 만일 이전의 모습 그대로였다면 이처럼 크나큰 감정의 변화가 일어날 리 없었기 때문이었다.

한편 롤린은 집으로 돌아가면서, 레이첼이 지난날 자신의 구혼을 거절한 이

후 매우 어렵게만 느껴졌던 희망의 빛을 다시 마음속에 간직하게 되었다. 그 날 우연히 길에서 레이첼을 만나 대화를 나눈 이후 새롭게 피어나기 시작한 희망과 더불어, 그는 날이 갈수록 자신의 전도사역에 열성을 기울임으로써 옛 친구들에게 전도하는 일에 더욱 큰 성과를 거두고 있었다.

드디어 가을이 다 지나가고 어느덧 겨울의 혹심한 추위가 레이먼드에 다가오기 시작했다. 버지니아는 소위 '렉탱글 개발 사업'이라고 스스로 명명한 사업 계획의 일부를 차근차근 실행해 나가고 있었다. 공터에 여러 가지 건물을 세우는 일, 지저분하고 황량한 곳을 아름답고 쉬기 좋은 공원으로 바꾸는 일 등이 그녀의 계획에 모두 포함되어 있었으나 그녀가 공사 부지를 확실하게 매입한 이후 그 해 가을까지 공사를 마무리하기에는 너무 벅찬 사업이었다. 그러나 예수님의 발자취를 따라 진실로 가치 있는 사업을 이룩하고자 소망하는 한 여성이 자기 소유의 거금 백만 달러를 투자하여 쉴 새 없이 동분서주한 보람으로 공사는 세인들의 예상을 뒤엎고 놀라운 속도로 진척되어가고 있었다. 어느 날 정오가 조금 지났을 무렵 철도 공장의 노동자들과 함께 공사 현장을 살펴보러 왔던 헨리 맥스웰 목사는 외관상 이처럼 빠른 속도로 공사가 진행되었다는 기적 같은 사실에 놀라움을 금치 못했다.

공사 현장을 여기저기 둘러보고 집으로 돌아오면서 맥스웰 목사는 렉탱글 곳곳에 늘어서 있던 술집과 도박장들을 머리에 떠올리며 끊임없이 렉탱글을 타락의 현장으로 만들고 있는 술집 허가 제도에 대해 깊은 회의와 한탄을 금할 수 없었다.

'이제껏 렉탱글을 구원하기 위해 여러 사람들이 피나는 노력을 기울여 왔지만 결국 얼마나 많은 성과를 거두었단 말인가? 그레이 목사 부부, 레이첼, 버지니아 등을 비롯한 여러 사람들이 온 힘을 기울여 구원해 온 흔적을 어디에서 찾아볼 수 있던가? 물론 제일교회와 천막 집회에서 거룩한 성령이 위대하신 능력을 만인 앞에 뚜렷이 드러내심으로써 영혼 구원 사업이 한동안 크게 부흥되어 레이먼드 시민들의 생활에 커다란 영향을 미쳐오긴 했지만.'

그러나 렉탱글에 즐비하게 늘어선 술집들을 지나치다가 그런 곳을 맹목적으로 들락날락하는 사람들의 모습과 여전히 건재하는 도박장이나 매음굴들을 바라보면서 그곳에 거주하는 남녀노소의 표정에 역력히 드러나는 잔인성과 비참과 타락성을 감지하면서 몹시 마음이 괴로워졌다. 그는 거듭되는 회의를 피하기 어려웠다

'백만 달러의 거금을 투자한다 해서 과연 이토록 부패하고 타락한 지역을 얼마나 깨끗하게 정화할 수 있을까? 술집들이 합법적으로 당당하게 온갖 죄악의 근원을 형성하고 있는데, 서약에 따르려는 성도들을 비롯한 진실한 그리스도인들이 애써 구원하고자 혼신의 힘을 바쳐온 많은 사람들의 영혼이 결국 영생의 참기쁨을 깊이 음미하기도 전에 또다시 타락의 구렁텅이로 빠져 버리는 게 아닐까? 레이첼과 버지니아 같은 참다운 그리스도인들이 이 타락의 물줄기를 막아 보자고 희생적인 노력을 기울인다 한들 이러한 물줄기를 형성시키는 깊고 거대한 죄악의 근원이 변함없이 존재하는 한 무슨 소용이 있을까? 천신만고 끝에 구원해 낸 영혼들에게 술집들이 두 배 이상의 악랄한 공격의 마수를 뻗친다면 이 지옥 같은 곳에 용감히 뛰어들었던 두 아리따운 처녀들의 노력은 결국 아무런 보람도 없이 자신의 생애를 소비해 버리는 결과가 되지 않을까?'

언젠가 버지니아도 자신의 계획을 레이첼에게 설명하면서 이와 비슷한 의문을 제기한 적이 있었다. 즉 렉탱글에서 온갖 술집들이 완전히 제거되지 않는 한 실질적으로 어떤 영속적인 성과도 기대할 수 없으리라는 회의가 그것이었다. 그날 오후 맥스웰 목사는 술집들이 당당하게 영업을 계속하는 현실에 대해 가중된 죄책감과 회의를 떨구지 못한 채 자신의 목사 직분을 다하기 위해서 교구의 일상 업무로 되돌아갔다.

그러나 술집이 레이먼드에서 골치 아픈 문제들의 요인이라면, 제일교회에서

예수님의 발자취를 따르기로 서약한 소수 교인들의 모임도 새로운 문제를 제기하는 하나의 요인이 되고 있었다. 맥스웰 목사는 이 새로운 운동의 한가운데에서 있었으므로 외부에서 이 운동을 지켜보는 사람들처럼 그 위력과 파급 효과를 객관적으로 판단할 만한 입장이 되지 못했다. 레이먼드 시민들은 여러 방면에서 이 운동의 영향력을 느끼고 있었지만 이 모든 변화의 원인이 무엇인지 제대로 파악하지 못하고 있었다.

겨울이 깊어가면서 어느덧 한 해도 저물어갔다. 제일교회에서 맥스웰 목사가 예수님의 발자취를 따르기로 서약할 때 제시한 1년이라는 기간도 드디어 만료되었다. 1주년 기념일이 되는 주일은 제일교회가 창립된 이래 여러 가지 면에서 매우 뜻깊고 잊을 수 없는 날이었다. 제일교회의 성도들이 미처 깨닫지 못할 정도로 무척 중대한 의미를 지니는 날이기도 했다. 그 해에는 빠른 속도로 여러 가지 중대한 역사들이 이루어졌으므로 교인들조차 그 중대성을 파악하지 못했던 것이다. 예수님의 발자취를 따르기로 서약한 이후 1년의 기간이 종료되던 날에는 많은 참회와 고백, 놀라운 계시가 어찌나 풍성했던지 막상 이 운동의 주역을 담당해 온 교인들은 그 운동의 성과가 지니는 가치를 제대로 파악하지 못했을 뿐만 아니라, 전국 방방곡곡의 교회와 시민생활에 미치게 될 파문도 미처 짐작하지 못했다.

1주년 기념식이 거행되는 주일이 오기 며칠 전 시카고 나사렛 애비뉴 교회의 담임목사인 캘빈 브루스 박사가 몇몇 친구들을 방문하기 위해 레이먼드에 왔다가 우연히 옛 신학교 시절 동기 동창인 헨리 맥스웰 목사를 만나게 되었다. 그는 주일에 제일교회 예배당에서 거행된 1주년 기념식에 참석했다가 상상 외로 감동적이고 진지한 열의가 흘러넘치는 장면을 목격하게 되었다. 레이먼드에서 일어난 여러 가지 사건들, 그 중에서도 특히 1주년 기념식을 묘사한 그의 기록은 다른 어떤 신문 혹은 잡지의 취재기사보다도 레이먼드의 전반적인 상황을 잘 보여주는 것이라 하겠다.

19

캘빈 브루스 목사의 편지

◇◇◇◇◇◇◇◇◇◇◇◇◇◇◇◇◇

(시카고에 있는 나사렛 애비뉴 교회의 담임목사인 캘빈 브루스 박사가 뉴욕 시에 살고 있는 필립

A. 캑스턴 박사에게 보낸 편지)

"친애하는 캑스턴 박사님께,

지금은 주일의 늦은 밤입니다. 오늘 보고 들은 일들로 너무나 큰 충격과 감동을 받아 도저히 잠을 이룰 수 없기에 이렇듯 박사님께 편지를 쓰고 있습니다. 이제껏 제가 관심을 두어온 레이먼드의 여러 사태와 현재 상황에 대해서 상세히 말씀드리고자 하는데, 이러한 모든 것이 오늘 마침내 절정에 이른 것 같습니다. 그러므로 지금 쓰고자 하는 편지의 내용이 다소 길어지더라도 널리 양해하시기 바랍니다.

박사님께서도 신학교 시절 동기인 헨리 맥스웰 목사를 기억하실 줄 압니다. 일전에 제가 뉴욕에 계신 박사님을 방문했을 때, 박사님께서도 신학교를 졸업한 이후로는 한 번도 그를 만나보지 못했다고 말씀하신 것이 생각나는군요. 그는 매우 세련되고 학자다운 고상함이 풍기는 친구였으므로, 당신도 기억하시다시피, 신학교를 졸업한 지 채 1년도 못 되어 레이먼드 제일교회의 목사직을 맡게 되었습니다. 그때 나는 아내에게 '레이먼드 교인들은 훌륭한 목사를 택했어. 맥스웰은 훌륭하고 감동적인 설교로 교인들을 잘 이끌어 나갈거야'라고 말했지

요.

그는 지금까지 약 11년 동안 이곳 제일교회에서 목회를 해 왔는데, 불과 1년 전까지만 해도 유능한 목사로서 정상적인 경로를 밟아 만족스러운 설교를 해 왔고, 선량하고 유복한 교인들을 많이 이끌어 왔다고 들었습니다. 어느덧 그가 담당한 제일교회는 레이먼드에서 제일 크고 부유한 교회로 발돋움하게 되었지요. 사회적인 명망과 부를 겸비한 사람들이 호기심으로 이 교회 예배에 참석했다가 대부분 이 교회에 소속되었답니다.

이 교회의 4중창 성가대는 뛰어난 화음과 고운 음색으로 유명하며, 특히 소프라노를 맡은 레이첼 윈슬로우 양이 독창으로 노래하는 성가의 위력은 형용하기 어려울 지경입니다. 이 윈슬로우 양에 대해서는 나중에 더 이야기하기로 하고, 아무튼 맥스웰 목사는 전반적으로 볼 때 꽤 성공을 거둔 목사로서 상당히 많은 사례비와 아름답고 쾌적한 주위 환경, 세련되고 부유하고 명망 있는 교인들을 거느린 채 축복받은 목회자 생활을 하고 있으니 이만하면 모든 신학생들에게 선망의 대상이 되는 것도 당연한 일이겠지요.

그런데 지금부터 1년 전 주일 아침에 설교를 마친 맥스웰 목사는 한 가지 매우 놀라운 제안을 했답니다. 즉 교인들 가운데 누구든 서약에 지원하는 사람은, 앞으로 1년 동안 무슨 일을 하든지 우선 '예수님이라면 어떻게 하실까?'라고 자문자답을 한 후 자신의 양심적이고 솔직한 판단에 따라 어떤 결과를 초래하든 두려워하지 않고 그분께서 하시리라 여겨지는 대로 행동하자는 것이었습니다.

이러한 제안의 결과로 교인들 가운데 수많은 지원자들이 앞으로 1년 동안 이 행동 방침을 지켜 나가기로 서약한 이후, 당신도 아시다시피 여러 가지 괄목할 만한 변화와 전에 없던 사태들이 속출함으로써 레이먼드 시는 물론 전 미국 시민들의 관심이 이 운동을 향해 쏠리기 시작했습니다. 내가 이 제안을 굳이 '운동'이라고 부른 이유는 이 서약에 따라 여러 가지 행동 방침을 실천함으로써 이곳의 지역 사회 및 다른 교회들에 영향을 미쳐 신앙의 자세와 방법에 일종의

혁명을 일으키는가 하면, 특히 제자도에 새로운 정의를 내림으로써 놀라운 파급 효과를 끼쳐 왔기 때문입니다

우선 맥스웰 목사는 자신의 제안에 대한 교인들의 반응에 무척 놀라지 않을 수 없었다고 말하더군요. 교인들 중 사회 저명인사 여러 명과 부유한 사업가들이 예수님의 발자취를 따르고자 서약을 하더라는 것입니다. 그들 가운데 몇 사람을 예로 들면, 신문계에 커다란 물의를 일으켰던 데일리 뉴스 신문의 편집인 겸 사장인 에드워드 노먼, 레이먼드에서 주도적인 사업가들 중의 한 사람인 밀턴 라이트, 약 1년 전 은밀히 자행되고 있는 철도 회사들의 주간통상법 위반 사실을 공공연하게 폭로하고 자신의 직책을 사임함으로써 일대 소동을 일으킨 알렉산더 파워스, 레이먼드 사교계의 주도적인 위치를 차지했던 처녀 상속자로서 서약 이후 데일리 뉴스 신문사의 후원과 렉탱글이라는 죄악으로 가득 찬 빈민가를 개혁시키려는 사업에 자신의 전 재산을 바친 버지니아 페이지, 뛰어난 성악적 소질로 인하여 전국적으로 알려져 있지만 서약을 준수하기 위해 오페라 단장의 호의적인 제의를 물리치고 레이먼드에서 가장 비참하고 소외된 계층의 소녀들과 여인들을 돕기 위한 사업에 기꺼이 자신의 재능을 바치고 있는 레이첼 윈슬로우 등이 있답니다.

이처럼 잘 알려진 사람들 이외에도 제일교회의 교인들 중에는 이 서약을 따르고자 하는 지원자들이 점점 늘어나고 있으며, 최근에는 다른 교회에서도 서약에 동참하려는 지원자들이 찾아오고 있다는 것입니다. 예수님의 발자취를 따르기로 서약한 이들 지원자들 중 상당수가 '청년 전도봉사회'의 회원들이랍니다. 이들 젊은 그리스도인들의 말에 의하면 이미 청년 전도봉사회에 가입할 때부터 서약과 똑같은 입회 원칙, 즉 '주님께서 내게 무슨 일을 시키든지 내 모든 것을 바쳐 여기에 따르기로 주님 앞에 약속합니다'라는 원칙에 서명했다는 것입니다.

엄밀히 따진다면 이 원칙은 맥스웰 목사가 제안한 서약과는 다소 차이가 있

습니다. 즉 맥스웰 목사가 제안한 서약은 '예수님이 내 입장에 서 있다면 어떻게 행하실까?' 하고 솔직한 심정으로 자문자답한 다음 매사를 처리해 나가야 하는 것이기 때문이지요. 그러나 그는, 어떤 서약을 따르든지 충실하게 주님의 뜻에 순종한 결과는 사실상 마찬가지이기 때문에 청년 봉사 대원들 중 상당수가 이 서약에 새로이 서명한 것은 전혀 놀라운 일이 아니라는 생각을 하더군요.

제가 확신하건대 박사님께서는 지금까지 편지 내용을 읽고 난 후 우선 '그 운동의 결과가 어찌 되었소? 어떠한 성과를 이루었으며, 교회 및 지역사회 시민들의 생활에 어떠한 변화를 불러일으켰는지 소상히 설명해 주시겠소?'라는 질문을 던지시리라 여겨집니다.

박사님께서는 이미 신문이나 방송 등을 통하여 미국 전역으로 퍼져나간 레이먼드 사태에 대한 소식을 접하셨을 줄 압니다. 그러나 예수님의 발자취를 문자 그대로 따르고자 노력함으로써 그에 따른 변화가 무엇을 의미하는지 소상하게 파악하기를 원하는 사람은 누구든지 직접 이곳에 찾아와서 각 개인들의 생활에 외면적 혹은 내면적으로 일어난 변화와 교회 생활과 활동에 나타난 변화를 실제로 보고 겪어야 한다고 생각합니다. 이러한 변화를 일일이 서술하자면 한 권의 방대한 책을 쓰거나 몇 권의 시리즈를 펴내야 할 지경이니까요. 지금의 저로서는 그런 일을 할 만한 입장이 못 되기에 이곳에 사는 제 친구들이나 맥스웰 목사 자신의 이야기를 바탕으로 어떠한 변화가 이루어졌는지 대략적인 이야기를 해 드리고자 합니다.

이러한 서약이 제일교회에 미친 결과는 두 가지 양상으로 나타났습니다. 첫째로, 그 한 가지는 이전에 결코 볼 수 없었던 교우들간의 기독교적이고 친밀한 유대감이 뚜렷하게 나타나서 마치 옛날 사도 시대의 깊은 사랑과 동지애가 오늘날 다시 재현되는 느낌이 든다는 것입니다. 둘째로, 이로 인해 제일교회 교인들을 뚜렷이 두 부류로 나누어 놓게 되었습니다. 즉 서약에 동참하지 않은 교인들은, 서약을 준수하면서 예수님의 행적을 그대로 본받으려는 사람들에게 성경을 문자 그대로 해석하여 어리석게도 시대에 부합하지 않는 행동을 우스꽝스럽게 자행함으로써 쓸데없는 소동이나 파문을 일으킨다고 비난하고 있다는 것입니다.

이처럼 비판적인 입장을 취하는 교인들 가운데는 이미 제일교회에서 등록을 취소하고 전혀 예배에 참석하지 않거나 다른 교회로 교적을 옮겨 버리는 사람들도 꽤 있다고 합니다. 또 어떤 사람들은 공연히 교회 내부의 분쟁을 더욱 부채질함으로써 들리는 바에 의하면 맥스웰 목사의 사임을 강력히 촉구하려 들었다는 것입니다. 하지만 이러한 반대 세력이 제일교회에서 별다른 영향력을 끼치지 못하는 것으로 알고 있습니다. 지금부터 1년 전 이러한 서약이 제안된 주일부터 지금까지 성령의 놀라우신 능력이 줄곧 제일교회에 임해 왔기 때문에 이런 반대 세력의 활동은 여지없이 참패를 당하고 많은 저명인사들이 이 서약 실천 운동에 적극적으로 참여해 왔다는 것입니다.

맥스웰 목사 자신에게 미친 영향 또한 놀라운 것이었습니다. 저는 4년 전 그가 우리 주의 연합노회 석상에서 설교하는 것을 들은 적이 있었는데, 그는 다소 의식적으로 노력을 기울여서 감동적인 어구와 웅변투의 어조를 충분히 사용하여 상당한 설득력을 얻고자 노력함으로써 당시의 설교는 내게 깊은 감명을 주었지요. 그는 늘 상당한 시간 동안 세밀한 주의와 노력을 기울여서 신학생들이 소위 '명문장'이라고 부르는 문구를 재치있게 사용하여 설교 준비를 했으므로, 그 효과는 많은 교인들이 늘 '훌륭하고 감동적이다'라는 평가를 내릴 정도로 성공적인 것이었습니다. 그때 이후 처음으로 오늘 아침 맥스웰 목사의 설교를 듣게 되었습니다. 설교 내용은 나중에 차차 말씀드리기로 하고 우선 그는 예전의 그가 아니었습니다. 그는 겸허하게 혁명의 온갖 위기를 극복해 온 깊은 의지의 지도자다운 모습을 보여줌으로써 제게 말할 수 없는 감동을 안겨주었습니다. 그는 내게 이러한 혁명은 단지 참다운 제자도에 새로운 정의를 내리고 이를 구현하고자 노력하는 것뿐이라고 말해 주더군요.

그가 오랫동안 지녀온 옛 습관과 사회적인 관점도 확실한 변화를 일으켰더군요. 주점 허가 문제에 대한 그의 태도는 1년 전 그가 보여 주었던 태도와는 전혀 판판으로 강경한 반대편에 서 있었습니다. 목회, 설교 및 사역에서 그는 완전히 변화되었음을 깨달을 수 있었습니다. 제가 생각하건대, 지금 그를 지배하고 있는 신념은, 참된 제자도란 예수님의 행적을 문자 그대로 본받고 따르는 것이며, 특히 희생과 고난을 기꺼이 감수하는 정신이라야 한다는 것입니다.

그는 대화 도중에 여러 번 베드로의 말씀을 내게 인용해 주더군요. '이를 위하여 너희가 부르심을 입었으니 그리스도도 너희를 위하여 고난을 받으사 너희에게 본을 끼쳐 그 자취를 따라오게 하려 하셨느니라.'

오늘날의 교회에 진정 필요한 것은 어떤 형태로든 예수님의 본보기를 따라 행하면서 기쁘게 희생과 고통을 감내하는 정신이라고 그는 확신하고 있었습니다. 나 자신조차 그의 확고한 신념에 동의할 수 있을지 잘 모르지만, 존경하는 캑스턴 박사님, 이 신념이 불러일으킨 결과는 실로 놀랄 만한 것이었으며, 제일 교회의 교인들이나 이 도시 시민들의 생활 전반에 끼친 영향력 또한 굉장한 것이었습니다.

박사님께서는 이 서약을 지키기로 맹세한 후 정직하게 이를 실천해 나가고자 최선을 다해 온 교인들 각자에게 어떤 결과가 나타났는지 궁금하게 여기실 것입니다. 이미 말했듯이 그 결과는 각 개인들의 사생활에 미친 영향이므로 상세히 말씀드릴 수는 없지만, 이런 형태의 서약 운동이 단순한 감상에 불과하거나 어떤 전시 효과를 노리는게 아니라는 점을 알려드리기 위해서 몇 사람의 예를 들어보고자 합니다.

이곳 레이먼드 소재 L&T 철도회사 소속의 철도공장 소장이었던 알렉산더 파워스 씨의 경우를 살펴보면, 그는 우연히 손에 들어온 철도회사의 교묘한 범법 행위에 대한 확증을 방관하지 않고 시 당국에 고발함으로써 자신의 귀한 직장을 잃어버리고 말았습니다. 이곳 친구들의 이야기에 의하면, 그의 가족들이

나 각종 사교 모임들과의 관계가 차츰 소원해져서 그는 많은 정신적 고통을 겪어왔으며, 그 자신을 비롯한 가족 전체가 일체 대중 앞에 얼굴을 내밀지 않는다더군요. 얼마 전까지만 해도 저명한 인사로 군림해 왔던 사교계에서 결국 쫓겨난 셈이지요.

그런데 캑스턴 박사님, 저는 이 사건의 처리를 담당한 조사 위원회가 어떤 이유로 이 사건의 처리를 연기한 사실과, 조만간 이 L&T 철도가 다른 관리인의 손에 넘어갈 것이라는 소문을 연관시켜 이해할 수밖에 없군요. 파워스 씨가 제출한 증거에 의해 이 사건의 주범으로 판정된 철도회사 사장은 사임해 버렸고 그 이후에 발생한 여러 문제점들의 해결은 우선 새 관리인의 책임으로 넘어가고 말았습니다. 한편 파워스 씨는 꽤 오래전의 직업이었던 전신기사로서 생계를 이어가고 있답니다. 어제 교회에 가서 그를 만나 보았는데 맥스웰 목사와 마찬가지로 양심과 인격의 위기를 겪어낸 사람으로서의 차분한 면모가 드러나더군요. 그를 보자 저는 1세기 때에 모든 재산을 공동 소유로 하고 오직 교회를 위해 헌신한 제자들 중의 하나가 오늘날 다시 나타난 것이 아닌가 생각이 들 지경이었습니다.

또 데일리 뉴스 지의 편집인 겸 사장인 에드워드 노먼 씨의 예를 보겠습니다. 그는 이제껏 벌어들인 전 재산을 잃어버리는 희생을 감수하면서 예수님이 하시리라 여겨지는 양심적 판단에 따라 파산의 위기를 무릅쓰고 일간지의 일대 혁신을 꾀했습니다. 여기 어제 발간된 데일리 뉴스 지 한 부를 동봉하오니 주의 깊게 읽어 보시기 바랍니다.

제가 보기에는 이러한 신문이야말로 미국 전역에서 발간된 모든 신문들 중에서 가장 유익하고 흥미진진하고 획기적인 신문으로 생각됩니다. 이 신문은 세인들의 모든 비판을 스스럼없이 받아들이고 있습니다. 그저 평범한 일개 신문의 편집인으로서 온갖 비판을 담담하게 받아넘기며 자신의 확고한 신념을 이처럼 꿋꿋하게 실행해 나가는 힘은 도대체 어디서 비롯된 것일까요?

신문의 모든 면을 객관적으로 살펴보건대 이 신문은 일간지라는 보편적인 관념을 훨씬 벗어나 있었으므로 저는 놀라움을 금치 못하면서 과연 그 결과가 어떻게 나타날지 자못 궁금하기 짝이 없었습니다. 한때 심한 반발과 정간의 위기를 겪었으나 이제는 레이먼드의 지각 있는 그리스도인들에 의해 점점 더 많이 읽혀지고 있답니다. 그는 이 신문이 결국 승리를 거두리라는 확고한 신념을 갖고 있었습니다. 재정 문제나 주점 허가 문제가 주요 쟁점으로 거론될 레이먼드의 차기 선거에 대한 그의 사설을 읽어 보십시오. 이 두 사설은 그의 견해를 가장 잘 보여 주고 있기 때문입니다. 그는 사설을 쓰기 시작할 때나, 기사를 선택할 때, 혹은 신문에 관련된 지극히 세부적인 일을 처리할 때에도 늘 '예수님이라면 어떻게 하실까?' 하고 먼저 자문자답을 해 본 후 매사를 해결해 나간답니다. 이러한 노력의 결과는 조만간 분명히 나타나리라 믿어집니다.

　　이제 많은 점포를 거느리고 있는 밀턴 라이트라는 사업가의 경우를 살펴보겠습니다. 제가 들은 바에 의하면 그는 자신의 사업에 혁신적인 개혁을 꾀함으로써 레이먼드에서 어느 누구보다도 존경받는 인물이 되었고, 점원들을 비롯한 모든 종업원들이 감사한 마음으로 그를 섬기고 있다는 것입니다. 지난 겨울 그가 심신의 과로가 겹쳐 심한 병으로 앓아누웠을 때도 수십 명의 종업원들이 자진하여 그를 간호하면서 극진한 정성을 기울였고 마침내 완쾌되어 다시 점포에 나오게 되자 진심 어린 환영을 받았다고 합니다.

　　이 모든 것은 그가 자신의 사업에서 얻은 이익을 공동으로 분배하는 등 그리스도의 사랑으로 대해 온 결과이겠지요. 이 사랑은 단지 입술에서만 떠도는 사랑이 아니라 종업원 각자가 일개 하찮은 고용인으로서 취급당하지 아니하고 사업에서 이익을 배당받을 수 있는 당당한 주주로 인식됨으로써 협동적이고 사랑이 넘치는 사업 체계를 이루어 나가고 있답니다. 반면에 시내의 다른 사업가들은 심상찮은 눈초리로 밀턴 라이트 씨의 일거일동을 바라보면서 아주 못마땅하게 여기고 있다더군요. 어떤 면에서는 그가 금전적으로 막대한 손해를 본 것처럼 여겨지기도 하지만 사실상 자신의 사업을 확장시켰으며 오늘날 레이먼드에서 제일가는 성공적인 사업가들 중 하나로서 존경받고 있습니다.

이제 윈슬로우 양의 경우를 살펴보겠습니다. 그녀는 세속적인 명예와 부귀를 거절하고 레이먼드의 가련한 빈민들을 위해 자신의 천부적인 재능을 바치기로 결심했습니다. 그녀의 계획 중에는 합창과 중창을 비롯한 여러 가지 성악적 기교를 가르치는 무료 음악 학원이 포함되어 있답니다. 그녀는 이러한 활동을 필생의 사업으로 여기고 온갖 열정을 바치고 있습니다. 그녀는 친구인 버지니아 양의 구제 사업과 연관지어 이러한 음악 학원을 구상했는데 계획대로 되기만 하면 빈민가 사람들의 생활을 향상시키고 영혼을 주님께 인도하는 일에 크게 기여할 수 있으리라 믿습니다.

경애하는 캑스턴 박사님, 나는 아직 많이 늙지는 않았으므로, 여기 레이먼드에서 한때 비극적 결말의 위기를 극복하고 더 깊은 사랑의 경지로 빠져들게 된 두 청춘남녀의 낭만적인 이야기에도 꽤 흥미를 느끼고 있답니다. 버지니아 페이지 양의 오빠로서 한때 사교계의 주목을 끄는 미남 청년으로 부상하여 할 일 없이 클럽을 들락거리던 롤린이라는 건달 청년이 구혼에 실패한 연인 미스 윈슬로우가 참여하는 천막 집회에 몇 번 참석했다가 그녀의 거룩하고 아름다운 성가에 깊은 감화를 받아 완전히 회심하게 되었다는군요. 이제는 서먹했던 두 남녀의 관계가 진실한 사랑으로 다시 결속되어 올 봄에 결혼식을 올린다는 것을 이곳 사람들은 너나 할 것 없이 잘 알고 있지요. 이 청춘 남녀의 낭만적인 연애담 속에는 남들이 모르는 우여곡절과 여러 가지 흥미로운 사연들이 담겨 있으련만 제가 알고 있는 것이 고작 이 정도이니 더 재미있는 내용을 쓸 수가 없군요.

지금까지 자신의 서약에 순종함으로써 개개인의 생활에 나타난 여러 가지 결과들을 대략 살펴보았습니다. 그런데 여기서 링컨 대학의 마쉬 총장에 관한 이야기를 빼놓을 수 없군요. 제 어렴풋한 기억에 의하면 그분은 나와 같은 대학 출신의 선배로서 제가 대학 4학년에 재학 중일 때 그분은 대학원생이었습니다. 최근에 있었던 시의 총선거에 적극적으로 참여하여 공정 선거를 위한 대대적인 캠페인을 벌였고, 다음 선거에서는 그가 이 도시에 미치는 영향력이 결정적인 요인으로 작용할 것으로 간주되고 있습니다. 그분도 역시 이 서약에 참여한 다른 모든 교인들과 마찬가지로 여러 가지 어려운 문제점들과 끊임없이 투쟁해 왔고 무거운 고통의 십자가를 짊어짐으로써 제게 크나큰 감명을 주었습니다. 맥스웰 목사가 말했듯이 이 무거운 십자가와 짐은 결코 벗어던질 수 없고 오히려 점점 더 무거워지는 고통이지만 궁극적으로는 형언하기 어려운 보람과 참된 기쁨을 안겨주리라고 믿습니다.

20

뉘게나 있는 십자가 내게도 있도다

ⵟⵟⵟⵟⵟⵟⵟⵟⵟⵟⵟⵟ

이 편지가 길어져서 아마 좀 지루하지 않으실까 걱정이 되는군요. 제가 이곳에 머무는 시간이 연장되면 연장될수록 말로 표현할 수 없는 매력에 휩쓸리는 듯한 느낌을 벗어날 수 없답니다. 오늘 제일교회의 후속 집회에서 목격한 몇 가지 잊을 수 없는 일들을 적어볼까 합니다.

이미 말씀드린 바와 같이 나는 맥스웰 목사의 설교를 들었는데 4년 전 연합노회 석상에서 그의 설교를 들은 이후 처음 있는 일이었습니다. 또 지난주에는 그의 간곡한 요청에 못 이겨 제가 대신 설교한 적이 있습니다. 그런데 오늘 아침 그의 설교는 지난번 설교와 너무 딴판이어서 마치 다른 혹성에 사는 외계인이 와서 설교하는 듯 여겨질 정도였습니다. 나는 감명을 받았으며 나도 모르게 눈물을 흘리기도 했습니다. 회중석에 앉아 있는 많은 교인들도 나처럼 깊은 감명을 받은 것 같았습니다.

설교의 제목은 '그것이 네게 무슨 상관이냐? 너는 나를 따르라'는 것이었습니다. 내용을 살펴보면, 다른 사람들이 어떻게 생각하든 전혀 염두에 두지 말고 예수님의 가르침에 순종하고 그의 발자취를 따르라는 것이었는데 레이먼드의 그리스도인들에게 매우 특별한 감명을 안겨준 절체절명의 호소였습니다. 그 내용을 다 신자면 너무 장황한 편지가 될 것 같아 대략적인 개요마저 그냥 생략하기로 했으니 양해하시기 바랍니다.

주일 아침 일종의 정규 행사가 되어 버린 서약자 후속 집회가 교육관에서 열렸습니다. 이 집회에는 예수님의 발자취를 따르기로 서약한 교인들이 모두 함께 모여 상호 간에 교제와 동지애를 나누기도 하고 여러 가지 고백과 특별한 상황에 처하여 '예수님이라면 어떻게 하실까?'라는 질문에 대한 경험담을 토로하면서 시간을 보냈으며, 마지막으로 성령께서 각 서약자들의 행동을 항상 인도해 주실 것을 간절히 기도하였습니다.

맥스웰 목사는 이 집회에 한 번 참석해 달라고 저에게 요청했는데 이제껏 저의 목회 생활에서 이 집회처럼 깊은 감명을 안겨준 것은 일찍이 없었습니다. 성령의 임재하심을 그토록 뼈저리게 체험한 적도 없었답니다. 그 집회는 참석자들이 서약을 준수하면서 겪은 체험담과 상호 의견을 주고받음으로써 깊은 사랑과 진지한 동지의식을 함께 나누는 모임이었습니다. 저는 이 땅에서 기독교가 처음 발원한 1세기의 초대교회 시절로 되돌아간 듯한 느낌에 사로잡히고 말았습니다. 정말이지 이 모든 진지함과 그리스도를 본받으려는 열정, 제자로서의 순수함이 그 당시의 모습과 너무나 흡사했기 때문입니다.

나도 몇 가지 질문을 던졌습니다. 무엇보다도 우선 궁금했던 것은 예수님의 발자취를 따르기로 서약한 그리스도인이 사유 재산의 손실과 희생을 어느 정도까지 감수할 수 있을까 하는 것이었지요. 맥스웰 목사의 답변에 따르면, 예수님의 정신을 본받는다는 것이 지상에서의 모든 소유와 권위, 명예 등을 무조건 송두리째 포기하라는 것이 아니고 아시시의 성 프란체스코(St. Francis of Assisi) 수도회가 그러했듯이 무일푼으로 살라는 뜻으로 해석한 교인은 이제껏 아무도 없었다는 것입니다. 다만 '오늘날 예수님이 내 입장에 서 있다면 어떻게 하실까?'라는 질문을 던져본 후 가장 솔직하고 지혜로운 판단을 내려 여기에 따르자는 것이라고 하더군요. 이 질문에 대한 양심적인 대답이 결국 자신의 모든 재산을 포기할 것이라고 여겨진다면 이 단 하나의 결론에 기꺼이 따를 수밖에 없다는 것입니다.

그러나 맥스웰 목사는, 예수님의 발자취를 따른다는 것은 집 안의 사소하고 복잡한 문제들이나 재산의 소유, 특정한 사치품들을 어떻게 처리하느냐의 문제에 대해서는 어느 정도 확실한 판단을 내리기가 어렵다는 것을 솔직히 인정하더군요. 그러나 지금 예수님의 뜻에 순종하려는 많은 교인들이 재산이나 직책, 명예나 권위 등에 대한 막대한 개인적 손실을 무릅쓰고라도 끝까지 예수님의 발자취를 따르고 있음은 부인할 수 없는 사실입니다. 이러한 갈등의 위기에서 용기나 성실성의 결여는 이제껏 찾아 볼 수 없었기 때문입니다.

서약을 한 사업가들 중에서 실제로 예수님의 뜻을 본받으려다가 막대한 금전적 손실을 겪은 사람들도 있고, 알렉산더 파워스처럼 모든 사람들이 부러워하는 좋은 직책을 포기한 사람도 여럿 있다는 것이 사실입니다. 이러한 사람들은 과거의 자기 방식대로 행하지 않고 한결같이 예수님이 행하시리라 여겨지는 대로 의심없이 실천에 옮겼기 때문입니다. 이러한 일련의 불행한 사태와 관련지어 생각해 볼 때 그래도 흐뭇한 사실은 예수님의 발자취를 따르려다 고통을 당한 많은 교인들이 아직 능력이 있는 교인들로부터 여러 가지 지원과 도움을 받을 수 있었다는 것입니다. 이러한 현상을 곰곰이 생각해 보면 주님의 뜻을 따르기로 서약한 동료 교인들이 옛날 사도 시대에 그러하였듯이 결국 재산을 다같이 공유하게 된 것이 사실임을 파악할 수 있었습니다.

오늘 아침 주일 예배 후에 열렸던 서약자 후속 집회에서 내가 목격한 장면들은 내가 몸담고 있는 교회뿐만 아니라 다른 어떤 교회에서도 볼 수 없었던 뜻깊은 장면들이었음을 재삼 고백합니다. 더구나 오늘날과 같은 세상에서 그토록 진지하고 돈독한 그리스도인들 간의 교제가 존재하리라고는 꿈에도 생각하지 못했습니다. 내 자신의 눈이 믿어지지 않고 일시적으로 내가 환영을 본 듯한 착각이 들 정도입니다. 지금도 나는 자신에게 '여기가 과연 미국이고 지금이 19세기 말엽이란 말인가?'라는 질문을 계속 던지고 있습니다.

그런데 이제부터 내가 이 편지를 쓰게 된 동기를 말씀드리고자 합니다. 그것은 제일교회의 열성적인 교인들이 내게 대답해 주기를 간절히 요청했던 정말 중대하고 어려운 문제의 핵심이기도 합니다. 오늘 그 후속 집회가 끝나기 전에 이러한 운동을 더욱 확산시키기 위하여 전국에 있는 그리스도인들의 협조를 적극적으로 요청해 보자는 제안이 나왔습니다. 맥스웰 목사는 이러한 제안을 받아들여 한참 동안 깊은 생각에 잠기는 듯했습니다. 어느 날 맥스웰 목사는 이 운동이 전국에 산재한 교회들에게 어떤 영향을 미칠 것인가에 대해 저와 함께 토론하다가 다음과 같이 말하더군요.

"이 나라의 모든 그리스도인들이 대부분 이런 서약을 하고 정직하게 실천해 나간다고 가정해 보게나. 이것이야말로 세속화되었다고 비난받아 온 기독교계에 일대 혁명이 아니고 무엇이겠는가? 그러니 이러한 운동을 대대적으로 벌이지 못하란 법도 없지 않을까? 이것이야말로 참다운 그리스도인이라면 마땅히 해야 할 일이며, 만일 서약이나 실천을 기피하려는 교인이 있다면 그는 진실로 예수님의 뜻을 따르는 교인이라고 할 수 없지 않겠나? 예수님이 이 땅에 계시던 시대보다 그리스도인이 갖추어야 할 자격 기준이 훨씬 낮아졌다는 말인가?"

과연 레이먼드 이외의 지역에도 이러한 운동이 일어나야 한다는 그의 생각이 많은 호응을 얻어 제대로 진척될 수 있을지는 아직 미지수이지만, 오늘 비로소 그의 계획이 미국 전역의그리스도인들로부터 호응을 얻을 수 있도록 구체적인 실천 방안을 마련하였습니다. 우선 전국의 목회자들을 통해 제일교회에서 결정된 후속 집회와 유사한 제자들의 모임을 결성하도록 요청할 예정입니다. 그렇게 하면 미국 전역에서 수많은 지원자들이 몰려들어 각 교회마다 모임을 형성하고 예수님의 발자취를 따르겠노라고 서약할 것이라는 생각이지요. 특히 맥스웰 목사는 전국적으로 번져나갈 이 서약 운동이 술집 허가 문제에 대해 미칠 영향력을 여러 번 강조했습니다. 그는 술집 문제에 열렬한 관심을 보이고 있는데, 머지않아 다가올 선거에서는 레이먼드의 술집들이 모두 문을 닫게 되리라는 데 대해 조금도 의심하지 않고 있다고 말하더군요.

정말 그렇게만 될 수 있다면, 처음에 전도자 그레이 목사가 착수한 렉탱글의 구령사업을 현재 제일교회의 몇몇 성도들이 이어받고 있는데, 훨씬 더 용기를 얻어 과감하게 추진할 수 있으리라고 생각합니다. 그러나 만일 술집 지지 세력이 또다시 승리한다면, 무서운 악마의 손길이 여전히 레이먼드를 휩쓸 것이며 온갖 노력을 기울여 온 그리스도인들의 희생이 한낱 쓸모없는 쓰레기 더미가 되어 버릴 것이라고 우려하고 있습니다. 그러나 비록 사소한 견해의 차이가 있을지라도 다른 교회 성도들의 호응을 얻어 연합전선을 펴나가야 하리라고 맥스웰 목사는 확신하고 있습니다. 정말이지 제일교회가 선봉이 되어 주변의 교회들이나 시민 사회에 참다운 변화를 일으킬 수 있다면, 형식적인 교리가 아닌 실천을 바탕으로 범기독교적 유대감을 형성하여 전국민들을 차원 높은 생활로 이끌어 주고, 온갖 비판을 서슴지 않던 기독교에 대해 참신한 인상을 심어 줄 수 있을 것입니다.

캑스턴 박사님, 이러한 생각은 정말 놀라운 것이지만 너무 혁신적이며 원대한 포부라서 저는 망설이지 않을 수 없습니다. 물론 모름지기 그리스도인이라면 이곳 레이먼드의 진실한 교인들이 그러하였듯이 모든 일에 주님의 발자취를 따르고자 적극 노력해야 한다는 점에 대해서는 동의합니다. 그러나 시카고 교회의 성도들에게 이런 제의를 했을 때 과연 그 결과가 어떻게 될지 자문해 보지 않을 수 없더군요. 저는 지금 성령의 감동을 깊이 느끼면서 이 편지를 쓰고 있습니다.

저의 오랜 친구인 박사님께 솔직히 말씀드리면 교회에 참석하는 사회 저명 인사들이나 사업가들에게 이제껏 그들이 귀하게 여겨오던 모든 것을 희생할 각오를 하고 이 제안을 받아들이라고 간청할 용기가 나질 않는군요. 당신의 교회에서는 이런 경우 더 잘 이끌어 나가실 수 있으신지요?

우리는 무엇을 어떻게 말해야 할까요? 많은 교회의 교인들이 '오라, 와서 고난을 당하라' 하는 주님의 부르심에 아무런 반응 없이 그저 바라보고만 있지 않을까요? 이런 경우 참다운 제자도에 대한 우리의 판단 기준이 잘못된 것이라고 말할까요? 일단 우리가 교인들에게 예수님의 발자취를 충실히 따르겠다는 서약에 언제 어디서나 동참해 줄 것을 요구한 다음, 실망스러운 결과를 당연한 것으로 받아들여야 할까요? 이곳 레이먼드에서 개인적인 희생을 두려워하지 않는 여러 교인들에 의해 충실히 지켜진 서약의 결과와 보람을 직접 목격한다면, 어떤 목회자든지 큰 충격과 깊은 감동을 받을 것이며, 자신의 교회에서도 이런 운동이 전개될 것을 간절히 염원하리라고 믿습니다. 분명히 말씀드리건대 이곳 레이먼드의 제일교회만큼 성령의 놀라우신 은총을 입고 있는 교회를 이제껏 본 적이 없습니다.

그런데 '과연 나 자신은 이런 서약을 기꺼이 받아들일 각오가 되어 있을까?' 하고 솔직히 자문했을 때 정직한 대답을 하기가 두려워지는군요. 만일 제가 예수님의 발자취를 충실히 따르기로 서약할 경우 제 생활에 큰 변화를 겪게 되리라는 것을 잘 알고 있습니다. 저는 스스로 그리스도인임을 자처해 왔습니다만 지난 10여 년 동안 고통이라고는 거의 느끼지 못할 정도로 편안한 생활을 해 왔으며, 가난하고 버림받은 사람들의 삶이나 내 고장의 정치적인 문제들을 외면한 채 동떨어진 삶을 누려 왔습니다. 이러한 서약에 충실히 순종하려면 제게 어떤 희생이 요구될까요? 대답이 망설여지고 두려움마저 느낍니다.

지금 저희 교회는 부유하고 안락하고 현 생활에 자족하는 교인들로 가득 차 있습니다. 제가 보건대, 우리 교회 교인들이 생각하는 기독교 정신이란 자기 희생이나 고통을 강요하는 서약을 기꺼이 받아들이기에는 근본적으로 거리가 먼 것 같습니다. 제가 혹 잘못 판단했는지도 모르기에 '제가 보건대'라는 단서를 붙이니 양해하십시오. 개개인의 사생활을 깊이 파고들어 제대로 파악하지 못함으로써 본의 아닌 실수를 저지를지도 모르니까요.

캑스턴 박사님, 마음을 터놓는 친구로서 제 깊은 진심을 솔직하게 털어놓았습니다. 이제 저는 제가 목회하는 교회로 돌아가서 거대한 도시교회의 강대상에서 설교를 경청하는 회중들에게 '교우 여러분, 예수님을 따르도록 합시다. 지금보다 더 큰 희생과 고통을 당할지라도 예수님의 발자취를 충실히 따릅시다. 이제부터 무슨 일을 행하든지 우선 예수님이라면 어떻게 하실까 하고 정직하게 자문자답을 한 이후에 실천에 옮길 것을 서약합시다'라고 확신에 찬 어조로 말할 수 있을까요? 제가 만약 그들 앞에서 이런 메시지를 전달한다면, 교인들 대부분이 몹시 놀라고 의아스럽게 여길 것입니다.

'왜 이런 말을 하는 거지? 우리는 늘 예수님의 발자취를 따르려는 준비가 되어 있지 않은가? 예수님을 따른다는 것이 도대체 무엇을 의미하며, 예수님을 본받는다는 것은 또한 무엇인가? 그분의 발자취를 따른다는 것은 구체적으로 무엇을 의미하지?'"

시카고 나사렛 애비뉴 교회의 담임목사 캘빈 브루스 박사는 탁자 위에 펜을 놓았다. 그는 마침내 갈림길에 다다랐고, 그가 직면한 문제는 확실히 많은 교역자들이나 교인들이 다같이 느끼는 문제점일 것이라고 느껴졌다. 그는 창문으로 다가가서 문을 활짝 열어젖혔다. 그의 마음은 죄책감의 무게로 짓눌렸고 갈등과 번뇌로 혼탁해진 방 안의 공기 때문에 숨이 막힐 것 같았기 때문이었다. 그는 밤하늘의 별들을 바라보면서 바깥 세상의 신선한 공기를 한껏 들이마시고 싶었다.

밤은 매우 고요했고 제일교회의 탑시계가 방금 자정을 알리고 있었다. 그 종소리는 매우 뚜렷하고 우렁차게 렉탱글 방향으로 울려 퍼졌고 마치 반짝거리는 새의 깃털처럼 메아리가 되어 그에게로 다시 날아들었다. 그때 어디선가 매우 익숙한 찬송가 몇 구절이 들려왔다. 그 찬송가는 일전에 그레이 목사의 전도를 받아 회심한 상가의 한 늙은 야경꾼이 때때로 외로운 시간을 달래기 위해서 부르는 노래였다.

"내 주님 지신 십자가 우리는 안 질까

뉘게나 있는 십자가 내게도 있도다."

캘빈 브루스 목사는 창문에서 몸을 돌리더니 잠시 머뭇거리다가 조용히 무릎을 꿇었다. "예수님이라면 어떻게 하실까?" 이것이 그의 기도 제목이었다. 그는 예수님의 뜻을 간구하면서, 이토록 성령의 인도하심에 자신을 맡긴 적이 없었다. 그는 오랫동안 무릎을 꿇고 기도에 몰입했다. 이윽고 기도를 끝내고 잠자리에 들었으나 깊은 감동과 두려움, 여러 가지 깨달음이 한꺼번에 몰려오는 바람에 여러 번 잠에서 깨었다. 그는 먼동이 채 트기도 전에 일어나서 창문을 활짝 열어젖히고 차츰 새벽이 환히 밝아오는 것을 지켜보며 여러 번 중얼거렸다. "예수님이라면 어떻게 하실까? 내가 그분의 발자취를 충실히 따를 수 있을까?"

해가 떠올라 온 도시에 빛과 활력이 가득 찼다. 매일 새로운 태양이 떠오르듯 기독교 정신의 참신한 개혁이 일어나서 예수님의 발자취를 좀 더 가까이 따를 수 있는 승리를 성취할 때가 언제 올 것인가? 언제 이 세상의 모든 그리스도인들이 예수님이 걸어가신 고난과 희생의 길을 기꺼이 따르게 될 것인가?

"주님께서 가신 길
그 종들이 어찌 가지 않을까."

끊임없이 그의 마음속에 휘몰아치는 질문을 안은 채 캘빈 브루스 박사는 시카고로 돌아갔다. 이제 목회자로서 자신이 걸어온 그리스도인의 삶에 회피할 수 없는 일생일대의 위기가 갑자기 눈앞에 닥쳐왔음을 절실히 깨달으면서 …

21

어디로 가시든지 저는 따르리이다

"주여, 어디로 가시든지 저는 따르리이다."

시카고 시민회관의 대강당에서 토요일 오후의 음악회가 방금 막을 내렸다. 그러자 평소와 다름없이 많은 관중들이 한꺼번에 몰려나와 서로 먼저 마차를 타고 돌아가기 위해 소란을 피웠다. 회관의 수위가 제각기 다른 마차의 번호를 외쳐대면 차가운 겨울 바람에 오랫동안 떨고 있던 마부들이 쏜살같이 달려나와 모퉁이에 다다르자마자 마차의 문이 요란하게 열리고 닫히면서 잠시 후에는 덜커덩거리며 달려가는 마차의 홍수 속에 파묻혀 큰길 쪽으로 사라져가곤 했다.

"이번엔 624번!" 회관의 수위가 큰 소리로 외쳤다.

"624번!"

수위가 재차 큰 소리로 외쳐대자 새까만 말들이 이끄는 멋진 마차 한대가 모퉁이로 나왔는데 마차의 문에 C. R. S.라는 문자가 근사하게 새겨져 있었다.

두 처녀가 군중 속에서 빠져나와 마차 앞으로 다가가더니 나이 많은 처녀가 먼저 안 쪽에 자리를 잡았고, 마부는 아직도 모퉁이에서 머뭇거리는 나이 어린 처녀가 올라탈 수 있도록 열린 마차 문을 붙잡고 있었다.

"빨리 와, 펠리시아! 넌 왜 거기서 꾸물거리고 있니? 난 얼어 죽을 지경이란 말이야!"

먼저 탄 처녀가 성급한 목소리로 소리를 질렀다. 마차 밖에 서 있던 처녀는 황급히 드레스에 꽂혀 있던 영국산 바이올렛 꽃다발을 떼내어 말발굽 바로 아래 길가에서 몹시 떨고 있는 한 작은 소년에게 건네주었다. 그 소년은 깜짝 놀란 표정으로 꽃다발을 받아들면서 "고맙습니다, 아가씨!" 하고 인사를 하더니 꾀죄죄한 얼굴을 향기로운 꽃다발 속에 파묻는 것이었다.

그 처녀가 마차에 올라타자 잘 만들어진 고급 마차에 어울리는 날카로운 소리를 내며 문이 닫히더니 이내 마부가 힘껏 말들을 몰아 어느덧 마차는 한길로 들어섰다.

"펠리시아, 넌 좀 괴상한 짓을 잘하더라."

마차가 휘황찬란하게 불이 켜진 고급 주택가로 들어서자 언니인 듯한 처녀가 말을 꺼냈다.

"내가? 내가 금방 한 일이 이상하게 보인단 말이야, 언니?"

동생인 듯한 처녀가 의외라는 듯 머리를 들어 언니를 올려다보면서 이렇게 대꾸했다.

"그래, 넌 방금 그 지저분한 사내아이한테 고급 바이올렛 꽃다발을 주었잖니? 그 아이는 바이올렛 꽃다발보다는 한 끼의 따뜻한 저녁식사를 더 원하는 것처럼 보이더구나. 하긴 네가 그 애를 우리 집으로 데려가서 식사 대접을 하지 않은게 이상할 지경이구나. 설사 네가 그런 짓을 했더라도 이젠 그렇게 놀라지 않겠지만 말이야. 넌 늘 그 따위 이상한 행동을 잘하니까."

"그토록 추위에 떨고 있는 아이를 집으로 데려와서 저녁 한 끼 먹이는 일이 이상한 행동이라니?"

펠리시아는 마치 혼자 중얼거리듯 나직한 목소리로 물었다.

"물론이지, 말 그대로 '이상한 행동'이 아니고 뭐니? 그따위 행동이야말로 블랭크 여사가 벌써부터 '기괴한 행동'이라고 분명히 단정지은 행동이지만 … 그러니 제발 그따위 꾀죄죄한 인간들을 초대해서 따뜻한 저녁을 먹이려는 따위의 쓸데없는 생각은 아예 하지 않는게 좋을거야. 아! 난 정말 지겹고 피곤하단 말이야."

언니인 로즈는 전혀 관심이 없다는 듯 크게 하품을 하면서 펠리시아의 행동을 나무랐다. 펠리시아는 아무런 대답도 하지 않고 조용히 마차의 창 밖을 내다보았다. 그러자 다소 참을성없는 어조로 로즈가 불쑥 한 마디 내뱉었다.

"음악회는 별 재미가 없었고 바이올린 연주도 지겹기만 하더군. 넌 도대체 무슨 재미로 연주회가 끝날 때까지 얌전하게 앉아 경청하고 있는지 도무지 이해할 수가 없구나."

"난 오늘 연주된 음악들이 참 좋던데." 펠리시아가 조용한 목소리로 말했다.

"넌 뭐든지 다 좋다고 하더라. 너처럼 비판적인 감각이 없는 아이는 처음 봤어."

펠리시아는 이 말에 약간 얼굴을 붉혔으나 역시 아무런 대답도 하지 않았다. 로즈는 다시 하품을 하더니 유행가 곡조를 흥얼거리다가 갑자기 큰 소리로 외쳤다.

"난 모든게 지겨워 죽겠어! 오늘 밤에 상연되는 연극 '런던의 그늘진 곳'은 꽤 재미있을 텐데."

"'시카고의 그늘진 곳'이라…"

펠리시아가 중얼거렸다.

"'시카고의 그늘진 곳'이라니! 연극의 제목은 '런던의 그늘진 곳'인데 두 달 동안이나 뉴욕의 거리에서 큰 인기를 누리며 상연된 멋진 작품이란 말야. 우린 오늘 밤 델라노 씨 부부와 그 연극을 구경하러 갈 특별석 표를 사 두었잖아."

펠리시아는 잠잠하다가 갑자기 언니를 돌아보았다. 그녀의 커다란 갈색 눈동자는 깊은 생각에 잠긴 듯했고 새로운 깨달음으로 인하여 심오한 빛을 띠었다. "우리는 연극을 보면서 때때로 눈물을 흘리기도 하지만 인생의 무대에서 벌어지는 현실적인 문제에 대해서는 결코 동정의 눈물을 흘리지 않아. 무대에서 상연되는 '런던의 그늘진 곳'이 현실적으로 존재하는 런던이나 시카고의 그늘진 생활과 도대체 어떤 관계가 있지? 왜 좀 더 중요한 현실적 문제들에 대해서는 관심을 갖지 않는 것일까?"

"실제의 인물들은 너무나 더럽고 비위에 거슬리는 데다가 무척 성가시게 여겨지기 때문일거야. 펠리시아, 넌 결코 이 세상을 개조시킬 수 없어. 한두 사람의 노력이 무슨 소용이 있겠니? 주위의 빈곤과 비참한 현실에 대해 우리가 책임감을 느껴야 할 이유가 없어. 옛날이나 지금이나 부자와 가난뱅이는 늘 존재하기 마련이며 앞으로도 그럴테니까. 단지 우리가 부자로 태어난 것을 감사하게 여기면 되는 거야."

그러자 펠리시아가 전에 없이 강경한 태도로 말했다.

"예수님께서도 그런 사고방식대로 행하셨을까? 몇 주 전 주일 아침 예배 때 브루스 목사님께서 '우리 주 예수 그리스도의 은혜를 너희가 알거니와 부요하신 자로서 너희를 위하여 가난하게 되심은 그의 가난함으로 말미암아 너희로 부요하게 하려 하심이라'는 성경 구절을 인용하여 설교하셨던 걸 언니도 기억하지 않아?"

"물론, 잘 기억하고 있지. 게다가 부유한 사람들이 곤경에 빠진 사람들을 도와주고 친절히 대한다면 부자라고 해서 비웃음이나 손가락질을 받을 이유가 전혀 없다고 말씀하셨어. 그런데 난 목사님 자신도 편안한 생활을 누리고 있다고 믿는단다. 주위 사람들이 굶주림에 허덕인다고 해서 그분이 자신의 안락한 삶과 호화스런 재산을 결코 포기하실리가 없고 설사 그렇게 한다고 해도 무슨 소용이 있겠니? 펠리시아, 내 말을 잘 들어보렴. 우리가 할 수 있는 온갖 노력을 기울인다 할지라도 부자와 가난뱅이는 늘 존재하기 마련이란다. 레이첼 언니가 레이먼드에서 일어난 그 괴상한 서약 운동에 관하여 편지를 써보낸 이후로 넌 늘 가족 모두를 당황하게 만들고 있어. 사람은 늘 평상시와 다른 흥분 상태에서 살아갈 수는 없는 거야. 머지않아 레이첼도 그따위 성가신 일들을 집어치우고 말

테니 두고 보렴. 그녀가 시카고 회관의 대음악회에서 천부적인 재능을 발휘하여 노래를 부르지 않는게 무척 유감스럽구나. 최근에 레이첼이 오페라 입단 제의를 받았다고 들었는데 조만간 편지를 써서 이곳으로 오도록 부탁할 생각이야. 그녀의 노래를 듣고 싶어 안달이 날 지경이거든. "

펠리시아는 여전히 창 밖을 내다보며 말없이 생각에 잠겨 있었다. 마차는 웅장한 개인 주택가를 두 구역이나 더 지나 매끄럽게 포장된 넓은 마차 진입로 쪽으로 들어섰다. 이윽고 두 처녀는 마차에서 내려 마치 옛날의 궁전처럼 육중한 회색 대리석으로 지어진 거대하고 화려한 저택 안으로 서둘러 들어갔다. 그 저택은 구석구석마다 여러 가지 그림과 조각들, 각종 예술품과 장식들로 호화롭게 꾸며져 있었다.

이 모든 것들의 소유자인 찰스 R. 스털링 씨는 담배를 입에 문 채 활활 타오르는 거대한 벽난로 앞에 서 있었다. 그는 곡물 투기와 철도 사업에 손을 대어 많은 돈을 벌어들였고, 들리는 말에 의하면 200만 달러 이상의 재산을 소유하고 있었다. 그의 아내는 레이먼드에 사는 윈슬로우 부인의 여동생으로서 최근 몇 년 동안 병을 앓고 있었다. 두 딸인 로즈와 펠리시아가 그들에게는 단 둘뿐인 자식이었다. 언니인 로즈는 스물한 살의 처녀로서 화사한 얼굴에 생기 있는 표정을 띠고 있었으며 대학을 갓 졸업하고 사교계에 발을 들여놓았는데 다소 비판적이고 인정이 없는 편이었다. 아버지의 말을 빌리면 어떤 때는 무척 쾌활하고 발랄했다가 어떤 때는 너무 새침하여 비위를 맞추기가 어려운 성격이었다.

반면 동생인 펠리시아는 열아홉 살로 사촌 언니인 레이첼과 마찬가지로 다소 이국적인 용모를 지니고 있었으며 그녀의 따뜻하고 너그러운 성격이 이제는 참다운 기독교 정신으로 승화되어 그녀의 온갖 표정과 행동에서 드러나게 되자 아버지는 저으기 당황하는 눈치였고 어머니에게는 쓸데없는 걱정과 짜증의 원인이 되기도 했다. 또한 그녀에게는 아직 파악되지 않은 깊은 사고와 행동의 가능성이 잠재되어 있어 오직 그녀 자신만이 어렴풋이 느끼고 있었다. 즉 그녀에게는 자신의 양심적인 판단과 신념에 따라 매사를 처리해 나갈 수 있는 자유가 허락되기만 한다면 인생의 어떤 우여곡절도 능히 이겨 나갈 만한 능력이 있었다!

"여기 네 앞으로 편지가 왔구나, 펠리시아." 스털링 씨는 편지 한 장을 작은 딸에게 건네주면서 이렇게 말했다.

펠리시아는 자리에 앉자마자 즉시 편지를 뜯어보더니 반가운 표정으로 말했다.

"레이첼 언니한테서 온 편지예요."

"그래, 최근에 레이먼드는 어떻게 돌아가고 있다든?"

스털링 씨는 피우던 담배를 빼내고는 곧잘 하는 버릇처럼 반쯤 눈을 감은 채 그녀의 태도를 살피려는 듯 펠리시아를 물끄러미 바라보았다.

"레이첼 언니의 말에 의하면 캘빈 브루스 박사님이 약 2주일 동안 레이먼드에 머물러 계셨는데 제일교회에서 시작된 맥스웰 목사님의 서약 운동에 상당한 관심을 나타내셨다는군요."

"레이첼 언니 자신의 문제에 대해서는 뭐라고 써 있니?" 로즈는 6개의 우아한 쿠션이 놓여 있는 길다란 안락의자에 거의 파묻히다시피 누운 채 불쑥 물었다.

"언니는 지금도 여전히 렉탱글에서 성가를 부르고 있대. 천막 집회가 끝난 이후로는 친구인 버지니아 페이지가 건설 중인 새 건물이 완공될 때까지 아직 낡은 공회당에서 사람들을 모아놓고 성가 연습을 시키기도 한다는군."

"레이첼에게 편지를 보내어 이곳 시카고로 오라고 해야겠군. 아직도 철도 공장 주변의 지저분한 동네에서 그녀의 훌륭한 목소리를 제대로 감상할 줄 모르는 무지몽매한 무리들을 위해 귀한 재능을 쓸데없이 낭비하고 있다니 안타까운 일이야."

스털링 씨가 새 담배를 꺼내어 불을 붙이며 말했다. 누워 있던 로즈가 덩달아 맞장구를 쳤다.

"레이첼 언니는 좀 유별난 사람이야. 이곳 음악회관 강당에서 노래를 부르기만 하면 그 천부적인 목소리로 시카고를 발칵 뒤집어 놓을 수도 있을 텐데 노래를 제대로 감상할 줄도 모르는 빈민들을 위해 아까운 목소리를 마구 써 버리고 있으니 … "

"하지만 레이첼 언니는 지금처럼 길 잃은 영혼을 구원한다거나 자신의 서약을 충실히 이행할 수 있는 여건이 허락되지 않는다면 이곳에 오지 않을거야. "

펠리시아는 잠시 생각하더니 이렇게 말했다.

"무슨 서약 말이냐?"

이렇게 묻던 스털링 씨는 금세 알아차렸다는듯이 다음과 같이 덧붙였다.

"아, 이제 알겠구나! 내 친구 알렉산더 파워스 씨가 했다는 그 해괴한 서약 말이로군. 우리는 한때 같은 사무실에서 전보 사무를 익혔는데, 그가 어느 날 갑자기 사표를 제출하고 자신이 속한 철도회사의 위법 행위에 관한 증거를 주간 통상 조사위원회에 제출함으로써 커다란 물의를 빚게 되었지. 그는 다시 옛날의 전보 업무를 맡아보고 있다더군. 작년엔 그 해괴한 서약 때문에 레이먼드에서 전에 없던 이상한 사건들이 꼬리를 물고 일어났지. 브루스 박사가 이러한 사건들에 대해 어떤 견해를 갖고 있는지 한 번 만나서 이야기를 해 봐야겠구나. "

"그분은 지금 사택에 계신데, 내일 주일 아침 예배 때 그 서약에 관한 말씀이 있으실 것 같아요. "

한동안 침묵이 흐르더니 갑자기 펠리시아가 마치 보이지 않는 사람과 같은 생각을 나누고 있던 것처럼 불쑥 이런 질문을 했다.

"캘빈 브루스 목사님께서 나사렛 애비뉴 교회의 성도들에게도 똑같은 서약을 제안하신다면 어떻게 하죠?"

"누가? 아니 넌 지금 무슨 말을 하고 있는 거냐?"

스털링 씨가 날카로운 목소리로 되물었다.

"브루스 목사님 말이에요. 만일 그분이 맥스웰 목사님께서 제일교회 성도들에게 제안했던 것을 우리 교회의 성도들에게 제안하고 무슨 일을 하든지 우선 '예수님이라면 어떻게 하실까?' 자문자답을 해 본 이후에 처리해 나가기로 서약할 지원자들을 구하신다면 어떻게 할 것인지 의문을 제기했을 따름이에요."

"설마, 그럴 위험은 없을거야."

로즈는 갑자기 이렇게 말하면서 차 마시는 시간을 알리는 종이 울리자 긴 안락의자에서 일어나 앉았다.

"내 생각에는 매우 비현실적인 개혁 운동인 것 같구나."

스털링 씨는 짤막하게 자신의 생각을 드러냈다.

"레이첼 언니의 편지를 읽어 보니 레이먼드의 제일교회는 이러한 서약 운동을 다른 교회에도 널리 확장할 생각으로 구체적인 계획을 세우는 중인가 봐요. 이러한 계획이 성공한다면 수많은 교회와 교인들의 생활에 놀라운 변화를 초래할 것이 틀림없겠지요."

"그래, 이젠 그 얘기 집어치우고 우선 차부터 마시자꾸나!"

로즈는 이렇게 말하면서 총총히 식당으로 걸어갔고 아버지와 펠리시아도 뒤따라 들어갔다. 식사는 부자연스러운 침묵 속에서 진행되었고 어머니인 스털링 여사는 자기 방에서 식사를 했다. 아버지 스털링 씨는 뭔가 깊은 생각에 사로잡힌 듯 식사를 하는 둥 마는 둥 끝내고는 토요일 저녁인 데도 좀 특별한 사업상의 일로 밤늦게 시내를 다녀와야 한다고 말하고는 서둘러 외출하였다.

"요즘 아버지가 상당히 번민하고 계시는 것같지 않아, 언니?"

아버지가 외출한 후 조금 있다가 펠리시아가 물었다.

"글쎄, 난 모르겠구나. 뭐 특별히 이상한 점을 눈치 채지 못하겠어. 그런데 참, 너 오늘 저녁 연극 구경 가지 않을래, 펠리시아? 델라노 부인이 9시 반쯤에 이리로 올거야. 만일 네가 함께 가기를 거절한다면 몹시 기분이 상하실 테니 너도 가야 할 것 같구나."

"그럼 가지 뭐. 난 아무래도 상관없어. 굳이 그런 연극을 보러 가지 않아도 여기저기서 어둡고 그늘진 곳을 얼마든지 볼 수 있으니까 말이야."

"이제 겨우 열아홉 살밖에 되지 않은 여자애가 어쩌면 그렇게 당돌한 말을 함부로 하고 있니? 아무튼 넌 생각하는게 유별난 애라니까! 올라가서 어머니한테 아직 잠이 들지 않으셨다면 연극 구경 다녀온 후에 안부인사 드린다고 전하렴."

펠리시아는 이층으로 올라가서 언니의 말을 전하고는 델라노 부인의 마차가 도착할 때까지 어머니와 함께 있었다. 어머니는 아버지에 대해 몹시 걱정하면서 끊임없이 잔소리를 늘어놓았고, 펠리시아가 말할 때마다 공연히 화를 내면서 신경이 날카로워진 듯 레이첼의 편지를 읽어 주려 해도 들을 생각도 하지 않았다. 펠리시아가 연극구경을 가지 않고 그 날 저녁 함께 있겠노라고 제안했을 때도 어머니는 냉정하고 날카로운 어조로 그럴 필요 없다고 거절하는 것이었다.

22

아 ! 나를 위해 기도해다오

펠리시아는 편안하지 못한 마음으로 연극 구경을 갔다. 다른 때보다 더 우울하게 느껴지긴 했지만 펠리시아는 어느덧 이런 기분에 익숙해져 있었다. 오늘밤에도 펠리시아는 마음속 깊이 이러한 느낌을 간직한 채 겉으로는 짐짓 아무렇지도 않은 듯 드러내지 않고 있었다. 일행이 지정석에 자리를 잡고 앉자 드디어 막이 올랐고, 펠리시아는 제일 뒷좌석에서 저녁 내내 혼자 떨어져 앉아 있었다. 6명의 처녀들을 이끌고 보호자 격으로 연극 구경에 나선 델라노 부인은 로즈가 곧잘 들려주던 이야기를 통하여 펠리시아가 좀 "유별난" 처녀라는 것을 잘 알고 있었으므로 구석에 혼자 앉아 있는 그녀를 구태여 끌어내어 함께 앉으려고 들지 않았다. 그리하여 펠리시아는 홀로 뒷좌석에 앉은 채 자신에게 점점 다가오는 갈등을 느끼기 시작했다.

연극은 충격적인 상황과 예기치 못한 절정의 순간들, 현실적인 장면들로 가득 찬 영국식 멜로 드라마였다. 제3막의 한 장면은 평소에 둔감하던 로즈에게조차 큰 감명을 안겨주었다. 무대 장면은 런던 시 블랙프라이어즈 다리였고 때는 한밤중이었다. 템스 강은 어둡고 음산한 분위기를 자아내며 흘러내려가고 있었고 성 바울 성당이 희미한 불빛 아래 모습을 드러낸 채 둥근 지붕이 주변의 건물들보다 높이 솟아 있었다. 어린 소녀 하나가 다리 위에 나타나더니 누군가를 찾는 듯 한동안 주위를 살피며 서 있었다. 이따금 무심한 표정을 띤 사람들이 다리 위를 지나갔고 다리 한가운데의 어느 후미진 곳에는 난간에 기대어 서 있는 한

232 | 예수님이라면 어떻게 하실까

여인의 모습이 드러났다. 고뇌와 슬픔으로 얼룩진 그녀의 얼굴을 살펴보면 힘없이 난간에 기대어 강물을 내려다보는 모습이 누가 보아도 자살을 시도하려 한다는 것을 쉽게 알아차릴 수 있었다. 그 여인이 살그머니 난간에 기어올라 강물에 몸을 던지려는 순간, 아까부터 주위를 두리번거리던 소녀가 이 장면을 목격하고는 날카로운 비명을 지르며 달려와서 안간힘을 다하여 그녀의 옷자락을 붙잡고 끌어당기는 것이었다.

그러자 앞 장면에서 이미 무대에 등장했던 두 사람이 때마침 이를 발견하고 급히 그들에게로 달려갔다. 키가 크고 미남인데다가 체격이 좋은 사나이는 멋지게 차려입은 신사였고, 함께 따라온 청년은 가냘픈 체구였으나 옷차림과 외모는 아까 그 여인에게 힘껏 매달렸던 소녀만큼이나 세련되어 있었다. 이 두 사람, 즉 잘생긴 신사와 청년은 누더기 옷차림에 가난에 찌든 모습으로 자살을 시도하려던 여인을 적극 만류했는데 다리 위에서 오가는 대화를 통하여 관중들은 뜻밖에도 신사와 여인이 서로 남매지간임을 알게 되었다.

여기서 무대의 장면이 바뀌어 런던 동부의 빈민가에 있는 어느 초라한 셋집으로 옮겨졌다. 이 장면을 위한 무대 장치를 맡은 화가와 목수는 최대의 역량과 기술을 발휘하여 소외당한 런던 시민의 일부를 구성하는 누더기 차림의 빈민들이 너저분하게 살고 있는 그 악명높은 런던 동부의 뒷골목을 여지없이 그대로 묘사하여 생생한 느낌을 자아냈다. 누더기를 걸친 채 우글거리는 사람들, 여기저기 드러나는 타락과 오욕의 현장들, 깨어져 나동그라진 가구들, 겉으로는 하나님의 형상을 닮은 인간의 모습이지만 동물 같은 무시무시한 본능과 번뜩이는 거리의 표정이 너무나 생생히 묘사되어, 실크 커튼과 벨벳이 덮인 난간으로 고급스럽게 장식된 특별석에 앉아 연극을 관람하던 로즈 스털링을 비롯한 상류층 여인들도 충격을 받아 몸을 움츠리면서 마치 이 더러운 무대 장치의 일부에 가까이 접근했다가는 그 찌든 가난과 타락에 오염될지 모른다는 생각을 하는 듯했다. 너무나 리얼하게 묘사되었기 때문인지 심지어는 혼자 동떨어져서 연극의 대사나 내용에 아랑곳하지도 않고 의자에 푹 파묻힌 채 깊은 생각에 잠겨 있던 펠리시아까지도 상당한 충격을 받았다.

다시 무대 장면이 바뀌어 빈민가의 더러운 셋방에서 귀족의 호화스런 저택 내부로 옮겨졌다. 이런 상류층들의 호화롭고 사치스런 생활상이 무대 위에 나타나자 이런 것에 늘 익숙해 있던 관중들이 비로소 안도감을 되찾은 듯 곳곳에서 한숨 소리가 새어나왔다. 이 두 가지 대조적인 장면의 연출은 정말 놀라운 것이었다. 단 몇 분 동안에 지저분한 빈민가와 호화스런 주택가를 번갈아 볼 수 있었던 것은 능숙하고 교묘한 무대 장치 덕분이었다. 연극의 대사가 계속 진행되었고 배우들은 제각기 맡은 역할에 따라 다양한 모습으로 무대에 등장했다가 퇴장하곤 했으나 펠리시아에게는 대조적인 두 가지 형태의 무대 장면만이 뚜렷한 감명을 남겨 주었다.

사실 다리 위의 장면이나 빈민가의 모습은 연극의 한 단편적인 부분에 지나지 않았으나 펠리시아는 그 대조적인 장면들이 끊임없이 그녀의 뇌리에 되살아남을 피할 수 없었다. 펠리시아는 한 번도 인간이 비참하게 되는 근원적인 이유에 대하여 깊이 사색해 본 적이 없었다. 그런 사색을 하기에는 아직 나이가 어렸고 평소에 곧잘 인간의 근원적인 고뇌나 문제점들에 대해 사색하는 기질을 지니고 있지도 않았기 때문이었다. 그러나 지금 그녀는 강렬한 충격을 받았고 상하 계층의 차이에서 비롯되는 인간 생활의 모순과 갈등을 절실히 느끼게 된 것도 이번이 처음은 아니었다. 이러한 느낌이 점점 깊어지자 언니인 로즈는 마침내 그녀를 '유별난 아이'라고 부르게 되었고 부유층 인사들의 사교 모임에서도 특이한 성격의 처녀라고 알려지게 되었다.

부유와 빈곤, 세련된 생활과 비참한 생활 사이의 극단적인 대조에서 비롯되는 인간 생활의 근원적인 문제점은 이러한 현실을 부정하려는 그녀의 무의식적인 노력에도 불구하고 어느새 그녀의 삶에 깊숙이 파고들어 타오르는 불길이 되어 버렸고, 궁극적으로는 세상에 보기 드문 귀한 사랑과 진실한 자기 희생의 본

보기가 되거나, 아니면 그녀 자신이나 그녀를 아는 모든 사람들이 도저히 이해할 수 없는 괴상한 성격의 여성이 될지도 모른다는 생각에서 벗어날 수 없었다.

"어서, 펠리시아. 너 집에 안 갈거니?" 연극이 끝나자 로즈가 그녀 곁으로 다가와서 이렇게 물었다. 연극이 끝나고 막이 내리자 관객들은 소란스럽게 웃고 떠들면서 극장을 나서고 있었다. 그들에게는 이 '런던의 그늘진 곳'이라는 연극이 효과적인 무대장치와 더불어 잘 연출된 작품으로서 하나의 좋은 심심풀이로만 여겨지는 듯했다.

펠리시아는 연극이 끝났는데도 점점 선명해지는 대조적인 장면들과 깊은 감동을 아직 떨구지 못한 채 여전히 좌석에 앉아 있다가 퍼뜩 정신을 차리고 아직 빠져나가지 못한 관객들 틈에 끼여 총총히 극장을 나섰다. 그녀는 짐짓 아무렇지도 않은 듯했으나 남모르는 사색에 깊이 빠져 있어 많은 군중들 속에서도 묘한 고독을 느꼈다.

"그래, 넌 연극을 어떻게 생각하니?"

두 자매가 어느덧 대 저택의 호화스런 응접실에 들어서자 로즈가 이렇게 물었다. 사실 로즈는 펠리시아의 연극에 대한 평가 능력을 상당히 존중해 온 편이었다.

"현실을 잘 묘사해 낸 연극이었다고 생각해."

"난 연기에 대해서 묻고 있는 거야." 로즈가 짜증스러운 듯 되물었다.

"다리 위 장면 연기는 훌륭했어. 특히 그 여자의 연기가 돋보였는데, 신사로 분한 남자 배우는 감정 표현이 다소 지나친 것 같았어."

"그래? 나도 역시 그 장면이 재미있었어. 게다가 두 남녀의 대화가 오가던 도중에 처음으로 서로가 남매지간임을 알게 되는 장면은 흥미있지 않던? 그런데 빈민굴을 묘사한 장면은 정말이지 무시무시하더군. 연극 도중에 그런 소름끼치는 장면은 보여주지 말았어야 하는 건데. 너무 끔찍하고 비참한 모습이었거든."

"실제로 그런 비참한 현실이 존재하고 있는 것도 사실이야."

"하긴 그렇지만 우리가 굳이 그런 소름끼치는 현실을 목격해야 할 필요는 없어. 비싼 입장료를 치르고 관람한 연극에서 그런 불필요한 장면을 보게 된 것은 퍽 기분 나쁜 일이야."

로즈는 식당으로 들어가서 찬장 안에 놓아둔 과일과 케익이 담긴 쟁반을 꺼내 주섬주섬 먹기 시작했다. 아직 응접실의 벽난로 앞에 서 있던 펠리시아가 잠시 후 로즈에게 물었다.

"언니, 엄마를 뵈러 함께 올라가지 않을래?"

"아니, 오늘 밤엔 엄마와 실랑이를 벌이고 싶지 않아. 네가 올라가거든 난 지금 너무 피곤해서 엄마의 비위를 맞춰드리기 힘들다고 전해 주렴."

펠리시아는 잠자코 거대한 대리석 계단을 올라가서 어머니의 방 쪽으로 다가갔다. 어머니의 방에는 불이 켜져 있었으며 옆에서 늘 어머니의 시중을 들고 있는 클라라가 펠리시아를 보더니 어서 들어오라고 손짓했다.

"클라라에게 좀 나가 있으라고 해라!"

펠리시아가 어머니의 침상으로 다가서자 스털링 부인이 이렇게 소리치는 바람에 그만 깜짝 놀라고 말았으나 어머니가 시키는 대로 클라라를 내보낸 후 지금은 기분이 좀 어떠시냐고 조심스럽게 물어보았다.

"펠리시아! 나를 위해 기도해 줄 수 있겠니?"

이런 부탁은 이제껏 한 번도 어머니에게서 들어 본 적이 없는 부탁이었으므로 펠리시아는 내심 무척 놀라고 당황했으나 침착한 태도로 대답했다.

"예, 어머니! 해 드리고말고요. 그런데 오늘 따라 왜 그런 부탁을 하시는 거예요?"

"펠리시아, 난 지금 두려움에 싸여 있단다. 하루 종일 네 아버지에 대해서 불길한 생각과 두려움을 떨쳐 버릴 수가 없구나. 아버지의 사업이 뭔가 잘못되어 가는게 틀림없어. 그러니 날 위해 좀 기도를 해 주려무나."

"지금 여기서요, 어머니?"

"그래 기도해다오, 펠리시아."

펠리시아는 손을 내밀어 어머니의 힘없는 손을 꼭 잡았다. 그 손은 두려움 때문에 떨리고 있었고 이제껏 어머니가 작은 딸에게 그처럼 다정한 태도를 보여준 적은 한 번도 없었다. 지금 어머니는 전혀 예기치 못한 요구를 통하여 펠리시아의 인격에 대한 깊은 신뢰의 표시를 처음으로 드러냈던 것이다. 펠리시아는 여전히 떨고 있는 어머니의 손을 꼭 잡은 채 무릎을 꿇고 경건하게 기도를 시작했다. 그녀는 전에 없이 큰 소리로 온 마음을 기울여서 어머니와 그녀의 영혼, 그리고 가족들을 위해 간절히 기도했다. 조용한 가운데 병약한 어머니는 소리를 죽여 흐느끼기 시작했고 그녀의 신경쇠약증도 많이 안정이 되었다.

펠리시아는 좀 더 머물러 있다가 더 이상 자신의 도움이 필요하지 않다고 판단되자 조용히 일어나면서 말했다.

"안녕히 주무세요, 어머니. 혹 밤중에라도 마음이 편치 않으시거든 클라라를 시켜 저를 부르세요."

"이젠 기분이 한결 좋아졌단다."

펠리시아가 막 방을 나서려는데 어머니가 다시 불러 세웠다.

"펠리시아, 나에게 키스해 주지 않으련?"

펠리시아는 돌아서서 허리를 구부려 어머니한테 키스를 했다. 방금 전에 했던 기도와 마찬가지로 이 뜻밖의 키스도 퍽 이상스런 기분을 자아냈다. 펠리시아가 어머니의 방을 나서자 펠리시아의 뺨은 눈물로 젖어 있었다. 그녀가 아주 어렸을 때 이후로는 이렇게 울어 본 적이 별로 없었다.

스털링 씨 저택의 주일 아침은 여느 때와 다름없이 조용했다. 두 처녀는 평소처럼 11시 예배에 참석하기 위해 교회로 향했다. 스털링 씨는 비록 교회의 등록 교인은 아니었으나 막대한 액수의 헌금을 바쳤으며, 으레 주일 아침 예배에는 참석해 왔다. 그런데 어찌된 까닭인지 아침 식사 때에도 식당에 내려오지 않고, 잠시 후 하인을 시켜 몸이 불편해서 함께 외출할 수 없다는 전갈을 보내왔다. 그래서 로즈와 펠리시아만이 마차를 타고 나사렛 애비뉴 교회의 정문에 도착하여 따로 마련된 가족석에 앉아 있었다.

잠시 후 캘빈 브루스 목사가 강단 뒤쪽에 있는 방에서 걸어나와 강단에 올라서서 평소의 습관대로 성경을 펼칠 때까지도 그를 매우 잘 알고 있는 교인들조차 그의 태도나 표정에서 별다른 점을 간파하지 못했다. 그는 여느 때와 마찬가지로 주일 아침 예배를 이끌어 나갔고 그의 목소리는 여전히 차분하면서도 확신에 차 있었다. 예배의 순서에 따라 그가 기도를 시작했을 때 비로소 교인들은 평소와 좀 다르고 이상하다는 느낌이 들기 시작했다. 그가 지금껏 12년 동안이나 이곳 나사렛 애비뉴 교회의 담임목사로 재직해 오면서 이런 식의 기도는 교인들이 지금껏 한 번도 들어 본 적이 없는 기도였다. 예수님의 발자취를 충실히 따른다는 참 뜻에 대해 새롭게 정의를 내리고, 그것을 실천하기 위해 결심한 목사의 기도였다.

그토록 품위있고 교양과 위엄을 갖춘 신학박사인 캘빈 브루스 목사가 불과 며칠 사이에 돌변하여 마치 어린 아이처럼 주일 아침 설교의 메시지를 제대로 전달할 수 있도록 힘과 용기를 갖게 해 달라고 큰 소리로 울부짖으며 호소하는 기도를 할 줄이야! 나사렛 애비뉴 교회의 교인들 중 어느 누구도 예측하지 못한 일이었다. 그러나 그의 이러한 기도는 나사렛 애비뉴 교회의 성도들이 이제껏 한 번도 강단에서 들어 보지 못한 깊은 영적 체험에서 무의식적으로 우러나오는 기도였다.

기도가 끝난 후 숨을 죽일 듯한 침묵 속에 성령의 힘찬 파도가 능력을 발휘하며 교인들 위에 넘실거렸다. 가장 감각이 무디고 냉정한 교인들조차 이 놀라운 성령의 위력을 뚜렷하게 느낄 수 있었다. 신앙의 감수성이 지극히 예민한 펠리시아는 성령의 초자연적인 능력이 자신을 스치고 지나가자 깊은 감동으로 몸을 떨면서 고개를 들어 목사를 바라보는 그녀의 눈동자가 잇따라 벌어질 상황에 대한 기대감으로 강한 빛을 발하고 있었다. 그녀 이외의 많은 교인들도 이처럼 강렬한 기대감에 사로잡혀 목사를 올려다보고 있었는데, 목사의 기도 가운데에 아주 중대한 내용이 담겨 있어 교회 안의 수많은 교인들이 온통 흥분과 긴장에 휩싸였기 때문이었다.

거의 모든 교인들이 몸을 앞으로 기울인 채 레이먼드 방문에 대한 이야기로 시작된 주일 아침 브루스 목사의 설교를 경청하고 있었다. 그가 용기와 신념에 넘쳐 설교를 해 나감에 따라 회중들 사이에 일어나기 시작하는 뚜렷한 반응을 감지할 수 있게 되자 캘빈 브루스 목사는 지난 12년 간의 목회 생활 동안 한 번도 경험해 보지 못한 영적 세례를 받게 되리라는 기대감으로 온몸이 떨리기 시작했다.

23

참다운 교인의 의미와 목적

◇◇◇◇◇◇◇◇◇◇◇◇◇◇◇◇

캘빈 브루스 목사는 다음과 같이 설교를 시작해 나갔다. "저는 며칠 전에 레이먼드를 방문하고 돌아왔습니다. 이제부터 그곳에서 일어난 새로운 서약 운동에 대해 내가 느낀 감명과 개인적인 견해를 요약하여 여러분에게 전달하고자 합니다."

그는 잠시 말을 멈추고 회중들의 반응에 대한 갈망과 불가피하게 덮쳐오는 불안감을 동시에 느끼면서 회중들을 둘러보았다. '이처럼 대부분 부유하고 유행을 따라가는 세련되고 사치스런 우리 교회의 교인들 가운데 얼마나 많은 사람들이 이제부터 내가 호소하는 말의 참뜻을 이해해 줄까?'

브루스 목사는 갑자기 눈앞이 캄캄해지면서 불안감에 사로잡혔으나 이미 시련의 사막 한가운데로 뛰어들었으니 이제 기꺼이 고통의 십자가를 짊어지는 수밖에 없었다. 그는 잠시 입을 다물었다가 레이먼드에서 겪은 자신의 체험담을 차근차근 이야기해 나갔다. 교인들은 이미 레이먼드 제일교회에서 시작된 서약 운동을 어느 정도 알고 있는 듯했다. 수많은 사람들의 삶에 역사적인 전환점이 되었던 이 서약 운동의 진전을 전국 방방곡곡에서 많은 관심을 가지고 지켜보고 있었던 것이다. 마침내 맥스웰 목사는 전국적으로 이 운동을 확산시키기 위해 많은 교회들의 호응을 얻기로 결론을 내렸다. 레이먼드에서 시작된 기독교 정신의 참신한 개혁 운동은 괄목할 만한 성과를 거두었으므로 이제는 다른 교회들도 다 함께 이 개혁 운동에 동참해 주기를 간절히 바랐던 것이다. 이미 전국 각지의 수많은 교회에서 예수님의 발자취를 좀 더 가까이 따르겠다는 서약을 지키기로 자원한 교인들의 혁신 운동이 전개되고 있었다. 특히 전국 각지의 많은 교회에서 예수님의 발자취를 따르겠다고 서약한 기독교 청년 봉사회 회원들이 열성적으로 서약을 준수해 나감으로써 한층 깊은 영적 생활을 체험하게 되었고, 결과적으로 수많은 교인들로 하여금 거듭남의 힘을 맛보도록 이끌어 주었던 것이다.

이 모든 상황을 캘빈 브루스 목사는 차분하고 명료한 어조로 이야기해 나갔고, 교인들 각자의 관심을 이제 곧 발표하려는 심각한 제의로 이끌기 위해 내심 많은 노력을 기울이고 있었다. 펠리시아는 몹시 긴장된 태도로 교회의 가족석에 로즈와 나란히 앉아서 설교의 한 마디 한 마디에 깊은 관심을 기울이고 있었다. 비록 로즈도 평소에 볼 수 없었던 흥분과 긴장으로 설교를 듣고 있었으나 마음속에 일어나기 시작한 변화는 마치 타오르는 불과 차디찬 눈덩이처럼 두 처녀가 서로 너무나 대조적이었다.

"사랑하는 성도 여러분!" 이제 브루스 목사는 조금 전 기도 때 보여주었던 열정과 감동을 바야흐로 설교에 도입함으로써 중요한 제안을 하기 시작했다.

"이제 저는 나사렛 애비뉴 교회 성도 여러분에게 레이먼드 제일교회에서 시작된 서약 운동에 적극적으로 동참해 주실 것을 제안하는 바입니다. 이러한 서약이 여러분과 저에게 어떤 의미를 갖게 되는지 물론 잘 알고 있습니다. 이제껏 지켜오던 여러 가지 삶의 방식에 철저한 변화를 일으킬 것이며, 더 나아가서는 사회적 지위라든가 명예의 상실과 불가피한 금전적 손실을 초래할 수도 있고 많은 고통을 불러일으킬 수도 있습니다. 그것은 1세기의 초대 교인들처럼 아무런 조건 없이 주님의 발자취를 충실히 따르는 것을 의미할 수도 있고, 이러한 결과로 말미암아 고통과 재산의 손실과 온갖 역경에 부딪히거나 비기독교적인 모든 것들에서 완전한 단절을 의미할지도 모릅니다. 그렇다면 예수님의 발자취를 충실히 따른다는 것이 도대체 무엇을 의미할까요? 참된 제자도에 대한 시험은 예나 지금이나 다를 것이 없습니다. 여러분 가운데 예수님의 발자취를 따라 가기로 자원하는 교인들이 있다면, 인간적인 판단대로 행하지 마시고 오직 예수님이 명령하시는 대로 그분의 발자취를 따르겠다고 서약해 주시기 바랍니다."

그는 다시 한 번 말을 멈추고 자신의 제안에 대한 반응이 모든 교인들 가운데서 숨막히는 소요로 일렁이고 있음을 분명히 감지할 수 있었다. 그는 한층 조용한 목소리로 예수님의 발자취를 따르기로 서약하려는 지원자가 있다면 예배가 끝난 후 잠시 남아 달라고 덧붙였다.

그는 즉시 설교의 본문으로 몰입하기 시작했다. 오늘 설교의 제목은 '선생님이여, 당신이 어디로 가시든지 저는 따르리이다'였다. 그것은 용기 있는 행동의 깊은 근원을 자극하는 설교였고, 목회자가 깨달은 제자도의 참 뜻을 교인들 앞에서 뚜렷이 드러내는 설교였으며, 교인들의 마음을 1세기의 초대 교회 기독교 정신으로 되돌아가게 하는 설교였으며, 무엇보다도 지난 수십 년 동안의 판에 박힌 듯한 고정관념에서 탈피하여 교인들에게 참된 기독교 정신의 의미와 목적을 새롭게 환기시켜 준 설교였다. 정말이지 교양있는 목사가 평생에 한 번 할까 말까 하는 뜻깊은 설교였으며, 모든 교인들의 여생에 확고한 생활 신조가 될 만한 값진 설교였다.

숨막힐 듯한 침묵 속에서 예배가 끝나자 교인들은 서서히 일어나 예배당을 빠져나가더니 어느새 여기저기서 떼를 지어 웅성거리기 시작했다. 전혀 예상하지 못한 충격을 받았기 때문인지 교인들의 태도에는 망설임과 주저가 뚜렷이 드러나고 있었다. 로즈는 곧장 가족석을 빠져나와 교회의 통로에 다다르더니 고개를 돌려 펠리시아에게 어서 가자는 손짓을 했다. 때마침 많은 교인들이 한꺼번에 일어나 교회를 빠져나가는 도중이었는데 펠리시아는 자리에 앉아 꼼짝도 하지 않은 채 남아 있겠다고 단호히 말하는 것이었다. 여느 때처럼 확고하고 고집스런 어조로 말하는 것으로 보아 로즈는 그녀의 결심을 바꾸기 어렵다는 것을 깨달았다. 그럼에도 불구하고 로즈는 다시 두세 걸음 가족석 쪽으로 다가가더니 동생을 마주보며 충고하기 시작했다.

"펠리시아, 이건 얼토당토 않은 바보짓이란다. 네가 도대체 뭘 할 수 있다는 거니? 우리 집안에 불명예와 수치를 안겨 줄 뿐이야. 아버지가 뭐라고 하시겠니? 어서, 어서 가자!"

그녀는 기가 막히다는 듯 화가 나서 발그스레 상기된 얼굴로 다그치기 시작했으나 펠리시아는 잠자코 언니를 바라보기만 할 뿐 한동안 아무런 말도 하지 않았다. 이제부터 그녀 앞에 전개될 새로운 삶에 대한 소망과 마음속에서 우러나온 감동으로 인하여 그녀의 입술이 가볍게 떨리고 있었다. 그녀는 고개를 저으며 말했다. "아니, 난 좀 더 남아 있다가 서약을 하겠어. 이제부터 기꺼이 서약을 지켜나갈 거야. 내가 왜 이렇게 하려는지 언니는 잘 이해하지 못할거야."

로즈는 한 번 더 동생을 바라보더니 돌아서서 가족석을 빠져나갔다. 그녀는 평소에 친분이 있는 사람들과 아무런 대화도 나누지 않고 곧장 마차가 대기하는 곳으로 들어서려는데 마침 델라노 부인이 교회 밖으로 나오고 있었다.

"아니, 그러니까넌 브루스 목사님이 제안한 지원자 모임에 참여하지 않을 작정이구나?" 델라노 부인이 어찌나 이상한 어조로 물었던지 로즈는 얼굴을 붉히며 말했다.

"물론이에요. 아주머니는 어떻게 하실 셈이죠? 정말 어리석기 짝이 없는 일이라고 생각해요. 저는 항상 레이먼드에서 일어난 서약인지 뭔지 하는 개혁 운동을 지나친 광신주의에서 비롯된 망상이라고 여겨왔어요. 아시다시피 사촌인 레이첼 언니가 레이먼드의 상황에 대해서 편지로 자세히 알려 주었거든요."

"그래, 네 말이 옳다. 머지않아 여러 가지 경우에 숱한 문제점들만 초래될 것이 틀림없어. 내가 보기엔 브루스 목사님께서 공연히 평화롭고 잔잔한 교회에 파문을 일으키는 것 같구나. 너도 이제 두고 보면 알겠지만 머지않아 교회가 두 파로 분열되고 말거야. 우리 교회에는 도저히 그런 서약을 지켜나가기 어려운 상황에 처한 교인들이 무척 많기 때문이지. 물론 나도 그들 중의 한 사람이고 …"

델라노 부인은 로즈와 함께 교회 밖으로 나서면서 이렇게 맞장구를 쳤다.

로즈가 집에 도착하자 아버지는 여느 때와 마찬가지로 담배를 피우면서 응접실의 커다란 벽난로 앞에 서 있었다. 그는 로즈가 들어서는 것을 보더니 이내 펠리시아는 어디에 있느냐고 물었다.

"그애는 예배 후의 모임 때문에 아직 교회에 있어요." 로즈는 이렇게 대답하면서 걸치고 있던 쇼올을 벗어던진 후 이층으로 올라가려는데 아버지가 불러 세웠다.

"예배 후의 모임이라니? 도대체 무슨 소리냐?"

"캘빈 브루스 목사님께서 오늘 교인들에게 레이먼드에서 비롯된 서약 운동에 동참해 줄 것을 요청하셨어요."

스털링 씨는 피우던 담배를 빼내더니 두 손가락 사이에 끼워 신경질적으로 비틀어 버렸다. "브루스 목사가 그런 제안을 하리라고는 전혀 예측하지 못했는데, 얼마나 많은 사람들이 남았느냐?"

"전 남아 있지 않아서 모르겠어요."

짧막하게 대답하고 나서 로즈는 응접실에 서 있는 아버지를 홀로 남겨 둔 채 곧장 위층으로 올라가 버렸다.

얼마 후 스털링 씨는 창문으로 다가가서 마차를 타고 한길을 오가는 사람들을 물끄러미 내려다보며 서 있었다. 담배는 이미 꺼져 버렸는데도 여전히 신경질적으로 손가락을 움직이고 있었다. 이윽고 창문에서 돌아서서 응접실을 이리저리 거닐기 시작했다. 때마침 하인이 홀을 가로질러와서 식사준비가 다 되었다고 전했으나 그는 펠리시아가 올 때까지 기다리겠노라고 대답했다. 로즈는 이층에서 내려오더니 곧장 서재로 들어갔고, 스털링씨는 여전히 안정되지 못한 기분으로 서성거렸다.

이윽고 서성거리는게 싫증이 났는지 의자에 털썩 주저앉아 뭔가 골똘한 생각에 잠겨 있는데 마침 펠리시아가 들어왔다. 스털링 씨는 벌떡 일어나서 딸의 얼굴을 쳐다보았다. 펠리시아는 방금 전에 마치고 온 후속 모임으로 인하여 크게 감동을 받은 듯 표정에 역력히 드러나 있고, 또한 그 모임에 대하여 구구한 설명을 원치 않는 듯했다. 그녀가 막 들어섰을 때 로즈가 서재에서 나오며 궁금한 듯 물었다.

"얼마나 많이 모였든?" 로즈는 호기심을 느끼면서도 여전히 이런 식의 개혁 운동에 대해서는 회의적인 입장이었다.

"백여 명쯤." 펠리시아가 나지막한 목소리로 이렇게 대답하자 스털링 씨는 저으기 놀라는 표정을 띠었다. 펠리시아가 응접실을 나서려는데 아버지가 불러 세우며 물었다. "넌 정말 그 서약을 지킬 셈이냐?"

펠리시아의 얼굴이 빨갛게 상기되면서 순식간에 뜨거운 피가 솟아오름을 느끼며 이렇게 대답했다.

"아버지가 그 모임에 참석하셨더라면 그런 질문은 하지 않으셨을 거예요."

펠리시아는 잠시 머뭇거리다가 저녁 식사는 잠시 후에 하겠다면서 어머니를 만나러 이층으로 올라갔다. 어머니와 펠리시아 사이에 무슨 대화가 오고 갔는지 당사자들 이외에는 아무도 알 수 없었다. 틀림없이 펠리시아는 서약에 동참할 것을 제의한 브루스 목사를 비롯하여 예배 후의 모임에 참석한 모든 교인들에게 크나큰 경외감을 느끼게 했던 성령의 놀라우신 능력에 대해 어머니에게 이야기했을 것이다. 또한 이러한 경험은 펠리시아로서는 결코 느껴보지 못한 크나큰 감동을 안겨주었으며, 어제 저녁에 천만뜻밖에도 어머니가 그녀에게 부탁했던 기도 사건이 아니었더라면 어머니와 이런 대화를 나누지도 못했을 것은 너무나 뻔한 일이었다. 마침내 그녀가 어머니와 대화를 마치고 저녁 식탁에서 아버지와 로즈를 마주 대했으나 그는 더 이상 그 후속 모임에 대해서 이야기할 기분이 들지 않았다. 마치 날씨 이외에는 전혀 관심이 없는 사람에게 저녁 해질 무렵의 아름다운 광경을 자세히 설명하고 싶지 않은 것과도 같았다.

스털링 가의 저택에 어느덧 주일 저녁의 어둠이 짙게 깔리기 시작하자 온 집

안을 환히 밝히고 있는 부드럽고 따스한 불빛이 창문을 통하여 새어나올 즈음, 펠리시아는 다소 불빛이 희미한 자기 방의 한구석에서 조용히 무릎을 꿇은 채 기도에 전념하고 있었다. 마침내 기도를 마치고 얼굴을 들어 불빛을 바라보았을 때, 그녀의 얼굴은 이미 이 세상의 인생살이에서 가장 중요한 결정을 스스로 내린 성숙한 여인의 얼굴이 되어 있었다.

그 날, 주일 저녁 예배를 마친 브루스 목사는 아내와 더불어 그 날 하루 동안 일어난 여러 가지 일들에 관해 이야기를 나누고 있었다. 이들 부부는 이러한 문제에 대하여 완전히 한마음 한뜻이 되어 참된 그리스도인으로서 지녀야 할 깊은 신앙심과 용기를 서로 북돋우며 새로운 시련이 닥쳐올지 모르는 그들의 장래를 내다보고 있었다. 이들 부부는 자기 자신이나 교인들이 한 서약으로 인하여 앞으로 어떤 결과가 초래될지 솔직한 심정으로 허물없는 대화를 나누고 있었는데 갑자기 초인종 소리가 요란하게 울렸다. 브루스 목사가 문을 열더니 반갑기 그지없다는 듯 큰 소리로 외치는 것이었다.

"아니, 이거 에드워드가 아닌가! 정말 반갑네, 어서 들어오게나."

커다란 풍채의 사나이가 안으로 들어섰다. 브루스 목사의 친구이자 감독인 그 방문객은 남달리 훤칠한 키와 넓은 어깨가 조화를 이루어 전혀 보기 거북한 느낌을 주지 않고, 처음 마주 대하는 인상이 건강하고 늠름한 풍채를 지니고 있으면서도 애정이 넘치는 표정의 소유자임을 단번에 느낄 수 있었다.

그는 거실로 들어서자 브루스 목사의 부인과 인사를 나누었다. 잠시 후 목사 부인이 누군가의 부름을 받고 나가 버리자 둘만이 남게 되었다. 감독은 벽난로 앞에 놓인 안락의자에 깊숙이 몸을 묻고 앉아 있었는데 때마침 이른 봄의 신선한 공기와 촉촉한 습기가 거실에 스며들어 벽난로 앞에 느긋하게 앉아 있는 기분이 몹시 상쾌하게 느껴졌다. 감독은 검고 커다란 눈을 들어 대학 시절 동창이었던 브루스 목사의 친근한 얼굴을 바라보며 마침내 말문을 열었다.

"캘빈, 자네는 오늘 아주 중요한 일을 시작했더군. 오늘 오후에 그 소식을 들었는데 당장 오늘 밤에라도 자네를 만나 함께 이야기를 나누고 싶은 생각을 물리칠 수 없었다네."

"와 줘서 정말 반가워. 자네는 이 서약이 무엇을 의미하는지 충분히 이해하겠지, 에드워드?" 브루스 목사는 감독의 넓은 어깨에 한 손을 얹으면서 말했다.

"이해할 수 있다고 믿네. 아니, 충분히 이해하고 있어."

감독은 깊은 생각에 잠긴 듯 느릿느릿한 어조로 대답했다. 그는 두 손을 마주잡고 앉아 있었는데, 인간애와 봉사와 희생으로 주름진 그의 얼굴에 그림자가 스치고 지나갔다. 그것은 결코 난롯불 때문에 생긴 그림자가 아니었다. 그는 또다시 커다란 눈으로 오랜 친구의 얼굴을 올려다보며 말했다.

"캘빈, 우리는 늘 서로를 잘 이해해 왔지. 비록 다른 교단에 속해 있지만 같은 그리스도인으로서 교제는 늘 함께 나누어 온 셈이야."

"그건 사실이지." 브루스 목사는 자신의 깊은 감정을 속이거나 감추려들지 않고 진지한 표정으로 대답했다. "그 점에 대해서 난 늘 하나님께 감사를 드린다네. 어느 누구보다도 자네와의 우정이 두텁다는 것이 내겐 말할 수 없는 기쁨이요, 자랑거리가 되어 왔지. 비록 내게는 과분한 축복이긴 하지만 자네와 나누는 깊은 우의가 무엇을 의미하는지 늘 자각하고 있다네."

감독은 애정이 넘치는 표정으로 친구인 브루스 목사를 바라보았지만 그 어두운 그림자는 여전히 그의 얼굴에 남아 있었다. 한동안 침묵이 흐르다가 다시 감독이 입을 열었다.

"그 새로운 제자도는 조만간 자네의 목회 생활에 커다란 위기를 가져올 걸세. 자네는 이제부터 그렇게 하겠지만, 만일 자네가 매사를 처리해 나갈 때 언제든지 '예수님이라면 어떻게 하실까?' 솔직하게 자문자답을 한 후 행동에 임한다면 자네의 교구에 괄목할 만한 변화와 개혁이 일어나리라는 것은 너무나 뻔한 일일세." 감독은 심각한 표정으로 브루스 목사의 얼굴을 유심히 살피며 말을 이었다. "만일 수많은 목사들과 교인들이 이러한 서약을 하고 나서 언제 어디서든지 이를 충실히 지켜나간다면 이 세상의 기독교계에 일대 혁신이 일어나리라는 사실을 결코 회피하지 못할 걸세."

감독은 친구인 브루스 목사가 뭔가 한 마디 하거나 질문이라도 던지기를 기다리는 듯 또다시 말을 멈추었다. 그러나 브루스 목사는 일전에 자신과 맥스웰 목사가 해결해 보려고 수많은 갈등과 번뇌를 겪어야만 했던 바로 그 의문점 때문에 감독의 마음속에 활활 타오르기 시작한 번민의 불길을 미처 알아채지 못하고 있었다. 감독은 다시 말을 이었다.

"이를테면 내가 이끌어 온 교회에서는 그 서약이 좀 별다른 문제가 될 것일세. 과연 얼마나 많은 성도들이 이 서약을 하고 충실히 지켜 나갈 것인지 파악하기가 몹시 두렵단 말이네. 순교란 오늘날 우리들에게 한낱 잃어버린 구시대의 유물에 불과하다네. 또 오늘날 세계각국에 퍼진 기독교는 지나친 양적 팽창과 무사안일주의에 빠진 나머지 십자가의 무겁고 고통스러운 짐을 기꺼이 짊어지려 들지 않는단 말일세. 이러한 상황에서 과연 예수님의 발자취를 따른다는 것이 무엇을 의미한단 말인가? 과연 제대로 서약을 지켜 나간다는 것이 있을 수 있는 일인가?"

이제 감독은 자기의 생각에 도취하여 한동안 친구가 옆에 있다는 사실도 의식하지 못한 채 마치 독백을 하듯 자신의 모든 의문과 갈등을 털어놓았다. 그때서야 비로소 브루스 목사는 친구인 감독의 마음에 일어나는 의문과 갈등의 불길을 알아차렸다. 만일 이 감독이 레이먼드에서 비롯된 제자도의 서약 운동에 적극적으로 뛰어들어 그 막강한 영향력을 행사한다면 어떻게 될 것인가? 그는 비단 시카고뿐만 아니라 전국의 여러 대도시의 부유한 상류층 가운데 많은 추종자들이 있었다. 만일 이 감독이 새로운 제자도에 동참한다면 얼마나 큰 성과를 거둘 것인가!

이러한 생각이 미치자 브루스 목사는 오랫동안 깊은 우정을 유지해 온 감독의 넓은 어깨에 다정스럽게 한 손을 얹으면서 아주 중대한 질문을 던질 참이었다. 바로 그때 현관에서 울리는 요란한 종소리에 두 사람은 깜짝 놀라고 말았다. 브루스 부인이 서둘러 현관으로 나가더니 누군가와 이야기를 주고받았다. 곧이어 크게 놀라는 기척이 들리자 감독과 브루스 목사는 함께 일어서서 응접실 입구에 드리워진 커튼 쪽으로 다가갔다. 바로 그때 브루스 부인이 커튼을 젖히며 나타나더니 창백해진 얼굴로 온몸을 떨면서 이렇게 말했다.

"오, 여보! 어쩌면 이렇게 무시무시한 사건이 일어날 수가! 스털링 씨 말이에요. 아, 전 더 이상 말을 못하겠어요! 어린 두 처녀에게 심적인 충격이 얼마나 크겠어요? 아 … "

"도대체 무슨 일이지?"

브루스 목사는 친구인 감독과 함께 전갈을 가져온 스털링 가의 하인과 대면했다. 모자도 채 쓰지 않고 허둥지둥 달려온 것으로 미루어 꽤 심각한 일임을 직감할 수 있었다. 그는 스털링 씨를 잘 알고 있는 사람들 가운데 가장 가까이 사는 사람이 브루스 목사임을 알고 급히 달려온 것이었다.

"주인님이신 스털링 씨가 몇 분 전에 침실에서 권총으로 자살을 하셨습니다. 그리고 마님도 … "

"난 곧장 그 댁으로 가봐야겠네, 에드워드 함께 가지 않으려나? 스털링 씨 부부는 자네의 오랜 친구이기도 하니까 말이야."

감독의 얼굴은 몹시 창백했으나 평소의 침착성을 잃지 않고 있었다. 그는 친구인 브루스 목사의 얼굴을 바라보며 심각한 표정으로 대답했다.

"물론 같이 가겠네, 캘빈. 자네와 함께라면 비단 상갓집뿐만 아니라 인간의 죄악과 슬픔이 도사리고 있는 곳은 어디든지 기꺼이 나서겠네."

전혀 예상치 못한 불의의 비보 때문에 경황이 없는 와중에서도 브루스 목사는 감독이 자기에게 무엇을 약속했는지 분명히 깨달을 수 있었다.

24

백만장자의 어리석은 죽음

<small>ⵁⵁⵁⵁⵁⵁⵁⵁⵁⵁⵁⵁⵁⵁⵁⵁ</small>

"이 사람들은 이 어린 양이 어디로 인도하든지 따라가는 자며 … "

브루스 목사와 감독이 스털링 가의 저택에 도착했을 때 평소에는 언제나 가지런히 정돈되어 있던 집 안이 온통 혼란과 공포에 휩싸여 있었다. 아래층의 커다란 방들은 텅텅 비어 있었고 위층에서는 급한 발자국 소리와 혼란으로 뒤엉킨 소음이 들려왔다. 감독과 브루스 목사가 막 계단을 올라서려는데 하녀 하나가 잔뜩 공포에 질린 표정으로 거대한 대리석 계단을 뛰어 내려오고 있었다.

"펠리시아 아가씨는 지금 마님의 방에 함께 있어요."

하녀는 묻는 말에 간신히 더듬거리며 대답하더니 그만 통곡을 하면서 응접실을 가로질러 뛰쳐나가고 말았다.

두 사람이 층계 꼭대기까지 올라서자 펠리시아가 브루스 목사 앞으로 묵묵히 걸어왔다. 목사는 그 처녀의 두 손을 꼭 쥐어 주었고 감독은 그녀의 머리 위에 한 손을 얹은 채 한동안 세 사람은 무거운 침묵 속에 서 있었다.

"펠리시아, 이 어둡고 암담한 때에 하나님의 자비가 너와 함께 하시기를 진심으로 빈다. 너와 어머니는 … ."

감독은 어찌할 줄 몰라 말을 더듬었다. 친구집에서 이 상갓집으로 급히 달려오는 동안 거의 잊혀졌던 과거 젊은 시절의 아름다웠던 사랑이 자신도 모르게 되살아났던 것이다. 절친한 친구인 브루스 목사도 이 사실을 모르고 있었다. 그러나 감독은 한때 아름다운 캐밀라 롤페 양의 사랑을 얻기 위해 젊음의 제단 위에 변함없이 타오르는 사랑의 향을 바친 적이 있었고, 캐밀라 양은 그와 백만장자 가운데 한 사람을 택해야만 했다

이제 감독은 그러한 추억으로 인하여 더 이상 고통을 받지 않았으나 아직도 잊혀지지 않는 추억으로 남아 있었다.

펠리시아는 채 끝나지도 않은 감독의 말에 대답이라도 하려는 듯 말없이 몸을 돌려 어머니의 방으로 들어갔다. 그녀는 아직 단 한 마디도 하지 않고 너무나 침착한 태도를 보였기 때문에 브루스 목사와 감독은 저으기 놀라고 말았다. 이윽고 그녀는 두 사람에게 어서 방으로 들어오라는 듯 손짓을 했고, 그리하여 두 성직자는 뜻밖의 광경을 목격하게 되었다. 로즈는 두 팔을 벌려 침대를 감싸안고 있었고 간호사인 클라라는 머리를 파묻은 채 걷잡을 수 없는 슬픔과 공포에 떨며 흐느끼고 있었다. 스털링 부인의 얼굴은 결코 이 세상에서 볼 수 없는 놀라운 빛을 띠고 있었다. 감독은 처음에 살아 누워 있는 그녀를 대한 듯한 착각에 빠졌다. 그러나 다음 순간 아무도 피할 수 없는 죽음이라는 진리를 마주 대하자 그는 비틀거렸고 지나간 추억의 아픈 상처가 그의 전신을 꿰뚫는 것 같았다. 마침내 그 쓰디쓴 아픔이 지나가 버리자 감독은 하나님의 자녀들이라면 누릴 평온과 능력으로 죽음의 방 한가운데 말없이 서 있었다.

이튿날 아침, 스털링 저택의 안팎은 떠들썩한 소요에 휩싸였다. 즉시 의사를 부르러 보냈으나 상당히 먼 곳에 살고 있었으므로 놀란 하인들이 허겁지겁 신고하여 불러온 경찰관들과 의사가 동시에 이곳에 도착했다. 몰려온 사람들 중에는 너댓 명의 신문기자와 이웃사람들도 끼어 있었다. 브루스 목사와 감독은 층계 머리에 나와 서서 각양각색의 방문객들을 잇따라 맞이했고 꼭 필요한 사람들을 제외하고는 모두 아래층에 남아 있도록 했다. 이러한 소요를 거치는 가운데 친구지간인 브루스 목사와 감독은 '스털링 가의 비극'에 대한 진상을 파악하게

되었고, 이튿날 신문에는 아주 충격적인 기사가 세인들의 주목을 끌게 되었다.

스털링 씨는 그 전날 저녁 9시경에 자신의 방으로 들어갔고 그것이 생전의 마지막 모습이 되고 말았다. 그가 방으로 들어간 지 30분쯤 후에 한 방의 총소리가 들려왔고 홀에 있던 하인이 급히 그의 방으로 달려갔을 때는 이미 스스로 목숨을 끊은 시신으로 변하여 방바닥에 누워 있었다. 그 당시 펠리시아는 어머니 옆에 앉아 있었고 로즈는 서재에서 책을 읽고 있었다. 총소리에 놀란 로즈가 이층으로 뛰어올라가자 아버지의 피묻은 시신이 하인들에 의해 들것에 실리는 광경을 목격하고는 소스라쳐 놀라 비명을 지르며 어머니의 방으로 뛰어들어가서 그만 어머니가 누운 침대 발치에 풀썩 거꾸러지고 말았다. 스털링 부인은 충격을 받고 이내 기절해 버렸으나 잠시 후 정신을 수습하더니 놀랄 만한 침착성을 발휘하여 브루스 목사를 부르러 보냈던 것이다. 그러나 스털링 부인은 한사코 남편의 모습을 직접 봐야겠노라고 고집했고 펠리시아가 한사코 만류했음에도 불구하고 클라라를 시켜 자기를 부축하게 하고는 넓은 홀을 지나 남편의 시신이 누워 있는 방으로 들어섰다. 그녀는 몹시 놀라는 기색이었으나 눈물 한 방울 흘리지 않고 한동안 남편의 시신을 바라보더니 다시 자기 방으로 돌아가 침대에 눕고 말았다. 브루스 목사와 감독이 하인의 전갈을 받고 서둘러 달려오는 동안, 그녀는 떨리는 입술로 자신과 남편의 죄를 용서해 달라고 간절히 기도하면서 세상을 떠나고 말았다. 펠리시아는 어머니의 시신 위에 몸을 굽힌 채 혼신의 힘을 기울여 기도에 전념했고, 로즈는 여전히 침대 발치에 쓰러진 채 의식을 잃고 있었다.

주일 밤, 이 궁전같이 호화로운 저택에 살그머니 침입한 죽음의 마수가 그토록 무시무시하고 재빠를 줄이야 어느 누가 예측했으랴! 그러나 스털링 씨가 지탱해 온 사업상의 온갖 문제점들이 마침내 세상에 폭로되기 전까지는 아무도 그가 갑작스럽게 자살을 택한 원인을 모르고 있었다.

그러나 얼마 후 세상에 알려진 바에 따르면, 최근 스털링 씨가 벌여 놓은 몇 가지 투기 사업 때문에 그는 심각한 위기에 처해 있었고, 불과 한 달 후에는 그의 모든 사업이 철저한 파산 지경에 이르리라는 소문이 파다하게 나돌고 있었다. 온갖 교활한 재치와 수단을 발휘하여 평생 동안 인생 최고의 목표로 여기며 긁어 모아온 재산이 마침내 송두리째 사라져 버릴 위기에 봉착하자, 그는 여태껏 돈벌이를 위해 투쟁해 온 사나이답게 최후의 순간이 닥쳐올 때까지 안간힘을 다하여 자살을 미루어 왔던 것이다. 그러나 주일 오후 실오라기 같던 희망을 무참히 짓밟고 마침내 전면적인 파산 소식에 접하게 되자 최후의 결정을 내렸던 것이다. 자기 소유라고 떵떵거리던 호화스런 저택, 온갖 탁자나 안락의자들, 근사한 마차, 심지어는 그가 먹고 있는 식기류조차도 성실하고 정직한 노력의 대가로 얻어진 것이 아니라 부당한 속임수와 참된 가치 추구의 원리와는 무관한 투기 심리에 의해서 벌어들인 것이었다.

그는 이 모든 비위 사실에 대해서 어느 누구보다도 잘 알고 있었지만 흔히 이런 부류의 사람들이 타성에 젖어 있듯이 돈벌이할 때 사용했던 수법을 잘 이용하기만 하면 손실도 막을 수 있으리라는 희망을 버리지 않고 있었다. 결국 스털링 씨도 많은 투기꾼들이 그러하듯이 자기 자신의 꾀에 속아 넘어갔던 것이다. 이제는 알거지나 다름없는 신세가 되었다는 사실이 그의 앞에 엄연히 드러나자 자존심이 유달리 강한 그로서는 자살 이외에는 탈출구가 없는 것 같았다. 돈을 마치 신처럼 여겨온 그로서는 이런 종말이 그가 살아온 허위투성이의 인생에 대한 불가피한 귀결이라 할 수 있을 것이다. 그의 작은 세계에서 이 돈이라는 신이 사라지자 이제는 더 이상 섬길 만한 대상이 없었다. 결과적으로 한 인간이 생의 가치를 의탁할 대상이 사라지자 그는 더 이상 살고 싶은 생각이 들지 않았다. 이렇게 해서 마침내 백만장자 찰스 R. 스털링은 죽음을 택했다. 결국 그의 죽음은 너무나도 어리석은 죽음이었다.

금전적인 이득이나 손실이 영생의 풍요로움과 은혜와 비교해 볼 때 뭐가 그리 중요하단 말인가?

스털링 부인의 죽음은 갑작스런 충격의 결과였다. 그녀는 이미 오랫동안 남편의 사업에는 거의 관여하지 않았지만 남편이 벌어들이는 부의 근원이 정당한 노력의 대가가 아니라는 것을 알아차리고 있었다. 그녀의 삶은 최근 몇 년 동안 마치 살아 있는 송장과 흡사했다.

그녀의 친정 가문인 롤페 가문은 불가항력적인 시련을 어느 누구보다 잘 견딜 수 있다는 인상을 늘 풍기고 있었다. 스털링 부인이 남편의 시신이 놓여 있는 방으로 부축을 받으며 들어섰을 때, 그녀는 이러한 오랜 가문의 전통을 그대로 보여 주었던 것이다. 그녀는 짐짓 눈물 한 방울 흘리지 않고 이 참혹한 광경을 목격했으나 오랜 지병과 내적인 절망으로 인하여 지칠 대로 지친 영혼을 더 이상 지탱할 수 없었던 것이다.

아버지의 갑작스런 자살과 잇따른 어머니의 죽음, 그리고 전면적인 파산이 한꺼번에 몰고 온 충격은 즉시 어린 두 자매에게 여실히 드러났다. 이 연쇄적인 사건이 몰고 온 충격과 공포 때문에 로즈는 몇 주일 동안이나 거의 제정신이 아니었다. 그녀는 온갖 위로와 격려와 설득에도 불구하고 여전히 삶의 초점을 잃은 채 누워만 있었으며 이제껏 그녀의 인생관에서 가장 큰 부분을 차지해 온 재산이 송두리째 사라져 버렸다는 사실이 도무지 실감이 나지 않는 모양이었다. 게다가 그녀와 펠리시아 두 자매가 이제는 호화롭기 짝이 없는 저택을 떠나 친척이나 친지에게 의존해야 한다는 말을 들었을 때도 그 말뜻을 알아차리지 못하는 것 같았다. 그러나 펠리시아는 현실을 충분히 직시하고 있었으며, 어떤 일이 어떻게 일어나게 되었는지도 납득하고 있었다

윈슬로우 부인과 레이첼은 이 무시무시한 소식에 접하자마자 즉시 레이먼드를 떠나 시카고로 달려왔다. 그들은 남아 있는 친척, 친지들과 더불어 로즈와 펠리시아의 장래에 대해 심각한 토론을 벌였다. 장례식이 끝난 며칠 후 펠리시아는 사촌인 레이첼 언니와 더불어 장래 계획에 대해 의논을 했다.

"펠리시아, 아무래도 너와 로즈는 우리와 함께 레이먼드로 가야겠다. 그렇

게 해야만 마음이 놓이고 지금으로서는 어머니도 다른 방법을 받아들이지 않으실 테니까 말야."

이렇게 말하는 레이첼의 아름다운 얼굴은 사촌 동생에 대한 참된 사랑으로 더욱 빛을 발하였으며, 더구나 새로운 제자도에 따르고자 한다는 깊은 동지 의식으로 인하여 이러한 사랑은 점점 강해지고 깊어져만 갔다.

"여기서 뭔가 할 만한 일거리를 찾지 못한다면 레이먼드로 가야겠지."

펠리시아는 신중한 태도로 이렇게 대답하면서 레이첼의 얼굴을 올려다보았다. 레이첼은 다정한 어조로 물었다.

"여기서 할 만한 일이라니?"

"아직은 아무것도 생각해 보지 못했어. 음악을 조금 할 줄 알지만 그것으로 생계를 이끌어갈 정도는 못 되거든. 그리고 요리를 좀 할 줄 알아."

"그렇다면 우리 집에 와서 요리를 해 주면 참 좋겠다. 엄마는 늘 부엌일 때문에 힘겨워 하시거든."

레이첼은 이 두 자매의 생계가 이제부터는 친지들의 호의에 의존할 수밖에 없음을 잘 이해하고 있었다. 사실상 아버지의 재산이 몽땅 날아가 버렸다 할지라도 이 두 자매의 몫은 물려받아야 하는게 상식적인 일이지만 투기꾼의 물불을 가리지 못하는 어리석음 때문에 아내와 자녀들의 몫마저도 전혀 남아 있지 않았던 것이다.

"내가 해낼 수 있을까? 정말 내가 할 수 있을까?" 펠리시아는 레이첼의 제안을 받자 신중히 고려해야 할 일이라는 듯 계속 반문해 보았다.

"난 언니와 나 자신의 생계를 꾸려 나가기 위해서라면 정말이지 무슨 일이든 할 각오가 되어 있어. 불쌍한 로즈 언니! 언니는 이 악몽 같은 사건을 평생 잊지 못할거야."

"우리가 레이먼드에 도착하는 즉시 여러 가지 필요한 준비를 해 놓을게."

레이첼은 미소를 머금고 이렇게 말하면서 어떻게든 스스로 자신의 삶을 이끌어 나가려는 펠리시아의 진지한 열의에 감동을 받아 눈시울이 뜨거워짐을 느꼈다.

이렇게 해서 몇 주일 후 로즈와 펠리시아는 레이먼드로 이주하여 윈슬로우 가족의 일원이 되었다. 로즈에게는 너무 쓰라린 경험이었으며 그녀로서도 달리 방도가 없었고 어차피 삶의 이 크나큰 변화를 불가피한 현실로 받아들일 수밖에 없었다. 결국 로즈의 불안정하고 소망이 없는 생활 태도는 펠리시아와 레이첼에게 무거운 짐을 더해 주는 결과를 빚었다.

펠리시아는 즉시 참된 제자도의 분위기에 휩싸이게 되었고 깊은 동지애의 발로로 인하여 마치 천국에 온 듯한 기쁨을 느끼기도 했다. 윈슬로우 부인은 레이첼이 선택한 삶의 방향에 아직도 동의하지 않고 있었으나, 그러한 서약이 이루어진 이후 레이먼드에서 일어난 놀랄 만한 사건의 결과로 인하여 여기저기서 강력한 영향력을 미치게 되자 윈슬로우 부인 같은 사고방식을 지닌 여인들마저도 상당한 영향을 받지 않을 수 없었다. 레이첼과 펠리시아는 서로 간에 완벽한 동지애를 나누고 있었다. 그녀는 즉시 렉탱글에서 벌인 새 사업에 동참하게 되었고, 이모인 윈슬로우 부인의 부엌 살림을 꾸준하고 성실하게 도와나갔다. 머지 않아 그녀의 뛰어난 요리 솜씨가 드러나게 되자 버지니아는 렉탱글의 복지관 요리책임자로 일해 달라고 부탁해 왔다.

펠리시아는 즐거운 마음으로 기꺼이 이러한 일에 뛰어들었다. 평생 처음으로 그녀는 다른 사람들을 위해 뭔가 가치 있는 일을 하고 싶다는 지극한 기쁨을 맛보게 되었다. 무슨 일을 하든지 우선 '예수님이라면 어떻게 하실까?' 자문자답을 한 후 실천에 옮기기로 한 그녀의 결심은 내면 깊숙이 큰 감동을 주었다. 여러 면에서 펠리시아의 솜씨는 놀랄 만큼 향상되어 갔고 성품 또한 더욱 아름답게 변화되어 갔으므로 윈슬로우 부인조차도 그녀의 뛰어난 능력과 인격의 훌륭함을 인정하지 않을 수 없었다. 이모인 윈슬로우 부인은 대도시에서 백만장자의 딸로 태어나 온갖 호화스러운 사치를 다 누리며 자라온 조카가 변화되는 모습을 지켜보며 놀라움을 금치 못하였다. 펠리시아는 두 손에 밀가루를 잔뜩 묻힌 채 부엌을 왔다 갔다 하면서 요리에 골몰했고, 때로는 귀여운 콧잔등에도 하얀 밀가루가 묻어 있곤 했다. 그녀는 이모집의 부엌이나 렉탱글 복지관의 주방에서 좋은 요리법을 기억해 내려 할 때나, 여러 가지 재료를 섞어 어떤 맛의 요리가 될지 큰 관심을 갖고 기다릴 때나, 프라이 팬과 주전자를 닦는 등의 부엌일을 시작하면서 자기도 모르게 콧잔등을 훔치는 버릇이 있었기 때문이었다.

처음에는 그녀의 이러한 헌신적인 봉사를 지켜보다 못해 윈슬로우 부인이 한마디 타일렀다.

"펠리시아, 이러한 허드렛일은 네가 할 만한 일이 못 된다. 더 이상 이런 일을 하도록 내버려 둘 수가 없구나."

"왜요, 이모? 오늘 아침 제가 만든 머핀이 마음에 안 드셨어요?"

펠리시아는 자신의 방식대로 만든 머핀을 이모가 무척 좋아한다는 것을 잘 알면서도 살짝 웃으면서 부드럽게 물어보곤 했다.

"아주 맛있었단다, 펠리시아. 하지만 네가 우리를 위해 이런 일을 한다는 것은 적절하지 못한 것같구나."

"왜 적절하지 못하죠, 이모? 이런 일 이외에 제가 무슨 일을 할 수 있을까요?"

윈슬로우 부인은 펠리시아의 뛰어난 미모와 상냥한 표정을 유심히 바라보면서 생각에 잠기는 듯했다.

"펠리시아, 언제나 이런 종류의 일을 계속하려는 건 아니겠지?"

"어쩌면 계속할지도 모르겠어요. 저는 시카고나 혹은 그밖의 대도시에 청결하고 영양가 있는 음식을 제공하는 이상적인 식당을 차리고 싶다는 꿈이 있었거든요. 또는 렉탱글 같은 빈민 구역의 가난한 가정들을 돌아다니며 주부들에게 값싸고 영양가 있는 음식을 마련하는 방법을 가르치고 싶어요. 브루스 목사님께서 상대적인 빈곤의 가장 비참한 현상들 중의 하나가 바로 형편없는 음식에 있다고 말씀하셨던 것이 기억나는군요. 또한 어떤 종류의 범죄들은 물에 젖은 빵과 질긴 쇠고기 때문에 일어날 수도 있다고 말씀하셨지요. 저는 이러한 일을 통하여 저와 로즈 언니의 생계는 물론 다른 사람들을 도와줄 수도 있다고 믿고 있어요."

펠리시아는 이러한 꿈을 가꾸면서 끊임없이 실천에 옮겨나갔다. 그러는 동안 펠리시아는 레이먼드 시민들과 렉탱글 주민들로부터 사랑을 받게 되었고 어느덧 '천사 요리사'라고 불리기도 했다. 아름다운 성격을 바탕으로 나사렛 애비뉴 교회에서 예수님의 발자취를 따르기로 서약한 것을 꾸준히 지켜 나가는 가운데 그녀는 성숙해 갔다. 그녀는 "예수님이라면 어떻게 하실까?"라는 질문의 솔직한 대답에 기준하여 자신의 삶을 조정해 나가면서 기도하고 소망하고 일에 전념했다. 이 질문이야말로 그녀의 모든 행동을 격려하는 원동력이 되었고, 그녀의 모든 소망에 대한 궁극적인 대답이기도 했던 것이다.

25

그리스도를 위하여
나는 어떤 고난을 당했는가?

◇◇◇◇◇◇◇◇◇◇◇◇◇◇◇◇

브루스 목사가 어느 주일 아침 새로운 제자도의 메시지를 가지고 강단에서 설교에 임한 지 어느덧 3개월이 지났다. 이 3개월 동안 나사렛 애비뉴 교회에서는 크나큰 흥분과 소용돌이가 일어나기도 했고, 한편으로는 교우들간에 브루스 목사가 깨닫지 못한 깊은 동지애가 발현되기도 했다. 브루스 목사는 자신의 열렬한 호소가 펠리시아처럼, 인습적인 그리스도인들의 교회생활과 교제가 결코 마련해 주지 못하는 한층 참신하고 가치 있는 삶의 목표를 목마르게 갈구해 왔던 교인들 사이에서 예상하지 못한 크나큰 호응을 얻게 되었노라고 겸손하게 고백했다.

그러나 브루스 목사는 결코 이 정도로 만족할 수 없었다. 그가 그를 알고 있는 모든 사람들에게 큰 놀라움을 안겨주면서 결국 이 서약 운동에 동참하게 된 근본적인 동기가 무엇인지, 혹은 이런 결심에 다다를 때까지 그의 감정 상태가 어떤 변화와 갈등을 겪게 되었는지 설명하기 위해서는 나사렛 애비뉴 교회에서 재개된 서약 운동의 내력에 대해 그와 감독 사이에 오고 갔던 대화를 인용하는 것이 훨씬 효과적일 것이다. 이 두 친구는 이전처럼 브루스 목사의 서재에 마주 앉았다.

"오늘 저녁에 내가 무엇 때문에 자네를 찾아왔는지 짐작하겠나?"

나사렛 애비뉴 교회의 일부 교인들이 지키기로 맹세한 서약의 결과에 대해서 한동안 여러 가지 이야기를 나눈 후에 감독이 불쑥 이렇게 물었다. 브루스 목사는 감독의 얼굴을 물끄러미 바라보며 잘 모르겠다는 듯 고개를 가로저었다.

"내가 여기에 온 것은, 진실로 예수님의 발자취를 충실히 따르자면 내 나름 대로 실천해야 한다고 생각되는 여러 가지 방법들을 제대로 지키지 못해 왔음을 솔직하게 고백하고 싶어서라네."

브루스 목사는 천천히 일어서더니 서재를 거닐기 시작했고 감독은 두 손을 맞잡은 채 안락의자에 깊숙이 파묻혀 있었다. 그러나 그의 두 눈은 무언가 중대한 결심을 내리려는 듯 광채를 발하고 있었다. 갑자기 브루스 목사가 말문을 열었다.

"에드워드, 나 역시 서약을 충실히 지켜 나가려는 과정에서 스스로 만족할 수 없을 때가 종종 있었다네. 그런데 마침내 지금 내가 가야 할 길을 결정하기에 이르렀네. 서약을 좀 더 충실히 지켜 나가기 위해서는 나사렛 애비뉴 교회의 담임 목사직은 사임해야 할 것 같아."

"자네라면 능히 그럴 수 있을 걸세. 실은 나도 이 서약을 지켜 나가기 위해서는 자네와 똑같은 결정을 내리지 않을 수 없었음을 말해 주려고 오늘 저녁 이곳에 온 거라네."

감독은 차분한 어조로 말했다. 브루스 목사는 갑자기 돌아서더니 친구의 앞으로 다가갔다. 그들은 둘 다 흥분을 가라앉히려고 애를 쓰고 있었다.

"자네의 경우에도 꼭 그렇게 해야 한단 말인가?" 브루스 목사가 물었다.

"그렇다네. 굳이 그 이유를 밝히자면 자네가 내세운 이유와 아마 비슷할 걸세. 아니 사실상 똑같은 이유라고 확신하네."

감독은 잠시 말을 멈추었다가 차츰차츰 감정이 고조되기 시작하는 듯 이야기를 계속해 나갔다.

"캘빈, 자네는 내가 얼마나 오랜 기간 동안 감독직을 맡아 왔는지, 또 감독의 책임과 직분이 무엇인지 잘 알고 있을 걸세. 나는 감독의 직책을 벗어남으로써 어떤 부담감이나 남이 모르는 고통의 짐을 벗어 버리게 되리라는 것을 말하려는 게 아니라네. 나는 이제껏 죄악으로 가득 찬 이 도시에서 절망과 가난에 허덕이는 사람들이 보기에는 상당히 편안하고 사치스러운 생활을 누려왔음은 틀림없는 사실이라고 인정하네. 나는 근사한 저택에 살면서 값비싼 음식과 의복, 세속적인 쾌락을 누리며 살아왔고, 열두 번도 넘게 해외여행을 다녀왔는가 하면, 수년 동안 최상의 예술계, 문학계, 그리고 음악계 및 그밖의 상류층 인사들과 교제를 나누며 즐겁게 살아왔지. 이제껏 한 번도 돈이 없어 허덕이거나 이와 비슷한 곤경에 빠져 본 적도 없었어. 그런데 최근 들어 '과연 나는 그리스도를 위하여 어떤 고난의 십자가를 짊어졌던가?'라는 질문을 스스로에게 던지지 않을 수 없었다네. 사도 바울도 주님을 위하여 많은 고난을 받을 것이라는 말을 들었지. 레이먼드에서 맥스웰 목사의 입장도 예수님의 발자취를 따른다는 것은 곧 고난을 의미한다고 주장함으로써 많은 호응을 얻게 되었지. 그런데 나는 어떤 일로 고난을 받고 있단 말인가?

목회 생활을 하면서 겪게 되는 사소한 시련과 성가신 일들은 진실한 고난이나 슬픔이라고 언급할 만한 것이 못 된다네. 사도 바울이나 희생을 감수한 순교자들, 초대 교회의 사도들에 비하면 이제껏 나는 안일과 쾌락이 가득 찬 사치스럽고 죄 많은 생활을 누려온 셈이지. 이젠 더 이상 이런 생활을 지속할 수 없다는 생각이 들었다네. 최근 들어 내 마음속에서 과연 이런 생활이 예수님의 발자취를 따르는 생활이냐는 양심의 가책을 점점 심하게 느껴왔기 때문이야. 엄밀한 의미에서 나는 예수님의 발자취를 충실히 따르지 못한 셈이지. 개인적으로 내 전 생애를 바쳐 이 도시의 가장 비참하고 더러운 빈민굴에서 기아와 질병에 허덕이는 가엾은 영혼들의 육체적 · 영적 욕구를 채워주기 위해 전력을 기울이지 않는 한 현재의 교회 체제와 사회 생활에서는 끝없는 양심의 가책을 벗어날 수 없다는 생각이 들었다네."

안락의자에 파묻혀 있던 감독은 천천히 일어나 창문으로 걸어갔다. 밤거리는 대낮처럼 밝았다. 그는 한동안 아무 말 없이 길 위를 오고 가는 군중들을 바라보고 서 있더니 갑자기 열정적인 태도로 가슴속 깊숙이 타오르고 있던 화산이 불길을 토해내듯이 자신의 생각을 털어놓기 시작했다.

"캘빈, 우리가 살고 있는 도시는 정말 무서운 곳이야! 도시 여기저기에서 드러나는 비참함, 죄악, 이기심 등을 생각해 보면 심장이 오그라들 지경이라네. 나는 안락하고 호화로운 현 직책을 버리고, 현대의 이교도들이 득실대는 빈민가에 둥지를 튼다면 어떻게 될까라는 두려움으로 고심해 왔네.

거대한 공단 구역에서 밤낮으로 혹사당하는 여공들의 참혹한 근로 조건, 도시의 곳곳에 팽배한 빈곤과 슬픔을 아랑곳하지 않고 유행과 향락을 추구하는 부유층의 거만한 이기주의, 술과 도박의 무시무시한 저주, 실직자들의 고통스런 울부짖음, 비싼 대리석으로 건축된 교회 건물과 고급스런 가구들, 안일과 사치에 젖어 있는 목사들의 생활상에 대해서 수많은 사람들이 느끼는 혐오감, 거짓되거나 혹은 참된 관념들이 뒤섞여 거대한 소용돌이에 파묻힌 인본주의의 오류, 교회 내부의 잘못에 대한 과장된 비난, 여러 가지 심적 갈등으로 인해 빚어지는 비참과 수치심 등등 이 모든 외면할 수 없는 현실이 지금껏 내가 살아온 편안하고 사치스런 생활과 현격한 대조를 이루어 나로 하여금 자책과 공포를 느끼게 해 왔다네.

최근 들어 나는 '이 지극히 작은 자 하나에게 하지 아니한 것이 곧 내게 하지 아니한 것이니라'라는 예수님의 말씀을 여러 번 들어왔지. 그런데 나는 이제껏 내 양심에 고통을 안겨 준 절망과 죄악과 빈곤에 허덕이는 사람들을 개인적으로 방문한 적이 있는가? 그러기는커녕 감독이라는 내 위치의 관념적이고 안일한 타성에 젖어 부유하고 세련되고 귀족적인 교인들로 구성된 편협된 사회에서 살아 왔지. 이제껏 나는 어떤 고통의 십자가를 지고 왔던가? 예수님을 위해서 어떤 희생과 고통을 감수했단 말인가? 캘빈, 내 말을 이해할 수 있겠나?"

그는 갑자기 친구인 브루스 목사를 향해 몸을 돌리더니 이렇게 덧붙였다.

"최근에 나는 내 몸을 채찍으로 내려치고 싶을 지경이라네. 만일 내가 마르틴 루터 시대에 살았더라면 내 스스로 등가죽이 벗겨질 정도로 매질을 했을지도 모르겠어."

브루스 목사의 얼굴이 창백해졌다. 그는 이제껏 오랜 친구였던 감독이 자신의 열정을 그토록 노골적으로 드러내는 것을 한 번도 들어 본 적이 없었기 때문이었다. 감독은 다시 안락의자에 푹 파묻히더니 양심의 가책으로 괴롭다는듯 고개를 숙였다. 마침내 브루스 목사가 오랜 침묵을 깨고 입을 열었다.

"에드워드, 내 생각이 자네의 생각과 거의 일치한다는 것은 두말할 필요도 없을 것 같네. 몇 년 동안 자네와 비슷한 처지에 놓여 있었으니 말이야. 나는 이제껏 비교적 호사스런 생활을 누려 왔다고 생각하네. 물론 그렇다고해서 목회자로서 겪어야 할 시험과 낙담과 고통의 짐을 전혀 회피해 온 것은 아니지만… 하지만 나는 예수님을 위하여 참된 의미의 고통을 겪어 왔다고는 말할 수 없네. '그리스도도 너희를 위하여 고난을 받으사 너희에게 본을 끼쳐 그 자취를 따라 오게 하려 하셨느니라'고 기록된 베드로전서의 말씀이 끊임없이 나를 괴롭히고 있지.

나는 좀 유복한 생활을 누려 왔으므로 가난이 과연 어떤 것인지 잘 알지도 못한다네. 여기저기 여행을 다니거나 멋진 사교 모임에 드나들 정도의 여가도 누려 온 셈이지. 나는 이제껏 온유하고 안일한 문명의 테두리 안에서 편안한 삶을 누려 왔기 때문에 대도시의 죄악과 빈곤의 참상이 파도처럼 밀려와 교회와 목사관의 높은 돌벽을 거세게 후려쳤을 때에도 그 벽이 너무나 두꺼웠기 때문에 이렇다 할 관심조차 기울이지 않았다네. 이제 난 안일하고 이기적인 지금까지의 내 생활을 더 이상 참을 수 없을 지경에 다다르고 만 셈이지.

난 내가 속한 교회와 교인들을 비난하거나 책망하려는 게 아니고 오히려 내 교회를 무척 사랑하고 있으며 결코 교회를 저버리려는게 아니라네. 나는 교회의 막중한 사명을 믿고 있으며 이를 무너뜨릴 생각은 추호도 없다네. 그러나 이제 내가 취하고자 하는 조치로 인하여 최소한 지금껏 고이 간직해 온 그리스도인들 간의 교제를 저버리고 말았다는 비난을 기꺼이 감수하려는 각오는 되어 있어.

그러나 나는 예수님의 발자취를 따르겠다는 서약을 좀 더 충실히 지켜 나가기 위해서는 나사렛 애비뉴 교회의 담임목사직을 사임해야 한다는 생각이 든다네. 물론 이러한 행동을 취함으로써 다른 교회의 목회자들을 판단하거나 다른 교인들의 제자도를 비판할 생각은 추호도 없네. 그러나 자네가 생각한 바와 마찬가지로 이 거대한 도시에서 발생하는 죄악과 수치와 타락의 현장에 좀 더 가깝게 접근하기 위해서는 내가 직접 개인적으로 이곳에 뛰어들어야 한다는 생각이야. 그러기 위해서는 아무래도 나사렛 애비뉴 교회와의 직접적인 관계를 과감히 끊어 버려야 할 것 같아. 그리스도를 위하여 내가 참된 고난의 십자가를 짊어지기 위해서는 이 길밖에 없다고 느껴지네."

두 사람은 또다시 깊은 침묵에 휩싸였다. 두 사람이 지금 내리려는 결단은 결코 평범하고 쉬운 것이 아니었다. 두 사람은 이제 똑같은 이유로 똑같은 행동의 결정을 내리게 되었으며, 둘 다 사려 깊은 인물들로서 평소에 자신들이 취하려는 조치의 이모저모를 신중하게 살피는데 익숙해져 있기 때문에 자신들이 현재 맡고 있는 직분의 중요성을 결코 과소평가할 사람들이 아니었다.

"자네는 앞으로 어떻게 할 계획인가?"

마침내 감독은 그의 밝은 얼굴에 잘 어울리는 특유의 미소를 지으며 조용한 목소리로 물었다. 감독의 얼굴에는 어떤 영광의 빛이 감도는 것처럼 느껴졌다.

"내 계획은 간단히 말하자면 이 도시의 참상이 여실히 드러나는 가장 큰 빈민가의 한가운데로 직접 뛰어들어 그곳에서 생활할 작정이라네. 이 점에 대해서는 이미 내 아내도 생각이 일치하고 있다네. 우리는 이미 빈민 구역의 한 모퉁이에 거주지를 정해 놓고 우리의 삶을 가장 가치 있게 영위해 나갈 수 있도록 최선을 다하기로 합의를 보았지."

브루스 목사가 차근차근 계획을 설명하자 벽난로의 불빛으로 얼굴이 붉게 달아오른 감독이 불쑥 한 마디 제의했다.

"내가 한 군데 추천해도 괜찮겠나?"

그의 준수한 용모는 이제 자기 자신과 죽마고우인 브루스 목사가 기필코 함께 뛰어들기로 결심한 빈민 구제사업에 대한 열정으로 환히 빛나고 있었다. 감독이 원대한 능력과 가능성을 지닌 자신의 계획을 펼쳐놓기 시작하자 평소에 유능하고 경험이 풍부한 인물로 평가를 받아온 브루스 목사조차도 자기보다 훨씬 뛰어나고 원대한 영적 비전을 지니고 있는 감독의 생각에 경탄을 금하지 않을 수 없었다.

두 사람은 밤이 늦도록 마주 앉아서 한 번도 가 보지 않은 어느 경이로운 땅을 함께 여행하기 위해 계획을 짜는 사람들처럼 진지하고 열의있게 많은 이야기를 나누었다. 감독은 그 이후에도 여러 번 그 당시에 내렸던 결단의 순간에 대하여 언급했는데, 진실로 자신이 희생과 봉사의 삶을 살아나가기로 결심한 순간 갑자기 그의 마음속에 드리워졌던 무거운 짐이 벗겨지는 듯 홀가분하고 편한 기분이 들더라는 것이었다. 그는 성령의 충만하심을 느끼며 힘이 솟아올랐고, 브루스 목사도 그와 똑같은 이유로 무한한 힘과 용기가 솟아오름을 느꼈다.

마침내 현실적으로 구체화된 그들의 계획이란 전에 양조장으로 쓰던 커다란 건물을 세 내어 살림집으로 수리한 다음, 술집들이 판을 치고 더러운 셋집들이 늘어서 있으며 죄악과 무지와 수치와 빈곤이 무시무시한 형태로 밀집되어 있는 빈민가의 한가운데서 그곳 사람들과 함께 살아간다는 것 이외에는 별다른 것이 없었다. 이것은 결코 그의 새로운 착상이 아니고 일찍이 예수님께서 실천하신 생각이었다. 예수님께서는 죄악에 빠진 사람들에게 좀 더 가까이 접근하여 그들과 함께 생활함으로써 인류의 영혼을 죄악으로부터 구원하고자 아버지이신 하나님의 집과 마땅히 누려야 할 풍요와 영광을 모두 포기하셨던 것이다. 영혼 구원 사업은 결코 오늘날에 이르러 갑자기 생긴 것이 아니라 베들레헴이나 나사렛만큼 역사가 오래된 사업이다. 특히 이들 두 목회자들이 벌이고자 하는 구제 사업의 경우 그리스도를 위해 고난의 십자가를 짊어지려는 강렬한 소망을 충족 시키기 위해서는 그 대상이 되는 사람들에게 좀 더 가까이 접근하는 것이 최상 의 방책이었던 것이다.

그들의 주위에서 끊임없이 고동치고 있는 대도시의 물질적 빈곤과 영적 타락 상에 좀 더 가까이 접근하고자 하는 소망은 두 사람의 가슴 속에 동시에 발생하 기 시작하여 마침내 크나큰 열정으로 변화되어 갔다. 이들이 직접 가난에 허덕 이는 이웃들과 같은 입장이 되어 함께 생활해 나가지 않는 한 어찌 이러한 열정 이 제대로 실현될 수 있겠는가? 실제로 자신의 모든 지위와 재산과 권리를 부정 하고 그들과 함께 생활하지 않는다면 진정한 의미의 고통을 어디에서 찾을 수 있 단 말인가? 그들 자신이나 혹은 다른 사람들에 대한 자기 부인의 방법이 구체적 이고 실질적인 형태로 실현되어 도시의 암담한 죄악상과 깊은 고통을 함께 나누 지 않는다면 도대체 무슨 소용이 있겠는가?

그리하여 두 사람은 스스로 논리적으로 생각하면서 결코 다른 사람들을 판단 하지 아니하고, 다만 "예수님이라면 어떻게 하실까?"에 대한 솔직한 판단에 따 라 그분의 발자취를 따르고자 하는 자신들의 서약을 묵묵히 지켜 나가고자 했던 것이다. 만일 그들이 어떤 초자연적이고 불가항력적인 힘에 자기도 모르게 이 끌려서 자신들이 계획해 온 바를 실행해 나간다면 어찌 그 결과에 대해 함부로 왈가왈부할 수 있겠는가?

감독은 스스로 자금을 마련할 수 있었고 시카고에 사는 시민들이라면 누구나 그가 상당한 재산가임을 잘 알고 있었다. 브루스 목사도 목회 사역에 관한 여러 가지 책들을 저술함으로써 꽤 많은 원고료를 벌어들였고 어느 정도 저축해 두기 도 했다. 두 사람은 이러한 자금의 상당 부분을 투입하여 즉시 구제사업에 착수 하기로 합의를 보았는데, 무엇보다도 복지관의 설립에 사용하기로 결정했다.

26

참사랑이 꽃피는 지역

◇◇◇◇◇◇◇◇◇◇◇◇◇◇◇◇

한편 나사렛 애비뉴 교회는 교회 역사상 전에 없던 파문과 갈등을 겪고 있었다. 담임목사인 브루스 목사가 모든 교인들에게 예수님의 발자취를 충실히 따르자는 단순한 제안을 함으로써 커다란 파문을 일으켰으며 여전히 그 파문이 계속되었던 것이다. 이 간곡한 호소가 불러일으킨 결과는 레이먼드에 있는 헨리 맥스웰 목사의 제일교회와 아주 흡사했으나, 이 교회는 훨씬 더 권위주의적이고 부유한 데다가 인습과 타성에 젖어 있었다. 이 모든 갈등과 파문의 와중에도 불구하고 어느 초여름의 주일 아침 강단 앞에 선 브루스 목사가 정식으로 사임을 발표하자, 비록 그가 교회의 당회와 충분한 사전 토의를 거쳤고 그가 전개해 나가려는 구제 사업에 대해 그다지 놀라는 반응이 없이 제대로 납득이 되었다손 치더라도 도시 전체에 더욱 큰 파문을 일으키고 말았다. 더구나 감독까지도 공식적으로 사임을 발표하고 그토록 오래 봉직해 온 감독의 자리를 떠나 시카고 최악의 빈민굴 한복판으로 뛰어들려 한다는 생각을 밝히자 시민들의 놀라움은 이만저만이 아니었다.

"그런데 도대체 왜 그렇게 결정했나?" 하고 눈물까지 글썽이면서 감독의 생각을 바꾸게 하려고 설득하는 한 진실한 친구에게 감독은 차분한 목소리로 답변을 해 주었다.

"그런데 왜 사람들은 브루스 목사와 내가 뛰어들려는 구제 사업을 그토록 특별한 것으로 간주하려는 걸까? 마치 저명한 신학박사와 감독이 직접 문제 지역의 한복판으로 뛰어들어 죄악에 빠진 영혼들을 구원하려는 계획이 한 번도 들어보지 못한 기이한 일이라는 듯이 말이야. 만일 우리가 봄베이나 홍콩 또는 아프리카의 오지로 떠나기 위해 직분을 사임한다면, 모든 교인들은 물론 시민들까지도 우리의 열렬한 선교 정신에 대해 영웅적인 일이라고 아낌없는 찬사를 보낼 걸세. 그런데 정작 우리가 살고 있는 이 도시의 이교도들과 버려진 영혼들을 구원하기 위해 직접 그들 가운데 살면서 생애를 바치겠다는 것이 뭐 그리 특별한 일이란 말인가? 두 성직자가 주변에서 드러나는 빈민가의 참상을 직접 알아보고 실제로 체험하기 위해 가까이 살면서 선교하겠다는 것이 그렇게도 대단한 사건이란 말인가? 인류에 대한 참된 사랑이 이런 식의 영혼 구원 사업을 통해서 특별한 형태로 구현된다는 것이 그다지도 희귀한 일인가?"

비록 감독이 이런 식으로 자신들이 착수하려는 구제사업에 대해 별다른 것이 아니라고 주장했지만, 사람들은 여전히 화제의 대상으로 삼았고, 많은 교인들은 목회직에서 그렇게도 잘 알려진 두 성직자가 상당한 사회적 지위를 포기하고 안락한 가정을 떠나 자발적으로 엄격한 자기 부인과 현실적 고통이 수반되는 역경의 생활에 몸소 뛰어들려 한다는 사실에 대해 놀라움을 금치 못했다. 기독교국임을 자처하는 미국 시민들이여! 예수님의 발자취를 좀 더 충실하게 따르려는 그리스도인들이 예수 그리스도를 위하여 진실한 의미의 고통을 기꺼이 감수하겠다고 나서는 것이 아주 특별한 일이라도 되는 양 언제나 놀라움을 자아내다니 참된 기독교 정신의 측면에서 볼 때 수치스러운 일이 아니고 무엇이겠는가?

나사렛 애비뉴 교회에서는 담임목사인 브루스 목사를 떠나 보내면서 많은 교인들이 못내 아쉬움과 슬픔을 느끼는가 하면 한편으로는 서약을 거부한 교인들 사이에서 일종의 안도감이 일어나기도 했다. 브루스 목사는 늘 교인들로부터 많은 존경을 받아왔으며 그가 제안한 서약을 지키려다가 결국 파산을 면치 못한 사업가들도 여럿 있었으나 브루스 목사의 용기와 언행일치를 마음속 깊이 존경하면서 진심으로 따르려는 사람들이 많았다. 대부분의 교인들은 몇 년 동안 브루스 목사를 친절하고 보수적이고 안도감을 주는 신학박사로 간주해 왔으나 이러한 식으로 몸소 희생을 감수하려는 그의 용감한 결정은 몹시 생소한 일면이었다. 일단 교인들간에 그의 새로운 결심에 대한 충분한 이해가 이루어지자, 최근에 예수님의 발자취를 좀 더 충실히 따르려는 그의 확신에 찬 노력에 대하여 절대적인 신뢰감을 갖게 되었다. 나사렛 애비뉴 교회는 브루스 목사가 교회를 떠난 이후에도 그에 의해서 제안된 서약 운동의 신선한 충격을 잊지 않았다. 그와 더불어 서약 운동에 참여하여 많은 교인들이 교회 내부에 신선한 성령의 입김을 불어넣어 교인들 각자의 삶에 영생의 참된 기쁨을 불어넣어 주려는 운동을 끊임없이 전개해 나갔다.

또다시 가을이 지나갔고 시카고는 어느덧 혹독한 겨울을 눈앞에 두고 있었다. 어느 날 오후 감독은 이 빈민 구역에서 새로 사귄 친구를 만나기 위해 복지관을 떠나서 길모퉁이를 걸어가고 있었다. 네 구역 정도 걸어갔을 때 감독은 다른 상점들과는 좀 색다르게 차려놓은 어느 상점에 관심이 끌리게 되었다. 그의 주변에 있는 모든 것들이 아직도 그에게는 낯설고 생소한 것들 투성이였으므로 그는 매일매일 뭔가 이상한 장소를 발견하거나 전혀 예기치 않았던 사람들을 뜻밖에 만나곤 했다.

그의 관심을 끌었던 곳은 중국인 세탁소 옆에 붙어 있는 어느 조그마한 상점이었다. 상점의 정면에 두 개의 진열장이 있었는데 너무나 깨끗하고 정결한 탓에 그의 관심을 끌게 된 것 같았다. 그런데 진열장 안에는 먹음직스러운 요리들이 가지런하게 진열되어 있었고 제각기 가격표가 붙어 있었으므로, 전에는 퍽 생소했던 이곳 사람들의 무질서한 생활 방식에 대해 이제는 웬만큼 알고 있는 감독으로서는 놀라운 일이 아닐 수 없었다. 이러한 생각을 하면서 진열장 안을 들여다보고 있는데 갑자기 상점의 문이 활짝 열리더니 펠리시아 스털링이 나오는 게 아닌가? 깜짝 놀란 감독은 큰 소리로 외쳤다. "아니, 펠리시아! 언제 이렇게 소식도 없이 내 교구 안으로 들어오게 되었지?"

"감독님은 어떻게 그리 빨리 저를 찾아내게 되셨어요?"

"왜, 모르겠어? 이 빈민구역에서 이렇게 깨끗한 진열장이 붙어 있는 음식점은 이곳밖에 없거든."

"듣고 보니 정말 그렇군요."

이렇게 대답하면서 활짝 웃는 펠리시아의 모습이 감독에게는 퍽 사랑스럽게 느껴졌다. "그런데, 무엇 때문에 내게 알리지도 않고 이렇게 당돌하게 시카고로 돌아왔느냐 말이야. 다시 말해서 내게 한 마디의 사전 예고도 없이 어떻게 내교구 안으로 들어왔느냐구."

감독은 이렇게 다그치면서 펠리시아의 모습을 찬찬히 살펴보니 예전에 그녀의 어머니가 지녔던 아름답고 순결하고 교양있고 세련된 면모를 더욱 풍성하게 지니고 있어 자신도 모르게 청춘시절의 아름다웠던 순간들을 그녀를 통해 재음미하는 듯한 착각에 빠지게 됨으로써 몹시 민망할 지경이었다. 비록 그의 솔직한 심정으로는 지난날의 추억을 다시 떠올리고 싶지 않았는데 말이다.

"글쎄요, 감독님. 저는 요즈음 감독님께서 새로 착수하신 구제사업에 얼마나 몰두하고 계신지 잘 알고 있었지요. 공연히 제 계획을 알려드림으로써 감독님께 부담을 드리고 싶지 않았고, 제가 감독님을 도와드릴 수 있는 일이 무엇인지 직접 말씀드리고 싶었기 때문이에요. 실제로 지금 막 감독님을 찾아뵙고 여러 가지 도움이 될 만한 말씀을 듣기 위해 길을 나서는 중이었거든요. 현재로서는 여성외판원인 배스컴 부인과 함께 세 개의 방을 빌려서 버지니아 언니의 도움으로 바이올린 공부를 하고 있는 레이첼 언니의 제자 마사와 같이 지내기로 했답니다. 그녀는 빈민 출신이거든요."

펠리시아가 '빈민 출신' 이라는 말을 너무나 심각한 어조로 무의식 중에 내뱉는 것을 들으면서 감독은 슬며시 미소를 지었다

"저는 생계를 위해 이 음식점을 운영해 나가면서 동시에 이곳 빈민들을 위한

요리 실습을 다각적으로 시도해 볼 작정이에요. 요리라면 웬만큼 자신이 생겼거든요. 그런데 참, 한 가지 말씀드릴 계획이 있는데 감독님께서 이해해 주시고 도와주셨으면 합니다. 그렇게 해 주시겠어요, 감독님?"

"그럼, 도와주고 말고 …"

펠리시아의 생기 있고 확신에 찬 모습과 정열적이고 확고한 목적의식을 지닌 태도를 바라보며 감독은 그만 어리둥절해질 지경이었다.

"레이첼 언니의 제자인 마사가 바이올린 연주로 감독님의 복지관일을 도울 수 있고 저는 제가 지닌 음식 솜씨를 통하여 도울 수 있을 거예요. 감독님도 아시다시피 우선 이곳에 정착하고 나서 뭔가 가치 있는 일을 찾아내어 실제로 도움을 드릴 계획이었답니다. 저도 이젠 스스로 생계를 유지할 수 있거든요."

"네가? 아니, 어떻게? 저런 것들을 만들어서?"

감독은 거의 믿을 수 없다는 듯이 되물었다.

"저런 것들이라니요? 저런 음식들이야말로 이 시카고에서 가장 맛있고 깨끗하게 만들어진 음식임을 알아주셨으면 좋겠어요."

펠리시아는 다소 화난 어조로 감독에게 쏘아붙였다.

"물론, 네 말을 의심하지는 않는단다. 하지만 음식을 한 번 먹어 보아야 제대로 그 진가를 파악할 수 있지 않을까?" 감독은 성급하게 태도를 바꾸어 두 눈을 껌뻑거리면서 이렇게 말했다.

"그렇다면 들어오셔서 한 번 맛을 보세요. 가엾은 감독님! 거의 한 달 동안이나 좋은 음식이라고는 입에 대보지도 못하신 것 같군요."

펠리시아는 굳이 음식점 안의 작은 현관방으로 감독을 모셔들였는데, 그곳에는 짧은 곱슬머리를 단정하게 빗은 '마사'라는 이름의 소녀가 한 곡조도 틀리지 않으려고 세심한 주의를 기울이면서 바이올린 연주에 골몰하고 있었다.

"마사, 부담느끼지 말고 하던 연주를 계속 하렴. 이 분은 내가 종종 말했던 감독님이시란다. 거기 좀 편히 앉으셔서 제가 만든 이집트식 매운탕을 한 번 맛보세요. 제가 보기엔 몹시 시장하신 것 같군요."

이렇게 해서 그들은 즉석에서 요리된 점심을 함께 먹었다. 솔직히 말하건대 지난 몇 주일 동안 감독은 한 번도 음식다운 음식을 입에 대보지 못한 탓에 전혀 예기치도 못한 음식을 한껏 즐기면서 먹어치우더니 그만 펠리시아의 뛰어난 요리솜씨에 경탄을 금치 못하면서 온갖 칭찬을 늘어놓게 되었다.

"시민회관의 대연회석에서 곧잘 즐겨 드시던 음식맛보다 못하지는 않지요?"

펠리시아가 얼굴을 붉히며 슬쩍 물어보자 감독은 말할 필요도 없다는 듯 고개를 끄덕이며 말했다.

"정말 맛있구나! 시민회관 연회석상의 음식이야 이 맛에 비하면 쓸데없는 걸치레만 잔뜩 해놓은 쓰레기에 불과하지. 펠리시아, 넌 아무래도 복지관으로 와서 음식을 만들어 주었으면 좋겠구나. 우리가 너에게 하고 있는 일들을 보여주고 싶단다. 나는 처음 네가 이곳에서 음식점을 통하여 생계비를 벌겠다고 말했을 때 저으기 놀랐던 것은 사실이야. 나는 이제 너의 계획을 이해할 수 있고 우리가 해 나가려는 사업에 큰 도움이 될 것 같구나. 정말 이곳에 눌러 살면서 이곳 주민들에게 값싸고 좋은 음식의 가치를 깨우쳐 주겠다는 거냐?"

"네, 맞아요 그것이 바로 제가 떠맡으려는 복음 사업이랍니다. 어찌 제가 그 뜻을 따르지 않을 수 있겠어요?"

펠리시아는 심각한 어조로 대답했다.

"아무렴, 그렇고 말고. 네 말이 과연 옳구나. 하나님께서 너의 그 갸륵한 뜻을 축복해 주시길! 내가 감독직을 사임하고 기존의 세계를 떠날 때 사람들은 혹 '여자'가 생긴게 아닌가 하고 이러쿵저러쿵 말이 많았단다. 만일 네가 그 여인들 중의 하나라면, 난 바로 이곳에서 순수한 개종자가 된 셈이로구나."

"과분한 말씀이세요! 하지만 이제 이곳 시카고 빈민촌에서 우리가 짊어지려는 십자가로부터 벗어날 수는 없을 거예요."

펠리시아가 유쾌한 소리로 웃어대자 지난 몇 달 동안 온갖 헛된 죄악으로 답답해진 감독의 무거운 마음이 갑자기 탁 트이면서 가벼워지는게 아닌가? 참으로 그 유쾌한 웃음소리는 듣기에 아름다웠고 하나님께 속한 것 같았다.

펠리시아가 복지관을 방문하고 싶어했으므로 감독은 그녀를 데리고 되돌아왔다. 그녀는 상당한 자금과 훌륭한 아이디어, 헌신적인 인간의 노력이 이루어 놓은 놀랄 만한 성과를 보고 경탄을 금치 못했다. 그들은 복지관의 구석구석을 두루 돌아보면서 끊임없이 이야기를 나누었다. 그녀는 마치 활력과 열정의 화신과도 같았으며, 이러한 것들이 그녀의 모든 언행에서 자연스럽게 넘쳐나오는 것을 바라보며 감독은 감탄해 마지않았다.

그들이 함께 지하실로 내려가서 출입문을 열자 목수의 대패질 소리가 안쪽으로부터 들려왔다. 그곳은 규모는 작았지만 여러 가지 쓸 만한 연장들이 골고루 갖추어진 꽤 짜임새 있는 작업실이었다. 종이 모자를 쓰고 작업복을 걸친 한 청년이 휘파람을 불면서 대패질을 하다가 두 사람을 보자 종이 모자를 벗으며 인사를 했다. 그러다가 그의 손가락에 묻었던 대팻밥 하나가 머리카락에 달라붙어 대롱거렸다.

"이쪽은 스털링 양, 그리고 이쪽은 스티븐 클라이드 군."

감독은 두 사람을 소개하면서 한 마디 덧붙였다. "클라이드 군은 매주 두 번씩 오후에 이곳에 와서 우리 일을 거들고 있는 청년이지."

마침 그때 위층에서 감독을 부르는 소리가 들리자 그는 잠시 실례한다고 말하면서 펠리시아와 청년을 남겨둔 채 급히 위층으로 올라갔다.

"우린 전에 만나뵌 적이 있는 것 같군요."

펠리시아는 클라이드를 바라보며 솔직하게 말문을 열었다.

"그래요, 감독님 말씀처럼 '저 속세에서' 만난 적이 있었지요."

이렇게 대답하는 청년의 다섯 손가락이 대패질하고 있는 판자 위에서 다소 떨리고 있었다. 펠리시아가 머뭇거리며 말했다.

"네, 다시 만나뵈어서 정말 기쁘군요."

이 말을 듣고 청년의 얼굴이 기쁨으로 인해 홍조를 띠며 말했다.

"정말이십니까 … ? 그 이후로 많은 시련을 겪으셨다고 하더 … " 이렇게 말하려다가 청년은 펠리시아의 지난 상처를 건드려서 고통스런 추억을 되살리게 하지 않을까 두려운 나머지 그만 입을 다물고 말았다. 그러나 펠리시아는 이미 그 모든 시련을 꿋꿋하게 극복해 낸 이후였다.

"네, 꽤나 어려웠지요. 그런데 당신도 고생을 많이 하셨겠군요. 어떻게 여기서 일하시게 되었나요?"

"스털링 양, 그 이야기를 하자면 꽤 길답니다. 아버지가 파산을 한 이후로 저는 곧 일자리를 찾아나서야 했지요. 오히려 제겐 참 좋은 기회가 되었답니다. 감독님께서는 어떤 상황에 처하든지 늘 진심으로 감사할 줄 알아야 한다고 말씀해 주셨거든요. 실제로 저는 지금 모든 것에 감사하고 있으며 무척 행복하답니다. 언젠가는 소용이 되리라고 생각하여 장사하는 법을 배워 두었고 밤에는 호텔에서 사무를 보고 있지요. 나사렛 애비뉴 교회에서 당신이 서약을 하던 주일 아침에 저도 다른 사람들과 더불어 서약을 했답니다."

"그랬군요. 반갑습니다."

펠리시아가 천천히 대답했을 때 마침 감독이 되돌아왔다. 이윽고 감독과 펠리시아는 작업장에서 일하는 청년과 작별한 후 지하실을 나왔다. 청년은 대패질을 하면서 더욱 신나게 휘파람을 불고 있었다.

"펠리시아, 스티븐 클라이드라는 청년을 전부터 알고 있었나?"

"예, 감독님, '저 속세'에 있을 때부터 알고 있었어요. 나사렛 애비뉴 교회에서 몇 번 만난 적이 있었지요."

"아! 그랬군."

"우리는 정말 좋은 친구였어요."

"그 이상은 아니었구?"

감독이 이런 식으로 묻자 펠리시아의 얼굴이 갑자기 발그스레 달아올랐다.

이윽고 그녀는 솔직한 눈길로 동행하고 있는 감독의 얼굴을 바라보면서 담담하게 대답했다.

"정말, 친구 사이였어요. 그 이상은 아니에요."

'이런 식으로 두 남녀가 만나 서로 좋아하게 되는 것이 세상살이의 보편적인 이치가 아닌가!' 감독은 이런 생각을 하면서 다소 우울한 기분이 들었다. 옛날 캐밀라와 있었던 실연의 고통이 자기도 모르게 되살아났기 때문이었다. 그러나 펠리시아와 헤어지고 난 후 혼자 남게 되자 이러한 아픔은 서서히 사라지고 눈에 눈물이 가득 고인 채 다만 펠리시아와 스티븐이 하나님 안에서 진실한 사랑을 나누게 되길 염원할 뿐이었다. '결국 남녀 간의 사랑도 인간 생활의 일부가 아닌가? 사랑이란 나보다 훨씬 경륜이 많고 지혜롭거든.'

감독은 이해심과 지각을 갖춘 성직자답게 혼자 중얼거렸다. 한 주가 지나자 감독은 구제사업 역사의 한 장을 이룰 만한 경험을 하게 되었다. 어느 날 밤 그는 파업을 일으킨 양복공들의 모임에 참여했다가 밤늦게 복지관으로 돌아오는 길이었다. 뒷짐을 지고 생각에 잠긴 채 천천히 걷고 있는데 길 한 모퉁이의 버려진 공장 건물을 둘러싼 울타리 뒤에서 갑자기 두 괴한이 나타나더니 그를 가로막는 것이었다. 두 괴한들 중의 하나가 감독의 얼굴에 권총을 들이댔고 다른 하나는 울타리에서 걷어낸 듯한 낡고 굵직한 몽둥이를 들고 그를 위협했다.

"두 손을 높이 들어! 빨리 시키는 대로 하라니까!" 권총을 든 사나이가 외쳤다. 장소도 꽤 동떨어진 곳인데다가 감독은 전혀 반항할 생각이 없었다. 괴한이 시키는 대로 두 손을 번쩍 들자 몽둥이를 든 사나이가 그의 주머니를 뒤지기 시작했다. 감독의 마음은 담담했고 긴장하거나 떨리지도 않았다. 감독이 두 손을 들어올린 채 조용하게 서 있는 모습을 낯모르는 사람이 지나가다가 보았더라면 그가 이 두 괴한의 불쌍한 영혼을 위해 기도하고 있는 줄 알았으리라. 실제로 그는 이들을 위해 간절히 기도하고 있었고 바로 그 날 밤 그의 기도가 응답을 받던 것이다.

길 잃은 영혼들

"의가 주의 앞에 앞서 가며 주의 길을 닦으리로다."

감독은 원래 현금을 많이 가지고 다니지 않았으므로 몽둥이를 들고 그의 주머니를 뒤지던 사나이가 겨우 잔돈 몇 푼밖에 발견하지 못하자 화가 난 듯 욕설을 퍼붓기 시작했다. 그러자 권총을 든 괴한이 더 바싹 다가서면서 거칠게 소리를 질렀다.

"시계를 풀어. 빼앗을 수 있는 것은 전부 뺏으란 말이야!"

몽둥이를 든 사나이가 시계줄을 잡아당기려는데 사람의 발자국 소리가 들려왔다.

"울타리 뒤로 숨어. 아직 반도 뒤지지 못했단 말야! 넌 잠자코 입 다물고 있어. 허튼 수작을 했다가는 그냥 … "

권총을 든 괴한이 손짓을 하자 그의 동료와 힘을 합해 감독을 끌고 가서 으슥한 골목으로 밀어붙이더니 이내 부서진 울타리 틈으로 내팽개치는 것이었다. 발자국 소리가 사라질 때까지 셋은 어두운 구석에서 숨을 죽인 채 서 있었다.

"자, 이젠 됐어. 너 아까 시계를 풀어 냈어?" 권총을 든 괴한이 물었다,

"아니, 망할 놈의 시계줄이 매달려 있었다구!"

"그럼 끊어 버리면 되잖아!"

"아니, 제발 시계줄을 끊지는 마시오. 그 시계줄은 아주 귀한 친구로부터 받은 선물이기 때문이오."

그때까지 입을 다물고 있던 감독이 비로소 이렇게 말을 꺼내자 권총을 든 괴한이 마치 갑작스럽게 자기 총에 맞기라도 한듯이 깜짝 놀라는 것이었다. 그는 권총을 들지 않은 손으로 재빨리 감독의 목덜미를 잡더니 희미한 불빛이 새어나오는 골목 쪽으로 밀고 가서 바싹 다가서는 것이었다. 감독의 얼굴을 들여다본 그는 멈칫 놀라더니 함께 있는 동료에게 거친 목소리로 외쳤다.

"시계는 그냥 둬. 우린 돈을 빼앗았으니 그것으로 충분해!"

"충분하다구? 겨우 50센트에 불과하단 말야. 너 갑자기 어떻게 된 거…" 몽둥이를 든 괴한이 말을 채 끝내기도 전에 감독의 머리를 향했던 총구가 그 괴한 쪽으로 향하더니 그는 이렇게 말했다.

"시계는 그냥 두라니까! 그 몇 푼 안 되는 돈도 돌려드려. 우리가 붙잡은 이 사람은 감독님이시다. 감독님이라구. 너 안 들리냐?"

"그게 어쨌다는 거야! 설사 미국 대통령이라 해도 우리 손에 붙잡혀 있으면 별 수 있겠어?"

"내가 분명히 돈을 돌려드리라고 말했다. 만일 5초 이내로 돌려드리지 않는다면 네 머리통에 구멍을 내어 버리겠어. 설마 머리통을 또 하나 갖고 다니는 건 아니겠지!"

몽둥이를 든 괴한은 갑작스런 사태의 변화로 당황한 나머지 동료의 의도를 헤아려 보려는 듯 잠시 머뭇거리더니 급히 50센트의 돈을 꺼내어 감독의 호주머니에 도로 넣어 주었다.

"이제는 손을 내리셔도 됩니다, 감독님."

권총을 든 사나이는 여전히 자기 동료를 날카롭게 주시하면서 천천히 권총을 내리더니 아주 공손한 어조로 말하는 것이었다. 감독은 천천히 두 팔을 내리면서 이 두 괴한의 얼굴을 찬찬히 들여다보았으나 불빛이 너무 희미한 탓에 용모를 분간하기가 어려웠다. 이제 그는 완전히 자유로운 몸이 되었지만 전혀 가고 싶은 생각이 없는 듯 움직이지 않고 서 있었다.

"이젠 가셔도 좋습니다. 우리 때문에 더 이상 이곳에 머물 필요는 없습니다."

권총을 들었던 괴한이 마치 대변인이라도 되는 듯 이렇게 말하고 나서 몸을 돌려 돌 위에 걸터 앉았다. 동료는 몹시 화가 난 듯 쓸데없이 몽둥이로 땅을 파헤치고 있었다.

"바로 당신들 때문에 가지 않고 서 있답니다."

감독은 이렇게 대답하면서 부서진 울타리에서 떨어져 나온 판자 위에 걸터 앉았다.

"당신은 우리를 고맙게 여겨야 해. 일단 걸려든 사람을 순순히 놓아준 적은 거의 없으니까 말야."

몽둥이를 든 사나이가 거칠게 웃으며 이렇게 말하자 다른 사나이가 고함을 질렀다.

"입 닥쳐, 임마! 우리는 지금 지옥을 향한 길 위에 서 있단 말씀이야. 이제 그만하면 충분해. 너와 함께 이런 일을 해서 먹고 사느니 차라리 악마와 함께 일하는 게 낫겠어."

마침내 감독이 온화하고 사랑이 넘치는 목소리로 입을 열었다.

"혹시 내가 도움이 될 수만 있다면…"

그러자 돌 위에 걸터 앉았던 사나이가 어둠 속에서도 감독을 응시하며 한참 동안 말없이 앉아 있더니 처음엔 감추려 했던 것을 마침내 털어 놓기로 결심한 듯 천천히 입을 열었다.

"감독님은 우리가 전에 한 번 만났던 것을 기억하십니까?"

"글쎄요, 빛이 너무 희미해서 당신의 용모를 제대로 살펴볼 수가 없군요."

"자, 그럼 이렇게 하면 좀 알아보시겠습니까?"

갑자기 그 사나이가 모자를 벗어들더니 돌쩌귀에서 일어나 서로 몸이 맞닿을 정도로 감독에게 바싹 다가서는 것이었다. 그 사나이의 머리카락은 석탄처럼 새까만 색깔이었으나 머리의 한가운데 부분이 손바닥 정도의 크기만큼 하얗게 세어 있었다. 그 사나이의 얼굴을 자세히 살피는 순간 감독은 깜짝 놀라고 말았다. 15년 전의 아스라한 기억이 갑자기 되살아났기 때문이었다. 그 사나이는 기억력을 도와주려는 듯 이렇게 덧붙였다.

"81년인가 82년인가 어느 날 밤 감독님을 찾아가서 뉴욕 빈민가의 대화재 당시에 아내와 자식을 한꺼번에 잃었노라고 서글프게 하소연하던 사나이를 기억하시는지요?"

"네, 이제 차츰차츰 기억이 되살아납니다."

감독이 이렇게 대답하는 것을 옆에서 듣고 몽둥이를 들었던 사나이는 꽤 흥미가 당기는지 쓸데없이 땅을 파던 것을 멈추고 조용히 듣고 있었다.

"감독님께서 그 날 밤 손수 저를 당신의 저택으로 맞아들여 재워 주시고 다음날은 하루종일 마땅한 일자리를 구해 주기 위해 동분서주하셨던 것을 기억하십니까? 천신만고 끝에 드디어 커다란 저장소의 현장주임으로 저를 취직시켜 주시면서 당신은 내게 앞으로는 술을 끊으라고 간곡히 부탁하셨고 저 또한 그 말씀을 따르기로 약속했지요."

"이제서야 모든 기억이 되살아 나는군요. 지금도 그 약속을 지키고 있습니까?"

이 말을 듣고 그 사나이는 한바탕 큰 소리로 웃어젖히더니 두 주먹을 불끈 쥐고 울타리를 내리치기 시작했는데 얼마나 세찬 감정으로 내리쳤던지 두 주먹에서 피가 흘러내리고 있었다.

"약속을 지켰냐구요? 하하하, 저는 일주일도 채 못 가서 다시 술독에 빠져 버렸고 지금도 여전히 매한가지랍니다. 하지만 저는 감독님이나 저를 위한 감독님의 기도를 결코 잊을 수 없었지요. 제가 당신의 집으로 찾아간 다음날 밤 아침 식사 후에 기도를 하시면서 저보고 함께 들어와 기도하자고 권하신 일을 기억하십니까? 그 기도는 저에게 커다란 감명을 안겨주었지요. 저의 어머니께서도 생전엔 늘 그런 식으로 기도를 해 주셨거든요. 어린 시절 내 침대 옆에 무릎을 꿇고 앉아 저를 위해 기도해 주시던 어머니의 모습이 지금도 기억에 생생합니다. 그런데 어느 날 밤 술이 곤드레 만드레 취해 돌아온 아버지가 내 옆에서 무릎을 꿇고 기도하던 어머니를 발로 찼지요.

하여튼 저는 그 날 아침 감독님이 해 주신 기도를 결코 잊지 못했습니다. 감독님께서는 제 어머님이 늘 그렇게 해 주셨듯이 저를 위해 기도해 주셨고, 감독님 댁의 현관 벨을 울릴 때 몹시 거칠고 추한 몰골로 술에 만취되어 있었는데도 감독님은 전혀 아랑곳하지 않으시더군요.

아, 그런데 나는 이제껏 어떤 생활을 해 왔던가! 눈만 뜨면 술집을 내 집처럼 자주 드나들면서 이 세상 최악의 지옥 같은 생활을 영위해 오지 않았던가! 그런데 감독님께서 저를 위해 해 주셨던 기도가 늘 제 머릿속을 떠나지 않고 제 양심을 때리고 있었습니다. 술을 마시지 않겠다던 제 약속은 2주일도 채 안 돼서 산산조각이 나 버렸고 그 후 감독님께서 각고끝에 얻어주신 직장에서도 쫓겨나고 말았으며 이틀 후에는 유치장 신세까지 지게 되었지요. 그러나 이 모든 혼란과 불행의 와중에서도 감독님의 기도는 좀처럼 잊혀지질 않더군요. 그 기도가 제게 얼마나 도움을 주었는지 알 수 없지만…

여하튼 저는 지금 감독님께 아무런 피해도 입히지 않으려니와 어느 누구도 해치지 못하도록 할 터이니 안심하고 돌아가십시오. 드릴 말씀은 이것뿐입니다."

그러나 감독은 꼼짝도 하지 않고 우두커니 서 있었고 어디선가 교회의 시계탑에서 새벽 한 시를 알리는 종소리가 들려왔다. 그 사나이는 벗었던 모자를 눌러 쓰더니 아무 말 없이 큰 돌덩이 위에 다시 걸터 앉았다. 감독은 한참 동안 생각하는 듯 하더니 이윽고 말문을 열었다.

"직장을 잃은 지가 얼마나 되었소?"

몽둥이를 들고 서 있던 사나이가 겸연쩍은 듯이 대답했다.

"우리가 함께 이렇듯 노상 강도짓을 해온 지도 벌써 6개월이 넘었소. 정말이지 꽤나 지겹고 고달픈 일이라오. 특히 오늘같이 허탕을 치는 날에는 더욱 화가 납니다."

"혹시 내가 두 분을 위해 적절한 일자리를 구해 드린다면 이런 짓을 집어치우고 새 출발을 해 보시려오?"

"무슨 소용이 있겠습니까? 이미 수백 번도 더 마음을 고쳐먹었는데 그때마다 또다시 더 깊은 죄악 속으로 빠져들었고 이젠 너무 늦었습니다."

돌 위에 걸터앉은 사나이가 모든 것이 귀찮다는 듯 퉁명스럽게 대답하자 감독은 커다란 목소리로 이를 부인하였다.

"결코 그렇지 않소!"

감독은 지금까지 목회 생활을 해오면서 수많은 영혼들의 구원을 갈망해 왔지만 이 두 사나이의 죄 많고 가엾은 영혼만큼은 꼭 구원해야 되리라는 간절한 소망을 느낀적은 없는 것 같았다. 그는 이 특이한 상황의 한가운데에 우두커니 서서 끊임없는 기도를 잊지 않았다.

'오, 주님, 이 가엾은 두 영혼을 제게 주소서! 그들의 구원을 갈망하오니, 두 사나이의 영혼을 제게 주소서!'

"절대로 그렇지 않소! 하나님께서는 당신들 두 사람을 끊임없이 사랑하고 또 용서해 주실 터인데 무엇이 걱정이란 말이오? 내가 당신들을 위해 해드리고자 하는 일은 이 크나큰 사랑에 비하면 지극히 보잘것없는 일입니다. 당신들 두 사람이 지금껏 아무리 많은 죄를 저질렀다 할지라도 하나님께는 무한히 귀중한 존재들임에 틀림없으니까요."

그런데 마침 천만뜻밖에도 옛날 이 사나이를 만났던 기억이 소상히 되살아나서 이 어색한 상황 중에 두 사나이를 설득하는 데 크나큰 도움이 되었다. 감독은 이 사나이가 자신의 집을 방문한 이후 지금에 이르기까지 수많은 세월을 몹시 바쁘게 지내 왔지만 그의 이름까지도 정확히 기억할 수 있었던 것이다. 그는 이 두 사나이에 대한 형언하기 어려운 연민의 정과 구원의 열망을 간절하게 느끼면서 말을 이었다.

"번스 씨, 여기 있는 당신 친구와 함께 오늘 밤 우리 집에 함께 간다면 적절한 일자리를 마련해드리겠소. 난 당신들이 아주 잘해 나가리라고 믿고 있소. 당신들 두 사람은 아직 젊은 나이인데 어째서 하나님이 당신들을 저버리시겠소? 전능하신 하나님 아버지의 사랑을 얻는다는 것은 너무나 귀하고 값진 일이며, 이에 비하면 내가 당신들을 사랑하는 것은 지극히 작은 일에 불과하지요. 만일 당신들께서 이 세상에는 여전히 사랑이 존재한다는 것을 다시금 느껴보기 원한다면, 형제들이여! 내가 당신들을 진실로 사랑한다고 말할 때 나를 믿어야 할 것이며, 우리의 죄를 대신하여 십자가에 못 박히신 예수 그리스도의 이름으로 맹세하건대 나는 당신들 두 사람이 영생의 크나큰 기쁨과 소망을 잃어버리는 것을 결코 방관할 수 없소. 자, 그러니 우리 함께 가서 새 출발을 다짐해 봅시다. 하나님이 당신들을 도우실거요. 또한 하나님과 당신들과 나 이외에는 아무도 오늘 밤의 일을 알지 못하니 당신들이 진심으로 하나님의 용서를 비는 순간 그분께서는 모든 것을 용서해 주실거요. 또 내 말이 모두 진실임을 곧 알게 될 겁니다. 자, 어서! 우리 다같이 힘을 합하여 악마에 대항해서 싸워나갑시다. 이러한 싸움은 평생토록 지속될 싸움이며 예수 그리스도께서는 죄인들을 돕기 위해 이 세상에 오신거라오. 내가 당신들을 위해 할 수 있는 일이라면 무엇이든지 해 드리겠소. 오, 하나님! 이들의 영혼을 제게 맡기소서!"

그의 기나긴 설득과 호소는 이렇게 해서 하나님을 향한 간절한 기도로 이어졌다. 그의 벅찬 감정은 마침내 기도의 분출구를 통해 흘러넘쳤고, 감독의 열렬한 기도가 계속되는 동안 번스는 두 손으로 얼굴을 가린 채 흐느껴 울고 있었다. 그 옛날 어머니의 사랑이 넘치는 기도가 바로 여기에서 재현되고 있지 않은가? 이러한 기억은 감독의 기도에 크나큰 힘을 더해 주었다. 한편 번스의 동료인 또한 명의 사나이는 일찍이 감독과 아는 바가 전혀 없었기 때문에 별다른 감동도 느끼지 못한 채 처음부터 어리둥절하고 굳어진 표정으로 울타리에 등을 기대고 꼿꼿이 서 있었다. 그러나 감독의 열렬한 기도가 계속됨에 따라 그의 마음에도 변화가 일어났다. 과연 어떠한 성령의 힘이 이 우매하고 잔인하고 거칠기 짝이 없는 영혼에 역사하여 놀라운 변화를 일으키게 되었는지 천사들의 영원한 기록이 아니고서는 밝혀낼 수 없으리라.

그러나 바울이 다마스커스로 가는 노정에서 그의 영혼을 후려쳤던 그 초자연적인 성령의 힘이, 헨리 맥스웰 목사가 예수님의 발자취를 따르자고 제안한 주일 아침 제일교회를 휩쓸었던 성령의 물결이, 나사렛 애비뉴 교회의 회중 위로 거침없이 밀어닥쳤던 성령의 위력이, 이제 대도시의 어느 지저분한 빈민가에 스스로 임재하시어 양심과 옛날의 기억과 하나님을 통한 간절한 호소로 인하여 감동을 받은 두 죄 많은 사나이의 심성에 변화를 일으키기 시작했다. 감독의 간절한 기도는 몇 년 동안 그들과 하나님의 직접적인 대화를 단절시켜온 두터운 벽을 모두 깨뜨려 버리는 듯했다. 그들 자신도 이러한 사실을 깊이 깨달으면서 몹시 놀라는 기색이었다.

마침내 감독은 오랜 기도를 끝마쳤지만 처음에는 그 자신조차도 어떤 변화가 일어났는지 미처 깨닫지 못했고 두 사나이들 역시 마찬가지였다. 번스는 아직도 여전히 무릎 사이에 얼굴을 파묻은 채 앉아 있었고, 담장에 기대 서 있던 사나이는 경외감과 자책과 놀라움과 가까스로 소망의 빛을 발견한 기쁨 등이 뒤엉킨 표정으로 감독을 바라보며 서 있었다. 마침내 감독은 꿇었던 무릎을 펴고 일어서면서 말했다.

"자, 함께 갑시다, 형제들이여. 하나님은 선하시고 사랑이 무한하신 분이랍니다. 오늘 밤에는 우리 복지관에서 머물도록 해요. 즉시 일자리를 마련하도록 모든 노력을 기울이겠소."

이렇게 해서 두 사나이는 말없이 감독을 따라 나섰고 그들이 복지관에 도착했을 때는 이미 새벽 2시가 넘은 후였다. 감독은 두 사나이를 복지관으로 맞아들여 함께 쉴 만한 방으로 안내해 주었다. 문간에서 감독은 잠시 서 있었는데 그의 커다랗고 떡 벌어진 체구에 비해서 안색이 창백해 보였으나 조금 전의 감동적인 체험으로 인해 사랑과 기쁨으로 빛나고 있었다.

"하나님께서 내 형제인 그대들을 축복해 주시길!"

그는 이렇게 축복하고 나서 방을 떠났다.

다음날 아침이 밝아오자 감독은 이 두 사나이를 마주 대하기가 두려울 지경이었다. 그러나 지난밤의 깊은 감동은 여전히 그의 가슴속에 남아 있었고, 약속을 충실히 지켜 그는 두 사나이에게 적절한 일자리를 마련해 주었다.

복지관의 수위실은 여러 가지 업무가 늘어남에 따라 보조 수위가 필요했으므로 번스는 보조 수위직을 얻게 되었고, 그의 동료는 복지관에서 그다지 멀지 않은 곳에 위치한 운송회사에 취직하게 되었다. 이렇듯 성령은 어둡고 죄 많은 사나이들의 영혼에 깊이 파고들어 놀라운 중생의 역사를 시작했던 것이다.

28

자선이란 값싼 동정심의 발로일까?

◈◈◈◈◈◈◈◈◈◈◈◈◈◈◈◈◈

번스는 복지관의 보조 수위로서 일자리를 얻게 된 첫날 오후에 회관 앞의 계단 청소를 하다가 잠시 몸을 펴고 주위를 돌아보았다. 그의 시야에 들어온 첫 번째 대상은 골목 건너편에 보란듯이 내걸린 맥줏집 간판이었다. 그 간판은 선 채로 빗자루를 한껏 내뻗으면 가까스로 닿을 만한 거리에 있었고, 한길 건너편에는 꽤 큰 술집이 두 군데나 있었으며, 좀 아래쪽 길가에는 그런 규모의 술집이 세 군데나 더 있었다.

갑자기 가장 가까운 술집의 문이 열리더니 한 사나이가 비틀거리며 걸어 나왔고 그와 동시에 두 사나이가 안으로 들어서는 모습이 보였다. 강한 맥주 냄새가 계단에 서 있는 번스의 코를 찌르기 시작하자 그는 빗자루를 단단히 움켜쥐고 다시 계단을 쓸기 시작했다. 그는 한 계단 한 계단 내려서면서 꼼꼼하게 계단을 쓸고 있었는데 아직 공기가 꽤 싸늘한 날씨였음에도 불구하고 이마에서 땀이 배어 나왔다. 건너편 술집 문이 또다시 열리면서 서너 명의 사나이들이 몰려나왔고 양동이를 든 소년 하나가 들어가더니 맥주를 가득 담고 나와 번스 바로 앞에 놓인 보도를 걸어가고 있었다. 또다시 진한 맥주 냄새가 코를 찌르자 번스는 필사적으로 빗자루를 움켜쥔 채 계단을 쓸어내려갔다. 얼마나 세게 움켜잡았던지 손가락 끝이 자줏빛으로 변할 지경이었다.

그러다가 갑자기 한 계단을 올라서서 이미 쓸었던 곳을 다시 쓸어내더니 이런 식으로 안간힘을 기울여 가까스로 술집에서 가장 멀리 있는 현관 구석을 쓸어냈다.

"오, 하나님, 감독님께서 이럴 때 돌아와 주셨으면!"

그는 나지막히 외쳐보았으나 마침 감독은 브루스 목사와 함께 외출중이었으므로 그가 알 만한 사람은 주위에 하나도 없었다. 그는 2, 3분쯤 현관 구석에서 더 비질을 하면서 얼굴이 갈등과 고뇌로 인해 일그러질 지경이었다. 그는 점점 계단쪽으로 다가가서 내려가기 시작했는데 마침 아직 쓸지 않은 듯한 계단 하나가 눈에 띄자 그 계단까지 내려가 비질을 끝내게 하는 좋은 구실이 될 성싶었다. 그는 이제 보도까지 다 내려가서 길 건너편 술집에 등을 돌리고 얼굴을 복지관을 향한 채 마지막 계단을 쓸고 있었다. 그는 아마 이 마지막 계단을 열두 번도 더 쓸었을 것이다. 얼굴 전체에 구슬 같은 땀방울이 맺히면서 발끝에 떨어지기 시작했고 번스는 자신이 차츰 술집 쪽으로 이끌려가는 듯한 느낌이 들었다. 그는 코 끝을 흐르는 물씬한 맥주 냄새를 느꼈고, 맥주 거품이 그의 주위에서 부글부글 끓어오르는 듯한 착각에 빠지기도 했다. 그 거품은 마치 지옥의 저 밑바닥에서 끓어오르는 유황불 같았고 거대한 힘으로 두 손을 뻗쳐 그를 지옥의 심연으로 끌어내리려는 것만 같았다.

그는 이제 길 한가운데까지 말끔히 쓸어내기 시작하여 복지관 앞의 공터와 지저분한 도랑마저도 깨끗이 치워 놓았다. 마침내 그는 모자를 벗더니 비오듯 흐르는 땀을 옷소매로 닦아냈는데 긴장과 갈등으로 인하여 입술이 창백해지고 이빨이 서로 맞부딪히는 소리가 났다. 그는 마치 몸의 일부가 마비된 사람처럼 온 몸을 떨면서 비틀거리기 시작했고 그의 영혼마저도 중심을 잡지 못한 채 거세게 흔들리고 있었다.

그는 한길에 가로놓인 돌 턱을 지나서 이제 술집을 정면으로 바라보며 엉거주춤 서 있었다. 술집 간판을 슬쩍 쳐다보고는 창문을 통하여 무수한 위스키병과 맥주병들이 거대한 파라미드를 이루며 가지런히 정돈된 모습을 들여다봤다. 그는 이제 혀끝으로 입술을 적시며 한 걸음 더 바싹 다가서면서 두려운 듯 살그머니 주위를 둘러보았다. 마침 그때 또다시 술집 문이 활짝 열리더니 한 사나이가 걸어 나왔는데 후끈하고 코를 찌르는 듯한 술냄새가 순식간에 퍼져 차가운 공기를 가르며 흩어졌다. 이내 닫혀 버린 술집 문 앞으로 한 걸음 더 다가서서 바야흐로 술집문을 열려고 하는데 길 모퉁이에서 커다란 체구의 사나이가 성큼성큼 다가오는 것이 눈에 띄었다. 그는 다름아닌 감독의 모습이었다.

감독은 즉시 한 팔로 번스의 몸을 움켜쥐더니 한길 옆으로 끌어내었다. 술 생각에 거의 미치광이가 되다시피한 번스는 감독에게 마구 욕지거리를 퍼부으면서 있는 힘을 다해 감독의 얼굴을 후려쳤다. 누가 자기를 끝없는 파멸의 구렁텅이에서 끌어내어 주는지조차 전혀 의식하지 못하는 것 같았다. 감독의 얼굴 위로 세차게 내리쳐진 주먹 때문에 감독의 빰 위에는 금세 커다란 상처가 생겼으나 감독은 신음소리 하나 내지 않았다. 다만 그의 얼굴에는 크나큰 슬픔의 그림자가 스쳐 지나갔고 번스를 어린아이 다루듯 번쩍 치켜 올리더니 성큼성큼 계단을 올라가 복지관 안으로 들어섰다. 그는 번스를 커다란 현관에 내려놓더니 문을 닫고 등을 기댄 채 서 있었다.

번스는 그제서야 정신을 차린 듯 무릎을 꿇고 흐느끼면서 기도를 하기 시작했다. 감독은 아직 가쁜 숨을 내쉬고 있었는데 그가 번스를 이곳까지 들어올리느라 힘이 들었던 탓이었다. 그는 흐느끼는 번스의 모습을 내려다보면서 걷잡을 수 없는 연민의 정이 솟아올랐다.

"기도하시오, 번스! 이제껏 한 번도 제대로 해 보지 않은 기도를 간절히 하나님께 올리시오. 기도 외에는 당신을 구원할 길이 없기 때문이오!"

"오, 하나님! 어리석은 저의 기도를 받아 주시고 저를 구원하소서! 저 끝없는 악마의 마수로부터 저를 구해 주소서!" 번스는 흐느끼는 목소리로 간절한 기도를 드렸다. 이윽고 감독도 그의 곁에 함께 무릎을 꿇고 두 사람은 합심하여 간절한 기도를 드리기 시작했다.

마침내 기도를 끝내고 번스는 자기 방으로 돌아갔는데 저녁 무렵이 되자 그는 마치 어린아이처럼 기쁘고 순수한 표정이 되어 그의 방에서 나오는 것이었다. 감독은 이러한 경험을 통하여 방황하는 영혼을 구원하려는 자신의 사업 방법에 더 익숙해져 갔고, 뺨 위에 주 예수 그리스도의 표상마저 지니게 되었다. 그는 이제서야 비로소 주님의 발자취를 충실히 따른다는 참의미를 차츰차츰 깨닫기 시작했다.

그러나 저 변함없이 번성하는 술집들을 보라! 그것들은 주점 허가 제도에 의해 당당하게 버티고 서서 번스같이 방황하는 영혼들을 낚아채려는 무서운 함정이 되어 한길가에 즐비하게 늘어 서 있었다. 번스는 과연 그 저주스런 술냄새를 얼마나 오래 버텨낼 수 있을 것인가? 감독은 깊은 생각에 잠긴 채 베란다로 나갔다. 이 거대한 도시의 공기가 온통 술냄새에 절어 있는 듯했다. "오 주님, 도대체 얼마나 오랫동안, 얼마나 오랫동안 이 지긋지긋한 술냄새를 맡아야 할까요?" 감독은 또다시 깊은 기도 속으로 빠져들었다. 얼마 후 아까 동행했던 브루스 목사가 베란다로 나오자 두 사람은 번스와 그가 받은 유혹에 대해서 이야기를 나누다가 문득 감독이 이렇게 물었다.

"이 복지관 주변의 부동산 소유자가 누구인지 혹시 자네 알고 있나?"

"아니, 미처 파악해 볼 시간이 없었네. 자네가 꼭 알기를 원한다면 지금이라도 당장 알아보도록 하지. 하지만 에드워드, 이 거대한 도시에서 우리가 술집에 대항하여 무슨 일을 할 수 있겠나? 술집은 마치 교회나 정치계처럼 그 기반이 확고한데 우리의 미약한 힘으로 어떻게 제거할 수 있단 말인가?"

"때가 오면 하나님께서 없애 버리실거야. 마치 그분이 이 세상의 노예제도를 없애 버리신 것처럼 말이야. 그건 그렇고 우리는 이 복지관 주변의 술집 주인이 누구인지 알아내야 하겠어." 감독은 심각한 어조로 말했다.

"내가 알아보도록 하지." 브루스 목사는 이렇게 약속한 후 복지관을 떠났다.

그로부터 이틀쯤 후에 브루스 목사는 나사렛 애비뉴 교회의 성도들 가운데 한 사람이 경영하는 사무실에 들러 잠깐 면회를 요청하였다. 그 사람은 옛 담임

목사였던 브루스 목사를 매우 정중하게 맞아들여 사장실로 안내하더니 무엇이든 기탄없이 말씀해 달라고 요청했다.

"복지관의 바로 옆 건물에 대해서 물어보고자 이렇게 찾아왔습니다. 당신도 아시다시피 감독님과 나는 도시의 편안한 삶을 팽개치고 그곳에 거주하면서 온갖 노력을 기울이고 있습니다. 우리가 이런 일을 가지고 주저하거나 머뭇거린다면 시간 낭비일 뿐만 아니라 어리석기 짝이 없는 행동이라 간주되어 내가 단도직입적으로 물어보겠소. 클레이튼 씨, 그 건물을 술집으로 임대하는 것이 과연 옳은 일이라고 생각하십니까?"

브루스 목사의 질문은 너무나 직접적이고 애초부터 타협의 여지가 없는 질문이었으므로 그의 오랜 신도였던 클레이튼 씨에게는 충격적인 질문이었다. 이 대도시 실업계의 거물인 클레이튼 씨의 얼굴에 갑자기 뜨거운 피가 치솟는 듯하더니 이내 창백해지면서 두 손으로 머리를 감싸쥐었다. 얼마 후 그가 머리를 들었을 때 그의 얼굴에 흐르고 있는 눈물을 감지하자 브루스 목사는 놀라지 않을 수 없었다.

"목사님, 그 주일 아침 저도 다른 교인들과 더불어 서약한 사실을 기억하고 계시지요?"

"예, 물론 기억하고 있습니다."

"그러나 제가 이 건물 임대 문제를 두고 서약을 지키지 못한 사실 때문에 얼마나 오랫동안 고통을 받아왔는지 결코 모르실 것입니다. 술집이 세든 그 건물은 현재 제가 소유한 부동산 중에 가장 수입이 큰 건물이었으므로 제게는 이 건물이 곧 저를 시험하는 악마의 유혹이 된 셈이지요. 목사님이 저를 찾아오시기 전까지만 해도 저는 심한 자책감으로 몹시 고통을 받고 있었습니다. 즉 세상적인 금전의 유혹 때문에 제가 따르기로 약속한 우리 주 예수그리스도를 부인하려 했기 때문이지요. 만일 예수님이 그 건물의 소유주라면 결코 그런 용도로 건물을 임대하지는 않으시리라는 것을 너무나 잘 알고 있었으니까요. 목사님, 이제는 결심이 섰으니 더 이상 아무 말씀 안 하셔도 됩니다."

클레이튼이 손을 내밀자 브루스 목사는 그의 손을 굳게 잡고 힘찬 악수를 나누었다. 잠시 후 브루스 목사는 클레이튼 씨의 사무실을 나왔다. 그러나 클레이튼이 겪어온 여러 가지 갈등과 투쟁에 대하여 모든 사실을 알게 된 것은 그로부터 오랜 시간이 흐른 후였다. 이 모든 투쟁의 역사는 예수님의 발자취를 따르기로 서약한 교인들 위에 성령이 놀라운 능력으로 임재하셨던 그 잊지 못할 주일 아침 이후 나사렛 애비뉴 교회가 겪어 왔던 모든 역사의 일부분에 지나지 않았다. 당시 강한 성령의 능력과 임재하심 속에서 매사를 처리해 나갔던 감독과 브루스 목사조차도 미처 깨닫지 못한 변화의 역사가 서서히 일고 있었으니, 그것은 곧 이 죄악투성이의 도시 생활 전반에 걸쳐 성령께서 대단한 열심으로 임재하사 수많은 교인들이 예수 그리스도의 십자가를 짊어지기 위해 값진 희생과 고통을 달게 받으라는 호소를 듣고 기꺼이 일어나게 되었는가 하면, 또한 오랫동안 메마르고 냉담하기만 했던 사람들의 마음에 감동을 일으켜 주고 오직 돈벌이를 위해 온갖 투쟁과 노력을 아끼지 않아온 사업가나 투기꾼들에게 일생일대의 각성을 안겨주면서, 이 도시 역사상 어느 때보다도 생기에 넘치는 교회의 활동과 막중한 사명감을 깨우치고 있었던 것이다. 감독과 브루스 목사는 이미 빈민구역의 복지관에서 생활한 지 얼마되지 않는 기간 동안에 몇 가지 놀라운 현상을 목격하게 되었다. 얼마 후 이 두 성직자는 이 시대의 상황에서 가능하리라고 여겼던 것보다 훨씬 더 놀라운 성령의 계시를 목격할 운명에 놓여 있었다.

그 후 한 달도 안 되어 복지관 옆의 술집은 사라져 버리고 말았다. 건물주와 술집 주인의 임대차 계약 기간이 만료되었기 때문이며, 클레이튼은 이 건물을 술집 주인들에게 빌려주기는커녕 감독과 브루스 목사에게 헌납하여 구제사업을 위해 사용할 수 있도록 했던 것이다. 당시 구제사업은 크게 확장되어 애초에 빌렸던 건물만으로는 다양한 사업을 실행하기에 충분하지 못했기 때문이었다.

이처럼 다양화된 사업 중에서 가장 중요한 것은 펠리시아에 의해 제안된 위생 음식 분야였다. 클레이튼이 술집이 세들었던 건물을 복지관에 넘겨 준 지 한 달도 채 못 되어 펠리시아는 방황하는 영혼들이 어슬렁거리던 방 안에 새롭게 자리를 잡고 요리와 음식 분야의 책임자가 되어 여러 가지 위생적인 요리를 맡아서 할 뿐만 아니라 가정부로 나가길 원하는 소녀들에게 여러 가지 가사를 지도하기도 했다. 결국 펠리시아는 복지관에 거주하면서 브루스 목사 부인을 비롯한 몇몇 여성들과 더불어 한 가정을 이루게 되었다. 한편 바이올린 제자인 마사 양은 감독이 두 소녀를 처음 발견했던 집에 그대로 머무르면서 정해진 날 저녁에만 복지관으로 와서 음악을 가르쳤다.

"펠리시아, 이제는 네가 생각하는 계획을 모두 밝혀보려무나."

어느 날 저녁 감독은 브루스 목사와 함께 수많은 업무의 과중한 압박에서 가까스로 벗어나 드물게 휴식을 즐기면서 복지관 옆 부속건물에서 건너온 펠리시아에게 이렇게 말했다.

"글쎄요. 저는 오래 전부터 소녀들의 직업 문제에 대해 생각해 왔지요."

펠리시아는 상당히 지적인 분위기를 풍기며 이렇게 말했으며 예수님의 발자취를 충실히 따르기로 서약한 이후 새롭게 변화된 이 처녀의 활기있고 신선하고 정열적인 미모를 넌지시 바라보면서 브루스 목사 부인은 흐뭇한 미소를 지었다.

"그리고 저는 이 문제에 관해서 확실한 결론에 이르게 되었는데, 감독님과 목사님은 아직 잘 납득이 안 되실지 모르지만 사모님께서는 제 생각을 이해하실 거예요."

"우리는 네 계획에 대해 아직 아무것도 모르는 풋내기들이니 계속 설명해 보렴, 펠리시아!" 감독이 겸손한 표정으로 말했으므로 펠리시아는 더 설명하기 시작했다.

"그러니까 제 생각은 이렇습니다. 술집이 세들었던 저 건물은 크기 때문에 일반 가정집 같은 방을 여러 개 들일 수 있을 거예요. 이렇게 여러 개의 방들을 마련한 다음 장차 직업을 구하려는 소녀들에게 가사일과 요리를 가르치려는 것이지요. 그 과정을 10주로 정하여 값싸고 맛있는 음식을 위생적으로 재빠르게 마련하는 방법을 가르칠 뿐만 아니라 일에 대한 열정도 길러줄까 합니다."

"잠깐, 펠리시아! 지금은 기적의 시대가 아니라는 것을 기억하려무나!" 감독이 갑자기 펠리시아의 말을 방해하면서 이렇게 외치자 펠리시아는 미소를 띠면서 이야기를 계속했다.

"그렇다면 우리가 기적을 이루어 내겠어요! 이 계획이 불가능한 것처럼 여겨질지 모르지만 저는 기어코 해내고 싶습니다. 저는 이미 이런 교육을 받고자 하는 소녀들을 이십여 명 이상 알고 있는데, 일단 그들에게 스스로 노력하려는 의지와 사기를 진작시켜 주기만 하면 그것만으로도 큰 도움이 될 수 있을 거예요. 값싸고 위생적이고 맛있는 요리가 이미 많은 가정에서 식생활의 혁신을 일으키고 있음을 잘 알고 있거든요."

"펠리시아, 네가 계획하는 일을 반만이라도 성취할 수 있다면 이 빈민구역에 커다란 축복이 될 것이다. 과연 네가 어떤 방식으로 그 일을 해낼 수 있을지 난 잘 모르지만 네가 노력하기만 한다면 하나님께서 틀림없이 축복해 주실 거다."

목사 부인이 이렇게 격려하자 브루스 목사와 감독도 이구동성으로 "우리 모두 같은 생각이란다!"라고 말하면서 펠리시아를 격려해 주었다 이렇게 하여 펠리시아는 참된 기독교 정신에서 우러나온 열성을 발휘하여 자신의 계획을 실천해 나갔으며 날이 갈수록 점점 더 실질적이고 괄목할 만한 성과를 거두게 되었다.

여기에서 분명히 밝혀두어야 할 것은 펠리시아가 기대 이상으로 큰 성공을 거두었다는 사실이다. 그녀는 감히 흉내 낼 수 없는 놀라운 설득력을 발휘하여 사업을 진행시켰고, 소녀들에게 모든 종류의 가사일을 놀라운 속도로 가르쳐 나갔다. 얼마 후 펠리시아 요리교실의 수료생들은 시카고 전역의 주부들로부터 한결같은 칭찬을 받게 되어 매우 고무적인 성과를 드러내었다. 구제사업의 역사가 결코 문서상으로 기록된 적은 없지만 만일 기록되었더라면 펠리시아가 이룬 업적은 크나큰 기적으로 간주되었으리라.

또다시 겨울의 혹독한 추위가 다가오자 세계의 모든 대도시와 마찬가지로 시카고는 빈부의 극적인 대조를 드러내기 시작하여 상류 사회의 교양, 문화, 사치, 무사안일주의와 빈민 계층의 무지, 타락, 황폐함과 빵을 얻기 위한 처참한 투쟁이 대조적이고 비극적인 모습으로 그리스도인들의 눈에 비치기 시작했다. 어떤 사람들에게는 몹시 견뎌내기 어려운 겨울이었으나 어떤 사람들에게는 재미있고 흥청거리는 겨울이었다. 파티, 초청 리셉션, 무도회, 만찬모임, 잔치, 축하모임 등이 유례를 찾아볼 수 없을 정도로 끊임없이 벌어지고 있었고, 오페라와 연극 공연에 그토록 유명인사들이 북적대기 시작한 적도 없었다. 이런 생활을 즐기는 소위 상류층들이 착용하고 나온 멋진 의상과 장신구와 화려한 보석들도 전에 없이 요란스러웠다. 한편 빈민층들이 겪는 기아와 추위와 질병도 전에 없이 잔인하고 매섭고 살인적이었다. 호수 위를 지나쳐서 복지관 주변에 즐비한 싸구려 셋집들의 얇은 벽 틈으로 새어 들어오는 북풍도 전에는 겪어보지 못한 매섭고 차가운 바람이었다. 음식과 땔감과 의복의 부족으로 인한 압박이 시카고 빈민들을 그토록 절박하게 괴롭힌 적도 전에는 없었다.

매일 밤마다 감독과 브루스 목사는 몇몇 자원 봉사자들과 함께 거리로 나가 아사나 동사의 위험에 처해 있는 남녀노소를 구원해 냈다. 상당한 양의 음식과 의복과 구제금이 각종 교회와 자선 단체, 시 당국 및 여러 조합에서 전달되었으나 참다운 그리스도인들의 개별적인 봉사와 헌신, 인정의 손길은 찾아보기 어려울 지경이었다. 고통받는 자들에게 직접 찾아가서 적절한 때에 적절한 도움과 사랑을 베풀어 주라는 주님의 지상명령에 겸손하게 순종하려는 그리스도인들은 과연 어디에 있단 말인가?

이처럼 그 어느 때보다도 가혹하고 냉담한 현실에 부딪히자 감독의 마음은 천근만근으로 내려앉는 듯한 기분이었다. 사람들은 직접적인 사랑과 봉사, 희생을 내어주는 대신에 손쉬운 돈을 내어주길 좋아한다. 그러므로 그들이 내어주는 돈은 결코 진정한 의미의 희생을 대신할 수 없는데, 왜냐하면 그들이 별로 대수롭게 여기지 않을 정도의 돈을 손쉽게 내어줌으로써 자신의 양심을 무마시키고 한편 우월감과 자선을 베풀었다는 안도감을 느끼기 때문이리라. 과연 참된 의미의 희생은 어디에서 비롯되는가? 선뜻 자선금을 내어주는 것만으로 예수님의 발자취를 따르는 행동이라 볼 수 있을까? 이런 행동을 평생토록 주님과 함께하려는 사람의 마땅한 행동이라고 할 수 있을까?

감독은 얼마전까지만 해도 귀족적이고 화려하고 배타적인 상류층의 일원으로 살아왔다. 교회에 다니는 이런 상류 계층의 남녀노소 가운데 가난과 기아로 고통받는 형제들을 위해 기꺼이 희생을 감수하려는 사람이 과연 몇이나 될까? 자선이란 결국 입다 버린 낡은 옷가지를 던져 주는 일에 지나지 않는가? 교회나 자선기관에 10달러를 기부하는 것이 진정한 자선이란 말인가? 직접 빈민 구역을 찾아가서 위로와 정성껏 마련한 선물을 전달하거나, 사치스런 리셉션이나 파티 혹은 음악회보다는 이 거대한 도시의 한복판에서 기아와 질병으로 신음하는 죄 많고 버려진 영혼들을 찾아가 어루만지고 보살펴 주는 것이 인간의 마땅한 도리가 아닐까? 자선이란 것이 몇몇 자선 단체를 이용해서 쉽고 편리하게 행해져야 할까?

그 혹독하기 짝이 없던 겨울 동안 감독은 온갖 죄악과 슬픔의 한가운데로 뛰어들어 눈코 뜰 새 없이 바쁜 생활을 하면서 이 모든 질문을 자신에게 던져보았다. 그는 즐거운 마음으로 기꺼이 자신의 십자가를 짊어지고 있었다. 그러나 몇몇 사람들의 값싸고 지혜롭지 못한 동정심 때문에 수많은 사람들이 느껴야 하는 굴욕과 슬픔의 상처를 덮어주고, 자칫 일어나기 쉬운 분노와 죄악에 대항하여 격렬하게 분투하면서 일일이 깊은 사랑을 나누어 주느라 온몸과 마음을 불사르고 있었다. 이렇듯 성령의 놀라운 능력은 끊임없이 조용하고 힘차게 거역할 수 없는 위력을 지닌 채 여러 교회들의 안팎에서 역사하기 시작했다. 이 성령의 위력은, 사회적 문제와 각종 죄악 및 골칫거리들을 마치 전염병이라도 되는 듯 회피하려고 드는 귀족적이고 부유하고 무사안일주의에 젖은 교인들에게도 놀라운 힘을 발휘하였다.

마침내 이러한 현실이 어느 날 아침 하나의 사건으로 발발하여 복지관의 모든 직원들은 큰 충격을 받게 되었다. 그 해 겨울에 일어난 어떠한 사건도 이 사건만큼 예수님의 발자취를 충실히 따르자는 나사렛 애비뉴 교회의 서약 운동과 브루스 목사나 감독의 열렬한 구제 활동이 이미 어느 정도로 성장했는지를 명백하게 드러내 준 사건은 없으리라.

시카고여, 주님을 슬프게 하지 말지어다

복지관의 아침 식사 시간은 모처럼 모든 가족들과 함께 모여 잠시나마 대화와 교제를 나눌 수 있는 귀한 시간이었고 또한 일종의 휴식시간이기도 했다. 그 시간에는 온갖 가치 있고 흐뭇한 이야기들이 쏟아져 나왔으며, 재치있고 유쾌하기 그지없는 농담들이 오고가기도 했다. 감독은 근사한 이야기를 들려주는가 하면 브루스 목사는 재미있고 놀라운 여러 가지 일화와 경험담을 털어놓기도 했다. 이 참다운 성도들은 끊임없이 그들을 에워싸고 있는 슬픔과 고뇌의 분위기에도 불구하고 건전하고 재치있는 유머를 나누었다. 사실상 감독은 인간의 유머 기질이야말로 다른 모든 기질과 마찬가지로 하나님이 내려주신 축복이라고 종종 말했으며, 특히 그의 경우에는 이러한 유머 기질이 평소에 늘 그의 심신을 짓누르고 있는 압박과 고뇌를 자연스럽게 배출할 수 있는 유일한 안전 밸브 역할을 해 주었다.

그 특별한 사건이 일어났던 날 아침에 감독은 식탁 앞에 모여 앉은 사람들을 위하여 신문의 갖가지 특종 기사들을 간추려 읽어 주고 있었다. 그는 갑자기 읽기를 멈추더니 순식간에 표정이 경직되면서 몹시 슬픈 기색을 드러냈다. 깜짝 놀란 사람들이 모두 그의 얼굴을 바라보았고 갑작스런 긴장과 정적이 식탁 위를 감돌았다.

"화물차에서 석탄 한 덩이를 꺼내 가려다가 그만 총에 맞아 죽고 말았군. 그의 유족들은 추위에 떨며 동사 직전에 놓여 있었고 그는 최근 몇 개월 동안 일자리를 얻지 못해 방황해 왔다는 거야. 그의 여섯 아이들과 아내는 웨스트사이드의 지저분하고 좁은 셋방에서 비좁게 모여 사는데, 한 아이는 누울 자리가 없어 누더기를 온 몸에 휘감은 채 벽장 속에서 지낸다는군!"

이런 식으로 그는 기사의 서두를 천천히 읽어 내려가다가 충격이 일어나게 된 경위와 그의 가족이 기거하는 불결한 셋방에 대해 상세히 기록한 부분을 읽어 주었다. 마침내 그가 읽기를 마치고 주위를 둘러보자 식탁 주변에는 무거운 침묵이 감돌고 있었다. 이 처참하기 짝이 없는 인간의 비극으로 인하여 아침 식사 시간의 유쾌한 유머는 씻은 듯 사라져 버리고 말았다. 복지관을 둘러싼 도시 전체가 울부짖기 시작했고 인간생활의 불가항력적인 흐름이 거대한 물줄기를 이루면서 복지관 옆을 지나쳐 흐르고 있었다. 일자리를 지닌 사람들은 어떻게든 안간힘을 다하여 이 흐름에 합세하면서 살아가고 있었으나, 수천 명의 사람들이 마땅한 일거리를 얻지 못한 탓에 이 흐름의 거센 소용돌이 속에 휘말린 채 실오라기 같은 희망을 움켜쥐고 이 풍요로운 땅 위에서 문자 그대로 굶어 죽어가고 있었다.

이 같은 극빈자들의 참혹한 상황에 대하여 많은 의견들이 분분하게 쏟아져 나왔다. 얼마전 목사 후보생으로 공부하면서 이 복지관에 갓 들어온 청년 하나가 불쑥 다음과 같이 말하는 것이었다. "그 남자는 왜 자선기관이나 혹은 시당국에 도움을 청하지 않았을까요? 아무리 세상 인심이 야박하기로서니 도처에 그리스도인들이 수두룩하게 살고 있는데 식량이나 땔감이 없어 죽어가는 사람들을 뻔히 알고 있으면서도 그냥 내버려 두지는 않았을 텐데요."

"아니, 난 그렇게 생각하지 않는다네. 우리는 이 남자가 충격을 받게 된 자세한 경위를 잘 모르고 있어. 이런 일을 저지르기 전에 몇 차례 여러 사람들의 도움을 요청했겠지만 결국 냉랭한 반응만 얻게 되자 절망과 자포자기의 순간에 이르러 직접 해결해 볼 결심을 하게 된 거겠지. 이번 겨울 동안만 해도 이러한 사건들을 몇 번 보아왔다네."

브루스 목사가 침울한 어조로 말을 마치자 이번엔 감독이 입을 열었다.

"이런 경우엔 사건이 발발하게 된 직접적인 동기가 별 심각한 사실이 되지 못한다고 생각하네. 가장 근본적인 문제점은 그 남자가 6개월 동안이나 일자리를 얻지 못했다는 점이야."

"그런 사람들이 굳이 시골에 내려가지 않으려는 이유는 도대체 무엇일까요?"

아까 그 신학생이 다시 의문을 제기했다. 식탁에 둘러앉은 사람들 중에 시골의 취업 기회에 대하여 특별한 연구 조사를 해 본 적이 있는 사람이 이 질문에 답변하기 시작했다. 그 조사 연구자의 말에 의하면, 시골에서 가족을 거느린 남자가 정착하여 일할 수 있는 직업은 거의 찾아볼 수 없는 실정이며 설령 있다손치더라도 대부분의 경우 가족이 없는 독신 남성에게만 취업의 기회가 주어진다는 것이었다. 만일 한 기혼 남성의 아내와 자식들이 병에 걸렸다고 할 경우 아무런 대책도 없이 어찌 이사를 할 수 있겠으며 무작정 시골로 내려갈 수 있겠는가? 그의 보잘것없는 가재도구를 운반할 최소한의 이사비용마저 어떻게 지불할 수 있겠는가? 비단 이런 경우가 아니더라도 이 가엾은 남자가 일자리를 구하기 위해서 다른 곳으로 가지 못한 데에는 숱한 이유가 있었으리라.

"아, 참! 무엇보다도 남아 있는 아내와 자식들이 큰 고통 중에 있겠네요. 너무나 처참하고 서글픈 일이에요! 가만있자, 그들이 사는 곳이 정확히 어디라고 했지요?" 브루스 목사의 아내가 말했다.

"그러고보니 여기에서 불과 세 구역 떨어져 있는 곳이로군. 소위 '펜로즈 구역'이라고 불리는 곳인데, 내가 알기로는 펜로즈라는 사람이 이 구역 내의 가옥들을 절반 이상 소유하고 있다더군. 이 빈민 구역에서도 가장 불결하고 형편없는 가옥들이지. 그런데 펜로즈는 교회에 다니는 그리스도인이래."

"맞아, 그는 나사렛 애비뉴 교회에 등록하고 있지." 브루스 목사는 침울한 목소리로 대꾸했다. 감독은 도저히 참을 수 없다는 듯 식탁에서 벌떡 일어서더니 이제껏 간신히 억눌렀던 분노와 비판을 막 쏟아놓으려는 순간 현관의 초인종이 울려 한 직원이 문가로 다가갔다. "브루스 목사님과 감독님을 만나뵈러 왔다고 전해 주시오. 내 이름은 펜로즈, 클래런스 펜로즈라고 합니다. 브루스 목사님 께서 저를 알고 계실겁니다."

아침 식탁에 앉아 있던 가족들 모두가 이 전갈을 분명히 들었다. 브루스 목사 와 감독은 서로 말없이 의미심장한 눈짓을 교환하며 즉시 일어나 현관 쪽으로 다가갔다. "이리 들어오시지요, 펜로즈 씨."

브루스 목사가 이렇게 말하면서 그를 맞이하여 응접실로 안내한 다음 문을 닫고 세 사람이 함께 마주 앉았다. 클래런스 펜로즈는 시카고에서도 알아주는 세련되고 멋진 용모의 사나이로서 부유하고 명망높은 귀족 가문 출신이었다. 그 는 상당한 갑부인 데다가 시내 곳곳에 소유하고 있는 부동산만 해도 엄청나게 많 았다. 또한 그는 몇 년 동안 브루스 목사의 교회에 참석해 온 그리스도인이었다. 두 성직자를 마주 대한 그의 얼굴은 분명히 심상치 않은 일을 겪은 흔적을 드러 낸 채 흥분과 동요를 감추지 못하고 있었다. 안색이 몹시 창백했고 말을 꺼내려 는데 입술이 떨리고 있었다. 클래런스 펜로즈라는 이 고상하고 부유한 거물이 이처럼 이상한 감정에 휩싸인 적이 있었던가?

"그 총에 맞아 죽은 사건 말이에요! 이미 두 분은 알고 계시겠죠? 오늘 신문 을 읽어 보셨습니까? 그의 가족은 바로 내가 세놓은 가옥에 살고 있었는데 정말 이지 끔찍한 사건입니다. 하지만 비단 그 일 때문에 이곳에 찾아온 것은 아닙니 다."

그는 더듬더듬 이렇게 말하면서 걱정스러운 듯 감독과 목사의 표정을 살펴보 았다. 감독의 얼굴은 아직도 경직되어 있었다. 그는 이 여유있고 부유한 멋쟁이 가 자신의 셋집에 사는 사람들의 비애와 공포를 완화시키고 충격 사건까지 일어 나는 비극을 미연에 방지하기 위해서 자신의 안일과 부유와 쾌락을 조금이라도 희생시켜 이 빈민 지역 주민들의 생활 조건을 개선하기 위해 노력해 왔더라면 하 는 생각을 떨쳐 버릴 수 없었기 때문이었다. 펜로즈는 브루스 목사의 얼굴을 바라보며 마치 어린 아이가 공포에 질린 듯 떨리는 목소리로 외쳤다.

"목사님, 저는 진실로 초자연적이라고밖에 설명할 수 없는 이상한 경험을 했기에 그걸 말씀드리려고 찾아왔습니다. 목사님께서도 기억하시겠지만 저는 예수님의 발자취를 충실히 따르기로 서약한 교인들 중의 하나였습니다. 얼마 전까지만 해도 저는 진실한 그리스도인으로서 내가 할 만한 일들을 웬만큼 해 왔다고 어리석은 자부심을 가지고 있었습니다. 말하자면 교회나 자선단체에 많이 기부했지요. 하지만 참된 사랑을 베풀기 위해 스스로 희생을 감수하고 고통을 겪은 적은 없었으므로 그 서약을 한 이후 지독한 자가당착에 빠져 있던 셈이지요.

목사님도 아시겠지만 제 어린 딸 다이아나도 그 날 아침 저와 함께 서약을 했지요. 그애는 최근에 가난한 사람들과 그들이 거처하는 지역에 대해 내게 수많은 질문들을 해 왔습니다. 그때마다 저는 딸의 질문에 답변하지 않을 수 없었는데, 바로 어젯밤에는 이 아비의 마음에 가책을 느끼게 하는 질문을 던지는 것이었어요! '아버지는 이 가난한 사람들이 세들어 사는 집들을 소유하고 계시나요? 그 집들도 우리가 사는 집처럼 산뜻하고 살기 좋은가요?'

조그만 어린 아이가 어쩌면 이런 질문을 할 수 있을까요? 그 날 밤 저는 그리스도인으로서 심한 양심의 가책을 느끼면서 잠자리에 들었지만 도저히 잠을 이룰 수 없었습니다. 마치 최후의 심판날에 이르러 엄중하기 짝이 없는 심판관 앞에 나선 기분이었지요, 인간의 육신을 받고 태어나 이 세상에서 내가 행한 일들에 대해 스스로 많은 질문을 던져 보았습니다. '나는 감옥을 찾아가 죄 많은 영혼들을 얼마나 많이 돌아보았던가? 내가 맡은 청지기 직분으로 나는 무슨 일을 해 왔던가? 겨울에는 얼어 죽을 지경이고 여름엔 무더위에 허덕이는 셋집들은 또 어떠한가? 그들에게 악착같이 집세를 거두어들이는 것 이외에 그들의 고통을 생각하여 무슨 일을 해 주었던가? 도대체 나의 고통은 어디서 비롯된 것인가? 예수님께서 나의 입장이라면 나처럼 행동하셨을까? 나는 이제껏 서약을 깨뜨리지 않고 바르게 지켜 왔던가? 내가 소유한 돈과 문화와 사회적 영향력을 어떻게 활용해 왔던가? 이런 것들을 이용하여 고통받는 사람들에게 인정을 베풀고, 고통을 경감시키고, 낙심한 사람들에게는 기쁨을, 절망에 빠진 사람들에게는 희망을 주고자 노력해 왔던가? 나는 운 좋게도 많은 것을 물려받았으나 정작 나 자신은 얼마나 많은 것을 베풀었던가?'

이 모든 질문들과 가책이 지금 이렇게 두 분과 내가 마주앉아 있는 것처럼 생생하게 살아 있는 환영이 되어 제 머리와 가슴속으로 파고들었습니다. 환영은 끊임없이 계속되면서 고통당하시는 그리스도의 모습이 마음속에 떠올라 손가락으로 저의 죄악과 잘못을 지적하시는 것이 보였고 다른 것들은 안개와 어둠 때문에 제대로 보이지 않더군요. 저는 한숨도 못자고 뜬 눈으로 밤을 지샜는데 오늘 아침 제가 제일 먼저 마주 대한 것은 석탄 야적장에서 일어난 총격 사건에 대한 기사였습니다. 저는 도저히 떨쳐 버릴 수 없는 공포에 휩싸인 채 이 기사를 낱낱이 읽어 보았지요. 이제 저는 변명할 길 없는 죄인으로서 하나님 앞에 서 있습니다."

갑자기 펜로즈가 말을 중단하자 감독과 브루스 목사는 진지하고 경건한 표정으로 그를 바라보았다. 어떠한 성령의 힘이 역사하였길래 그토록 자기도취적이고 우아한 겉모습과 세상적인 교양을 두루 갖춘 이 사나이의 마음을 움직여 놓았을까? 상류 사회에 속하여 대도시의 크나큰 슬픔과 고통은 전혀 아랑곳하지 않고 이기적인 생활 방식을 고수하면서, 예수 그리스도를 위하여 고통을 받는다는 참의미를 제대로 파악하지도 못한 채 냉담하게 살아온 그가 아니던가! 갑자기 방 안에는 헨리 맥스웰 목사의 제일교회와 캘빈 브루스 목사와 나사렛 애비뉴 교회를 휩쓸고 지나갔던 성령의 입김이 스며들기 시작했다. 감독은 천천히 펜로즈의 어깨에 손을 얹으면서 말했다. "형제여, 하나님께서는 바로 당신 가까이에 계십니다. 우리 다 함께 힘을 합하여 하나님께 감사드립시다."

"예, 예, 그러지요."

펜로즈는 흐느끼며 의자에 앉더니 두 손으로 얼굴을 감쌌다. 잠시 후 감독의 간절하고 진지한 기도가 끝나자 펜로즈는 나지막한 목소리로 말했다

"두 분께서 괜찮으시다면 저와 함께 그 셋집으로 가시지 않겠습니까?"

말없는 응답으로 두 사람은 겉옷을 걸치더니 펜로즈와 함께 사건이 일어난 유가족이 살고 있는 셋집으로 향했다.

이렇게 해서 클래런스 펜로즈의 새롭고 가치 있는 삶이 시작되었다. 그가 비통과 절망으로 찌든 지저분하기 짝이 없는 셋집에 처음 발을 들여놓는 순간 난생 처음으로 전에 겪어보지 못한 비애와 고통을 마주 대하게 되었으며 이들과 직접적인 접촉을 갖게 되면서부터 그의 거듭난 삶이 시작되었다. 그가 예수님의 발자취를 충실히 따르려는 서약을 지키기 위해 그분께서 하시리라 여겨지는 방식대로 자신이 소유한 수많은 셋집들을 어떻게 처리했는가를 일일이 기록하자면 꽤나 긴 이야기가 될 것이다. '과연 예수님께서 시카고 같은 대도시에 자기 소유의 부동산을 상당히 갖고 계신다면 이를 어떻게 처리하실까?' 이 질문에 대한 정직하고 충실한 대답을 생각해 낼 수 있는 사람이라면 누구든지 클래런스 펜로즈가 자기 소유의 부동산으로 무슨 일을 시작했는지 쉽사리 짐작할 수 있으리라.

겨울의 혹독한 추위가 채 막바지에 이르기도 전에 예수님의 발자취를 따르기로 서약한 교인들의 생활과 관련된 여러 가지 일들이 시카고에서 끊임없이 일어나고 있었다. 어느 날 오후 펠리시아가 음식 바구니를 들고 복지관에서 막 나서려는데 우연히 스티븐 클라이드와 맞부딪친 것도 이러한 사건들 중의 하나였다. 그녀는 펜로즈 구역의 어느 빵집에 견본품으로 가져다줄 빵들을 만들어서 막 떠나려던 찰나에 지하 목공실에서 작업을 하다가 문을 열고 나온 스티븐 클라이드 청년과 공교롭게 마주쳤던 것이다.

"제가 그 바구니를 들어 드리겠습니다. 부탁입니다."

"왜 그렇게 공손하게 말씀하시죠?"

펠리시아는 들었던 바구니를 그에게 넘겨주면서 이렇게 물었다.

"좀 드릴 말씀이 있어서요."

스티븐은 나지막하게 대답하면서 수줍은 듯 펠리시아의 얼굴을 바라보더니, 내심 이런 말을 꺼낸 자신의 대담성에 스스로 놀라는 눈치였다. 그는 사실 난생 처음으로 펠리시아를 만났을 때부터 사랑을 느껴 왔고, 특히 얼마 전 감독과 함께 목공실에 들른 그녀를 본 이후로 더욱더 그녀를 사랑하게 되었던 것이다. 그로부터 몇 주일이 지난 지금에 이르러서야 두 남녀는 자연스럽게 재회할 수 있게 된 것이었다.

"무슨 말씀이시죠?"

펠리시아는 짐짓 아무것도 눈치 채지 못한 표정으로 되물었다.

"저 …" 스티븐은 천천히 말문을 열면서 그의 잘생기고 귀족스런 얼굴을 그녀에게로 돌려 이 지상의 삼라만상 중 가장 소중한 것을 갖고자 하는 눈길로 그녀를 바라보았다. "사실은 이렇게 말하고 싶었지요. '사랑하는 펠리시아 양, 제가 그 바구니를 들어 드리겠습니다'라구요."

깜짝 놀라는 펠리시아의 얼굴은 그 어느 때보다도 아름답게 보였다. 그녀는 얼굴을 돌리지도 않은 채 앞만 바라보면서 총총히 걷기 시작했다. 사실 훨씬 전부터 자신의 마음이 스티븐에게 쏠려 왔던 것은 숨길 만한 사실이 못 되었다. 이윽고 그녀는 장밋빛으로 달아오른 뺨과 다정한 눈길을 그에게로 돌리면서 수줍은 듯이 말하는 것이었다. "그런데 왜 그렇게 말하지 않으셨지요?"

"그래도 될까요?"

스티븐은 너무 반갑고 기쁜 나머지 하마터면 들고 있던 바구니를 떨어뜨릴 뻔했는데 펠리시아가 소리를 질렀다.

"예! 하지만 내 음식 바구니를 떨어뜨리면 안 돼요!"

"아니, 이처럼 귀중한 바구니를 떨어뜨리다니요, 사랑하는 펠리시아."

이렇게 대답한 스티븐은 펠리시아와 함께 몇 구역을 더 동행하면서 마치 하늘을 날 듯한 기분이었다. 이렇게 함께 걸으면서 두 남녀 사이에 오간 대화는 프라이버시에 관련된 것이므로 여기서 밝힐 만한 내용이 못되리라. 여하튼 결국 그 음식 바구니는 그 날 목적지에 도착하지 못했다는 것과, 그 날 오후 늦게서야 펜로즈 구역에서 한가롭게 걸어 돌아오던 감독은 복지관 주변의 다소 떨어진 곳에서 귀에 익은 목소리가 이렇게 말하는 소리를 들었다는 사실만 여기서 밝혀 두고자 한다.

"그런데 솔직히 말해봐, 펠리시아! 언제부터 날 사랑하게 되었지?"

"얼마 전 감독님과 함께 목공실에서 당신을 만났을 때부터예요. 그때 당신의 머리카락에 대롱대롱 매달려 있는 대팻밥을 보고 그만 당신을 사랑하게 되었지요." 이렇게 말하면서 활짝 웃는 소리가 너무나 맑고 순수하고 달콤했으므로 듣는 이의 마음을 즐겁게 했다.

"아니, 이 음식 바구니를 들고 어디를 가려는 거지?"

감독은 모르는 척 그들에게 다가서면서 짐짓 근엄한 어조로 이렇게 물었다.

"우리는 이걸 가지고 참, 우리가 어딜 가려고 했지, 펠리시아?"

"감독님, 우리는 이걸 가지고 집으로 돌아가서 … "

"막 요리를 시작할 참이었지요." 스티븐은 궁지에 몰린 펠리시아를 구하려는 듯 선뜻 말을 이어받아 마무리를 지었다.

"너희들 둘이서 요리를? 다 되거든 나도 좀 맛을 볼 수 있게 해다오. 펠리시아의 요리 솜씨는 이미 잘 알고 있으니까 말이야."

"물론이에요, 감독님! 감독님이 오셔서 맛을 봐 주시면 정말이지 큰 영광일 거예요. 이제는 마음이 흡족하시겠지요?" 펠리시아는 밝은 표정으로 이렇게 대꾸하며 굳이 자신의 행복한 느낌을 감추려 들지 않았다.

"물론, 흡족하구말구." 이렇게 되받아 말한 후 감독은 한참 입을 다물었다가 부드럽고 나직한 목소리로 말했다. "하나님께서 너희 두 사람을 축복해 주시길!"

이윽고 발길을 돌린 감독의 얼굴엔 어느새 눈물이 글썽거렸고 진심으로 그들을 위해 기도를 올리면서 그들이 마음껏 즐거움을 나눌 수 있도록 서둘러 그곳을 떠났다.

이 세상의 슬픔과 고통과 죄악의 십자가를 홀로 짊어지신 그분, 즉 예수 그리스도의 제자들이라고 해서 남녀 간의 세속적인 사랑의 기쁨과 형언할 수 없는 행복 또는 환희를 함께 노래하지 말란 법이 어디 있겠는가! 더구나 이 두 남녀는 서로 손을 맞잡고 이 대도시에서 벌어지는 인간사의 슬픔과 고통의 사막을 헤치고 나아가면서 서로 격려해 주고, 세상살이의 고뇌를 함께 겪어가면서 부부 간의 사랑이 더욱 두터워지고, 서로 사랑하고 아끼는 가운데 예수님의 발자취를 더욱 충실히 따를 것이다. 예수 그리스도께서도 "남자가 그 부모를 떠나 아내와 연합하여 둘이 한 몸을 이룰지니라"고 말씀하지 않으셨던가? 이렇게 하여 펠리시아와 스티븐은 하나님께서 친히 허락하시고 축복해 주신 세상적인 사랑으로 더욱 깊고 진실한 봉사와 헌신을 베풀면서 예수님의 발자취를 따라가게 되었다.

복지관에서 이처럼 아름다운 사랑의 이야기가 발생한 지 얼마되지 않아 레이먼드의 헨리 맥스웰 목사가 레이첼 윈슬로우, 버지니아 페이지, 롤린 페이지, 알렉산더 파워스와 마쉬 총장 등과 더불어 시카고를 방문한 것은 복지관의 역사상 잊을 수 없는 영광의 한 장을 이루게 되었다. 브루스 목사와 감독은 이따금 복지관의 강당에서 기억에 남을 만한 모임을 주선하곤 했는데, 마침내 맥스웰 목사를 설득하여 레이먼드에 있는 그의 동료 교인들과 함께 이번 모임에 참석해 달라고 초청했던 것이다.

그 날 밤 복지관의 대강당에는 직장을 잃은 사람들, 하나님과 인간에 대한 신뢰감을 잃어버린 불쌍한 사람들, 무정부주의자들과 무신론자들, 자유사상가와 퇴폐주의자들 등등이 초청되었다. 시카고 전역에서 가장 악랄한 사람들과 소망이 없는 사람들, 가장 위험하고 가장 타락한 사람들의 대표라고 할 만한 사람들이 헨리 맥스웰 목사를 비롯한 몇몇 그리스도인들과 마주 대한 채 모임이 개최되었다. 성령은 이 거대하고 이기적이고 쾌락과 죄악에 물든 도시에 역사하고 있었다. 이날 밤 모임에 참석한 모든 사람들은 남녀노소 할 것 없이 모두 한 신학생이 복지관의 현관 문 위에 걸어 놓은 표어를 유리 칸막이를 통해 바라보게 되었다. 그곳에는 "예수님이라면 어떻게 하실까?"라고 쓰여 있었다.

헨리 맥스웰 목사는 복지관의 현관 문을 들어서면서 처음 그 표어를 마주 대하자 말할 수 없는 감명을 받게 되었다. 오래 전 한 초라한 행색의 사나이가 레이먼드 제일교회의 대예배당 한가운데서 회중들에게 던졌던 의문과 서글픈 호소의 목소리가 그에게 생생히 되살아났기 때문이었다.

레이먼드에서 시작된 이 서약 운동이 실제로 전국 각지로 퍼져가고 있는가? 그는 이 질문에 대한 해답을 과연 이 거대한 도시의 한복판에서 찾아낼 수 있을 것인지 그 가능성을 파악해 보려는 생각에서 교우들과 더불어 직접 이곳을 방문했던 것이다. 이제 몇 분 후에는 이 도시의 여러 계층 사람들과 직접 마주 대하게 될 것이다. 그는 철도공장의 노동자들 앞에서 난생 처음으로 긴장한 가운데 설교를 한 이후 상당히 담대하고 침착해지긴 했지만, 지금도 여전히 깊게 심호흡을 하면서 하나님의 도움을 간구하는 기도를 올렸다. 마침내 강당 안으로 들어선 그는 다른 교인들과 더불어 난생 처음으로 아주 중대한 경험을 하게 되었다. 그는 이 모임이 지금껏 그의 끊임없는 의문이었던 "예수님이라면 어떻게 하실까?"에 대해 무언가 가능성을 제시해 줄 것 같은 느낌이 들었다.

그 날 밤 오랫동안 교회를 멀리하고 적대시해 왔던 남녀노소의 얼굴들을 마주 대하자 그는 마음속으로 이렇게 부르짖었다. '내 주 하나님, 어떻게 하면 당신의 발자취를 좀 더 잘 따를 수 있을지 가르쳐 주소서!'

헨리 맥스웰 목사의 이 간절한 기도는 응답받게 될 것인가? 이 거대한 도시의 교회들은 예수님의 발자취를 따르자는 호소에 응답해 줄 것인가? 고난과 아픔을 감수하면서도 기꺼이 그의 발자취를 따르기로 결심할 것인가? 시카고여! 주님을 슬프게 하지 말지어다. 바로 지금이야말로 이 세상을 개혁하시기 위하여 그 어느 때보다 그분은 만반의 준비를 갖추신 때가 아닌가!

수많은 대중을 어떻게 할 것인가

"예수께서 이 말을 들으시고 이르시되, 네가 오히려 한 가지 부족한 것이 있으니
네게 있는 것을 다 팔아 가난한 자들에게 나눠주라.
그리하면 하늘의 보화가 네게 있으리라. 그리고 와서 나를 따르라 하시니."

그 날 밤 헨리 맥스웰 목사가 복지관의 강당에서 수많은 영혼들을 마주 대하고 이야기를 시작하면서 평생 동안 이런 부류의 사람들을 직접 맞부딪히기는 처음이 아닌가 하는 느낌이 들었다. 레이먼드 같은 도시에서도 이처럼 다양한 부류의 인간들이 모여 살지는 않으리라는 것이 거의 확실한 추측이었다. 레이먼드 최악의 구역인 렉탱글조차도 이처럼 교회나 모든 종교적 영향권에서 철저히 벗어나 있는 남녀노소가 그토록 많이 모여 살지는 않으리라.

무엇에 대하여 말할 것인가? 그는 이 점에 대해 이미 결심해 둔 바가 있었다. 그는 레이먼드에서 일어난 서약 운동의 몇 가지 괄목할 만한 성과들을 되도록 쉽고 간결한 말로 설명해 주었다. 강당에 모여 있는 대부분의 남녀들은 이미 예수 그리스도에 대해 어느 정도 알고 있었으며 그분이 어떤 성격을 지니고 있는지 대략 파악하고 있었으나 기독교의 교권과 사회 체제에 대해서는 신랄한 비판의식을 지니고 있었다. 또한 그들은 나름대로 정의와 진리에 대한 판단 기준을 지니고 있었으며, 비록 적은 숫자이긴 하지만 '갈릴리의 농부'와 같은 사도 정신을

갖춘 사람들도 있었다. 그리하여 강당에 모인 회중들은 "예수님이라면 어떻게 하실까?"에 대한 맥스웰 목사의 이야기에 관심을 가지고 귀를 기울였다. 맥스웰 목사는 레이먼드에서 일어난 괄목할 만한 사건들에 대해 이야기를 마친 후 위의 질문을 일반적인 사회 문제에 적용시켜 이야기하기 시작했다. 그러자 청중들은 비상한 관심을 나타내기 시작했을 뿐만 아니라 정말 진지한 태도로 이야기에 귀를 기울였으므로 맥스웰 목사의 말이 계속되는 동안 청중들의 얼굴이 앞으로 쏠릴 지경이었다. 이러한 광경은 거리에서 노동자나 시민들이 총궐기할 때를 제외하고는 교회 안에서나 연설회장에서 좀처럼 보기 드문 광경이었다.

맥스웰 목사는 그들에게 말했다. "예수님이라면 어떻게 하실까?"라는 행동 지침이 비단 교회에서 뿐만 아니라 사업가들, 정치가들, 신문기자들, 노동자들, 사교계 인사들까지도 모두 적용된다고 가정해 보라. 이러한 행동기준 아래 이 세상을 개혁해 나간다면 얼마나 시간이 걸릴까? 이 세상이 직면한 문제점들은 도대체 무엇일까? 그것은 곧 이기심에서 비롯된 고통이라 할 수 있다. 이제 껏 예수님만큼 자신의 이기심을 극복하는 데 성공한 사람은 없을 것이다. 만일 우리 인간들이 사사로운 결과에 구애됨이 없이 예수님을 충실히 따르기만 한다면, 세상 사람들은 머지않아 거듭난 삶의 기쁨을 누리게 되리라.

한편 맥스웰 목사는 자신의 이야기가 강당에 가득 찬 죄 많고 병든 사람들로부터 비상한 관심을 모으게 되었다는 사실이 얼마나 중요한 일인지 미처 깨닫지 못하고 있었다. 회중석 쪽에 앉아 있던 감독과 브루스 목사는, 신조들을 비웃고, 사회질서를 혐오하며, 극도의 편협함과 이기심을 드러내고 있는 수많은 얼굴들을 바라보면서, 구제활동의 온갖 노력과 영향력에도 불구하고 세상의 무관심으로 인해 오히려 악화되기만 했던 수많은 사람들의 고뇌와 비통이 차츰차츰 완화되고 감소되어가는 모습을 지켜보며 놀라움과 기쁨을 금할 수 없었다.

비록 진지한 설교자에 대한 겉치레에 불과한 존경심이었다고 할지라도 그 날 밤 강당을 가득 메운 감동과 깨달음의 참 원인이 무엇인지 어느 누구도 심지어는 감독조차도 파악하지 못하고 있었다. 그 날 밤 이 모임의 소식을 듣고 달려왔거나 혹은 초청에 응하여 이곳에 모인 회중들 가운데는 그 날 오후 우연히 복지관 주위를 떠돌다가 모임에 대한 안내문을 읽어 보고는 호기심이 생기기도 하고 매서운 겨울바람도 피할 겸 강당으로 들어온 실직자들도 30여 명 가량 있었다. 그 날 밤은 지독히 추운 날씨였고 빈민구역 주변의 술집들은 초만원을 이루고 있었다. 그러나 3만여 명 이상의 불쌍한 영혼들이 술렁거리는 이 빈민구역 전체에서 술집들을 제외하고는 오직 복지관의 깨끗하고 환영하는 문만이 그들 앞에 열려 있을 뿐이었다. 가정이 없거나 일자리가 없거나, 친구들이 없는 가엾은 영혼들이 술집에 들어가지 않는다면 그밖에 자연스럽게 갈 만한 곳이 어디 있겠는가?

이런 식의 공개적인 모임에서 강연이 끝나면 으레 자유토론으로 이어지는 것이 복지관의 관례처럼 되어 있었다. 그리하여 맥스웰 목사가 강연을 마치고 자리에 앉자, 그 날 밤 진행을 맡은 감독이 일어서더니 이 모임에 참석한 사람은 누구든지 자유롭게 질문을 하거나, 자신의 느낌을 발표하거나, 혹은 자신이 확신하는 바를 주장해도 좋다고 말하면서 다만 관례에 의해 정해진 간단한 규칙들과 3분이라는 발언시간을 지켜야 한다고 발표했다. 강당에 모여든 모든 사람들이 감독의 말에 전적으로 동의를 표하면서 즉시 "동의합니다! 재청합니다!" 하고 외치는 소리가 들려왔다. 감독이 자리에 앉자마자 곧이어 강당의 한가운데쯤 앉아 있던 사나이 하나가 일어서더니 발언을 하기 시작했다.

"우선 맥스웰 목사님께서 오늘 밤 하신 말씀이 제게 상당한 감명을 주었음을 말씀드리고 싶습니다. 저는 오래 전에 맥스웰 목사님의 집에서 숨을 거두었던 잭 매닝이라는 사나이를 잘 알고 있습니다. 저는 2년 동안 필라델피아에 있는 한 인쇄소에서 그의 작업대 바로 옆에 앉아 작업을 해 왔습니다. 잭은 참 좋은 친구였지요. 한 번은 내가 곤경에 처했을 때 그가 5달러씩이나 빌려 주었는데 결국은 갚을 기회를 놓치고 말았습니다. 그가 다니던 인쇄소가 경영상 변화가 생기자 그만 실직을 당하여 뉴욕으로 이사를 갔기 때문에 그 후로는 두 번 다시 그를 만나지 못하고 말았습니다. 라이노타이프라는 새로운 형태의 자동주조 식자기가 나타나자 결국은 나도 다른 사람들과 마찬가지로 실직을 당하게 되었고 지금까지 이런 신세를 벗어나지 못하고 있습니다. 사람들은 흔히 새로운 발명품이란 편하고 좋은 것이라고 말하지만 제 경우엔 한 번도 그렇게 생각해 본 적이 없습니다. 제가 잘못된 편견에 사로잡혀 있는지도 모르지만 기계 때문에 먹고 살 수 있는 일자리를 잃은 사람이라면 당연히 그렇게 생각될 것입니다.

목사님께서는 오늘날의 기독교에 대하여 말씀하셨는데, 정말 지당하신 말씀이었지만 대부분의 그리스도인들이 그러한 희생을 기꺼이 감수하리라고는 여겨지지 않는군요. 제가 이제껏 지켜본 바에 의하면 그리스도인들도 다른 비그리스도인들과 마찬가지로 이기적이고 탐욕적이고 세상적인 성공을 갈망한다는 점에서는 다를 바가 없다는 생각이 듭니다. 물론 감독님과 브루스 목사님을 비롯한 몇몇 교인들은 예외지만 말입니다. 그러나 사업상 혹은 돈벌이를 하는 경우 소위 세속적인 사람들이나 교인들간에 별다른 차이가 없으며 둘 다 이기적이고 탐욕적인 면에서는 마찬가지라고 여겨지는군요."

"정말 그래요!"

"당신 말이 맞소!"

"물론, 그렇고 말고!"

회중들 사이에 이런 고함소리가 일어나서 그 발언자는 더 이상 발언을 계속하지 못하고 자리에 앉고 말았는데, 그 순간 마룻바닥에 앉아 있던 두 사람이 벌떡 일어서더니 동시에 발언을 하기 시작했다. 감독이 일어나 순서대로 발언하도록 부탁하면서 그 중 한 사람에게 앉아 줄 것을 요청했다. 계속 서 있던 사나이가 열을 올리며 말을 시작했다.

"제가 이런 모임에 참석한 것은 지금이 처음이며 또한 마지막이 될지도 모릅니다. 사실상 내 수명이 얼마 남지 않았기 때문입니다. 저는 이 도시에서 일자리를 얻기 위해 정처없이 떠돌아다니다가 그만 병에 걸리고 말았습니다. 저 같은 처지의 사람들이 도처에 수두룩 하겠지요. 자, 이제 목사님께 한 가지 묻고 싶은 말이 있는데, 괜찮으시겠습니까, 목사님?"

감독이 일어서더니 나직한 목소리로 맥스웰 목사에게 말했다.

"목사님, 저 사나이가 목사님께 질문이 있다는군요."

"그렇게 하지요. 제가 저 분에게 흡족할 만한 답변을 해 줄 수 있을는지 모르겠습니다." 맥스웰 목사가 바른 어조로 대답했다.

"제가 묻고자하는 것은 다름이 아니라… ." 그 사나이는 마치 극적인 효과를 얻으려는 듯 몸을 앞으로 기울이며 한 팔을 길게 뻗치더니 인간이 낼 수 있는 모든 힘을 기울여 자신의 생각을 털어놓기 시작했다. "예수님이 만약 저의 입장이라면 어떻게 하실지를 알고 싶습니다. 저는 지금 두 달 동안이나 일자리를 얻지 못한 채 방황하고 있습니다. 가족으로는 아내와 세 자녀가 있는데 모두들 한결같이 무엇보다 귀한 존재들이며 저는 그들을 무척 사랑하고 있지요. 세계박람회때 간신히 얻은 직업 덕분으로 한두 푼 저축해 놓은 게 있어서 지금까지 죽지 않고 살아 왔습니다. 제 원래 직업은 목수이며 사방팔방으로 일자리를 얻기 위해서 노력해 보았으나 결국 헛수고에 불과했습니다. 목사님께서는 저희에게 '예수님이라면 어떻게 하실까?'를 생활의 신조로 삼아야 한다고 말씀하셨습니다. 예수님이 저처럼 실직자라면 어떻게 하실까요? 저는 다른 사람 아닌 바로 저 자신에게 이러한 질문을 던져 보았습니다. 저는 지금 몹시 일자리를 원하며 예전처럼 10시간 동안 지치도록 일할 수만 있다면 뭐든지 하겠습니다. 제가 스스로 일자리를 해결하지 못한다고 해서 잘못하는 걸까요? 저는 살아야 하고 제 아내와 자식들도 살아야 합니다. 그런데 도대체 어떻게 살아야 할까요? 예수님이라면 이럴 때 어떻게 하실까요? 목사님께서는 매사를 처리하기 전에 먼저 이 질문에 대한 솔직한 답변을 구해야 한다고 말씀하셨습니다."

맥스웰 목사는 이 사나이의 질문이 끝나자마자 자신을 향해 쏠리는 수많은 사람들의 얼굴을 응시하면서 잠시 조용히 앉아 있었다. 이 사나이의 질문에 대한 어떠한 답변도 지금 이 순간에는 적절하지 못할 것 같았기 때문이었다. 그는 마음속으로 간절한 기도를 올리기 시작했다. '오, 주님! 이 사나이의 질문이야말로 인간의 불합리성과 오류가 온통 뒤엉킨 상황에서, 즉 하나님께서 소망하시는 인류의 복지와는 철저히 상반되는 상황에서 발생하는 모든 사회 문제들을 여실히 드러내는 질문이 아닙니까? 신체가 건강하고 일할 수 있는 능력과 일하려는 의욕을 갖추고 있는 사나이가 정당하게 벌어서 생계를 유지할 수 있는 일자리를 구하지 못한 까닭에 결국은 죽지 못해 살아가기 위한 세 가지 방법, 즉 구걸을 하거나 친구들 혹은 낯선 사람들의 자선에 의존하거나 자살 아니면 굶어야 하는 비참한 지경에 이르게 된다면 이보다 더 무시무시한 비극이 어디 있겠습니까? 과연 예수님이라면 이러한 상황에서 어떻게 하실까요?'

이러한 질문은 당사자의 입장에서 보면 지극히 당연한 질문이었다. 그가 그리스도인이라 할지라도 묻지 않을 수 없는 필연적인 질문이었으므로 당시의 상황에서 어떻게 하면 가장 적절하고 도움이 될 만한 답변을 할 수 있겠는가?

이 모든 것들을 맥스웰 목사는 곰곰이 생각해 보았으며 다른 모든 사람들도 똑같은 생각에 잠겨 있었다. 너무나 슬프고 경직된 표정을 띠고 앉아 있는 감독의 모습만 살펴보아도 이 질문이 얼마나 곤혹스런 것인가는 능히 이해하고도 남음이 있었다. 브루스 목사 역시 고개를 푹 숙이고 있었는데, 그가 서약을 지키기 위해 모든 부귀영화와 안정된 지위를 미련없이 포기하고 구제 사업을 위해 헌신한 이후 이처럼 서글프고 절박한 인간 문제에 직접 맞부딪히기는 처음인 것 같았다. "예수님이라면 어떻게 하실까?" 그것은 지금 적절한 답변을 구하기에는 너무나 어렵고 두려운 질문이었다. 그러나 질문을 던진 사나이는 아직도 여전히 장승처럼 커다란 체구로 우뚝 서서 시간이 갈수록 점점 더 참다운 답변을 갈구하는 표정으로 팔을 내뻗은 채 눈망울만 이리저리 굴리고 있었다. 마침내 맥스웰 목사가 입을 열었다

"이 강당 안에 계시는 그리스도인들 가운데 누가 저분과 똑같은 어려운 처지에서 예수님의 발자취를 충실히 따르려고 노력해 보신 분은 안 계신지요? 만약 그런 분이 계시다면 저보다 훨씬 더 훌륭한 답변을 해 드릴 수 있으리라 믿습니다만…"

강당 전체가 잠시 동안 물을 끼얹은 듯한 침묵에 휩싸였다. 그러자 강당 앞쪽에서 한 노인이 일어섰는데 의자 등받이를 붙잡고 있는 그의 손이 말을 하는 동안 몹시 떨리고 있었다.

"저는 지금 질문을 던지신 분과 비슷한 상황을 여러 번 겪어 왔다고 생각합니다만 어떠한 경우에 처하든지 참된 그리스도인이 되기 위해서 늘 온갖 노력을 다해 왔습니다. 제가 직장을 잃고 헤맬 때에 '예수님이라면 어떻게 하실까?'라는 질문을 스스로 구해 본 경험은 없습니다만 늘 예수님의 충실한 제자답게 살아나가려고 노력했지요. 정말 최선의 노력을 다했습니다." 이렇게 말하는 그 노인의 얼굴엔 어떤 서글픈 미소가 스치고 지나갔는데 질문을 던진 사나이의 어둡고 절망적인 모습보다는 감독이나 맥스웰 목사의 난처한 처지에 동정을 느끼는 듯한 미소였다.

"그래요, 전 살아남기 위해 구걸을 하기도 했고 여기저기 자선기관을 열심히 찾아다니기도 했지요. 저는 절망적인 실직 상태에서 먹을 것과 땔감을 얻기 위해 절도와 사기 행위를 제외하고는 무슨 일이든 해 왔습니다. 제가 생계를 위해 하지 않을 수 없었던 일들을 과연 예수님께서도 하실는지는 잘 모르겠지만 실직했다고 해서 결코 나쁜 짓을 하진 않았습니다. 때때로 이렇게 비참하게 구걸을 하느니 차라리 예수님께서는 굶주리는 길을 택하시리라고 생각할 수도 있겠지만, 그건 잘 모르겠습니다."

그 노인의 목소리는 떨리고 있었고 다소 쑥스러운 듯이 주위를 둘러보았다. 한동안 침묵이 흐르더니 갑자기 검은 머리에 수염이 덥수룩한 거대한 체구의 사나이가 감독이 앉은 자리에서 세 칸쯤 떨어진 곳에 앉아 있다가 벌떡 일어나면서 거친 목소리로 말을 시작하는 바람에 강당 안에 있던 거의 모든 사람들이 몸을 앞으로 내밀면서 그의 말에 귀를 기울였다. "예수님이라면 나 같은 처지에서 어떻게 하실까?"라는 질문을 던졌던 사나이가 천천히 제자리에 앉으면서 옆자리에 앉은 사람에게 "저 사람이 누구야?" 하고 속삭이듯 물었다.

"사회주의 운동 지도자인 칼슨이라는 사람인데 이제 무언가 심각한 말을 듣게 될거야."

칼슨은 내면 깊숙이 쌓여있는 분노로 말미암아 턱수염을 부르르 떨면서 이야기를 하기 시작했다.

"내가 보기엔 모두 쓸데없는 이야기에 불과하오. 우리가 속한 사회의 체제가 결함투성이인데다가 소위 문명이라는 것도 속속들이 썩어 있단 말입니다. 이러한 사실을 숨기거나 덮어보려 해도 말짱 소용없는 짓이지요. 우리는 지금 수천 명의 무고한 사나이들과 여성들, 심지어 어린 아이들까지도 희생을 요구하는 기업 합병과 탐욕적인 자본주의 체제에서 살고 있기 때문입니다. 만약 하나님이 존재한다면 ― 나는 그런 존재를 믿지도 않습니다만 ― 오직 한 가지 즉 내가 결혼하여 가정을 갖지 않았다는 점에 대해서 감사할 뿐입니다. 가정이라니! 차라리 지옥이라 부르는 게 더 낫지! 저 분의 경우 자신의 손에 달려 있는 세 자녀와 아내의 생계 유지보다 더 큰 문제가 지금 이 시기에 무엇이란 말이오? 게다가 저 분은 비슷한 처지에 놓여 있는 수천, 수만여 명 가운데 하나에 불과하단 말입니다. 그런데 비단 이 도시뿐만 아니라 전국 각지의 대도시에서 소위 그리스도인이라 자칭하는 수많은 사람들이 온갖 사치와 쾌락을 누리며 생활하다가 주일만 되면 교회에 참석하여, 모든 것을 그리스도께 바치고 기꺼이 십자가의 짐을 짊어진 채 그분의 발자취를 따라 구원을 받겠노라는 등등의 찬송가 나부랭이를 부르고 있으니, 이거야 원! 물론 그리스도인들 가운데 진실하고 선량한 사람들이 전혀 없다는 말은 아니지만, 오늘 밤 이 자리에서 우리에게 좋은 말씀을 들려주신 목사님께서 내가 기억할 만한 웅장하고 떵떵거리는 교회들 가운데 한곳에 들어가셔서 그 교회의 교인들에게 오늘 밤 말씀하신 것 같은 서약을 따르자고 한 번 제안해 보십시오. 그들은 당장에 목사님을 바보나 미치광이 취급하면서 거들떠보지도 않을 것이 거의 확실하단 말입니다. 아, 모두 쓸데없는 헛수고에 불과하오! 그런 서약 따위로는 근본적인 해결책이 될 수 없고 아무런 실효를 거둘 수도 없단 말입니다. 우리는 이제 새로운 형태의 정부를 수립해야 하며 전면적인 개혁이 시급히 요청되고 있습니다. 교회를 통해 무언가 가치 있는 혁신이 이루어지리라고 기대할 수 없으며 교인들 또한 마찬가지입니다. 왜냐하면 그들은 귀족적이고 부유한 사람들의 편이지 평범한 대중들의 편이 아니기 때문이지요. 합병회사니 독점회사니 하는 곳들의 우두머리나 고급 간부들은 하나같이 교인들이랍시고 거들먹거리고 목사들은 그들을 떠받드는 일종의 노예들이나 마찬가지인 셈이지요. 이러한 시점에서 우리에게 필요한 것은 보편타당한 사회주의적 기초 이론에 근거한 새로운 체제, 즉 일반 대중들의 권리에 중점을 둔 체제를 … ."

칼슨은 감독이 말했던 3분이라는 발언 규정을 까맣게 잊은 채 흔히 청중들 앞에서 늘 해오던 방식대로 열변을 토하고 있는데 갑자기 바로 뒷좌석에 앉아 있던 사나이가 그를 잡아당겨 앉히더니 이번에는 자기가 일어서는 것이었다. 칼슨은 처음에 무척 화가 난듯 소란을 피울 기색이더니 감독이 3분이라는 발언 규칙을 일깨워 주자 턱수염을 들먹거리며 투덜거리다가 잠자코 입을 다물었다. 뒤따라 일어난 사나이는 현재의 모든 사회적 병폐들을 근본적으로 치유하기 위한 강구책으로서 단일 세법의 가치를 근사한 웅변조로 주장하고 나섰으며, 다음에 일어난 사나이는 교회와 목사들을 신랄하게 비난하면서 참신하고 올바른 개혁을 이루어 나가는 과정에 놓인 커다란 장애물 두 가지가 바로 법원과 교회 제도라고 선언했다.

다음으로는 노동자의 행색이 완연히 드러나는 한 사나이가 벌떡 일어서더니 대기업체들, 특히 철도회사의 불법에 대한 저주와 비난을 한꺼번에 쏟아놓았고, 다음엔 철강 노동자라고 자신을 소개한 억세고 건장한 사나이가 벌떡 일어나서 사회적인 온갖 병폐들을 치유하는 최선책은 본격적인 노동조합 운동에서 비롯된다고 선언했다. 그의 주장에 의하면, 노동조합 운동이야말로 모든 노동자들에게 경제적인 안정과 확고한 생활기반을 마련해 줄 수 있다는 것이었다. 뒤이어 일어선 사나이는 오늘날 수많은 사람들이 실직하게 된 원인을 몇 가지로 분류하여 조목조목 설명하더니 기계의 발명이야말로 인간이 인간을 파멸시키는 악마적 소행이라고 비난했는데 많은 사람들이 큰 소리로 그의 발언을 지지하며 박수갈채를 보냈다.

마침내 감독이 "자유로운 발표" 시간이 끝났음을 알리면서 레이첼에게 성가를 특송해 줄 것을 부탁했다. 레이첼 윈슬로우는 예수님의 발자취를 충실히 따르기로 서약한 이후 레이먼드에서 온갖 봉사나 희생을 도맡아서 보람있는 한 해를 보내더니 매우 굳건하고 겸손한 크리스천으로 성숙해 있었으며, 노래에 대한 천부적이고 놀라운 재능은 오직 하나님을 충실히 섬기는 일에만 바쳐졌다. 레이첼은 그 날 밤 이 복지관의 뜻있는 모임에서 노래를 부르기에 앞서 그 어느 때보다도 더 간절한 마음으로 성령의 역사가 일어나게 해 달라고 간절히 기도했다. 즉 자신이 부르는 노래가 하나님을 위하여 쓰여질 때 정녕 자신의 목소리가 아닌 하나님의 목소리가 되게 해 달라고 간구했던 것이다. 그녀가 온 정성을 기울여 노래를 부르는 동안 그녀의 기도는 분명히 이루어지고 있었다. 그녀가 선택한 노래는 다음과 같은 내용이었다.

"들으라, 주께서 부르는 소리를
나를 따르라, 나를 따르라."

맥스웰 목사는 조용히 앉아서 레이첼의 특송에 귀를 기울이며 렉탱글의 천막 집회에서 떠들썩하던 군중들을 잠잠하게 만든 레이첼이 부르는 찬송의 위력을 회상해 보았다. 그 놀라운 효과는 지금 이곳에서도 일어나고 있었다. 주님을 섬기기 위해 바쳐진 아름다운 성가의 크나큰 위력이 어쩌면 이리도 한결같은가! 레이첼의 천부적인 성악적 재능은 능히 당대의 가장 뛰어난 오페라 가수들 중의 하나가 되고도 남음이 있었다. 분명히 그 날 밤 복지관에 모인 각계각층의 대중들은 일찍이 그토록 아름다운 노래를 들어 본 적이 없었다. 어쩌면 저렇게 아름답고 감동적인 노래를 부를 수 있을까? 거리의 이곳저곳을 떠돌아다니다가 이곳에 흘러들어온 사나이들은 소위 "서글프고 비참한 저 세상"에서는 결코 들을 수 없는 노래의 매력에 완전히 사로잡혀 있었다. 평범한 대중들이 이런 정도의 뛰어난 노래를 듣기 위해서는 상당히 비싼 입장료를 물어야 했으리라. 그녀의 노래는 마치 구원 그 자체를 위한 전주곡인 양 강당 구석구석으로 퍼지기 시작하여 기쁨과 자유의 분위기로 변화시켜 나갔다.

칼슨은 그 크고 수염이 덥수룩한 얼굴을 번쩍 들어올린 채 그의 조국과 정의에 대한 특별한 사랑을 담고 있는 아름다운 노래의 위력에 깊이 도취하여 마침내 눈물 한 줄기가 뺨을 타고 흘러내리더니 그의 턱수염 사이로 반짝거리면서 표정이 한결 부드러워지고 고상한 품위까지 드러내게 되었다. 자기 같은 처지에서 예수님이라면 어떻게 하실지를 알고 싶어하던 실직한 사나이는 성가에 완전히 사로잡힌 듯 입을 반쯤 벌린 채 앞사람의 등받이 위에 지저분한 손을 얹고 있었는데 그 순간엔 자신의 모든 비극을 완전히 잊은 듯했다. 찬송이 계속되는 동안 그것은 음식이요, 일자리요, 따뜻함이요, 가족들과의 더할 나위 없이 기쁜 재회였다. 교회와 목사들에 대하여 맹렬한 비판을 퍼부었던 사나이는 머리를 치켜든 채 처음에는 완강한 저항의 태도를 보이면서 이런 노래의 순서가 교회의 예배와 거리가 먼 토론회의 한가운데 끼어드는 것이 몹시 못마땅하다는 표정을 짓더니 차츰차츰 강당에 모여든 모든 사람들의 마음을 완전히 뒤흔들어 놓고 있는 노래의 위력에 굴복되어 서글프고 사려깊은 표정으로 바뀌어갔다.

레이첼의 노래가 계속되는 동안 감독은 혼자 마음속으로 이렇게 중얼거렸다.

"온갖 죄악과 질병과 타락과 인간성 상실로 물들어 있는 오늘날의 세상이 헌신적인 소프라노, 테너, 알토, 베이스 성악가들이 뛰어나고 아름다운 목소리로 전달하는 찬송을 들을 수만 있다면 이 세상은 어떤 다른 힘에 의해서보다도 훨씬 빨리 하나님의 나라를 지상에 실현할 수 있을 텐데, 이 얼마나 서글프고 안타까운 일인가! 천부적인 재능을 타고난 사람들이 가장 뛰어나고 영감을 주는 선율을 울릴 수 있음에도 불구하고 흔히 이러한 재능을 명예와 돈벌이의 수단으로만 간주하여 이 세상에서 접할 수 있는 아름다운 음악의 보물을 가난에 허덕이는 사람들은 결코 가까이 할 수 없다니. 이 세상의 재능 있는 사람들 가운데 그 천부적인 재능을 주님을 위해 기꺼이 바치려는 순교자는 없단 말인가?"

헨리 맥스웰 목사는 또다시 렉탱글 천막집회에 모여들었던 청중들의 변화를 머릿속에 떠올리면서 참다운 제자도가 더 널리 확산될 수 있기를 간절히 기도했다. 복지관에 와서 보고 들은 모든 경험으로 미루어 도시 전역에 산재한 그리스도인들이 예수님께서 명하신 대로 충실히 따르고자 노력한다면 이 도시의 모든 문제들이 서서히 해결될 수 있으리라는 확신이 들었다. 그러나 소외당한 채 죄악과 오류와 편협성, 비참함과 절망과, 무엇보다 교회에 대한 맹목적 반감에 빠져 있는 이 수많은 대중을 어떻게 할 것인가?

이 문제가 헨리 맥스웰 목사의 마음을 가장 심하게 괴롭혔다. 과연 교회는 이제 교인들이 더 이상 그 안에서 주님을 발견할 수 없을 정도로 주님에게서 동떨어져 있단 말인가? 기독교의 초창기에는 그토록 많은 사람들에게 막강한 영향력을 끼쳤던 교회가 오늘날에 이르러 인류에게 미치는 참된 영향력을 잃어가고 있다는 것이 사실인가? 그리스도인들이 지니고 있는 이기주의와 배타주의, 그리고 귀족적인 근성으로 인하여 교회를 통한 참신한 개혁이나 구원을 기대한다는 것은 모두 부질없는 짓이라고 말했던 사회주의 지도자의 말은 어느 정도 사실인가?

맥스웰 목사는 수많은 사람들을 대변하며 이 강당 안에 모여든 상당수의 사람들이 지금은 레이첼의 아름다운 성가에 사로잡혀 조용히 앉아 있지만 모임이 끝난 후 위안과 행복의 근원을 찾기 위해 교회와 목사에게로 가기보다는 술집이나 도박장으로 몰려갈 것이 뻔하다는 엄연한 사실 때문에 점점 더 괴로운 느낌이 들었다. 정말이지 그런 곳에서만 위로와 안식을 느낄 수 있단 말인가? 만약 전국의 그리스도인들이 모두 한결같이 예수님의 발자취를 따르려고 노력한다 할지라도 수많은 사람들이 여전히 기아와 빈곤에 허덕이며 일자리를 찾아 거리를 방황하고, 계속해서 교회를 비난하면서 오직 술집만이 최고의 친구라고 여기게 될까? 오늘 밤 이 강당 안에서 제기된 인간 개개인의 모든 아픔과 문제점들을 그리스도인들은 얼마나 외면하고 무시해 왔던가? 대도시의 곳곳에 산재한 교회들은 예수님의 발자취를 충실히 따르면서 그분을 위하여 고난을 감수해야 한다고 주장한다면 대부분 거절해 버릴 것이 틀림없다는 생각 또한 과연 사실일까?

맥스웰 목사는 레이첼의 독창이 끝나고 비공식적인 사교 모임이 있은 후 모든 집회가 다 끝났을 때까지도 끊임없이 이러한 의문들을 제기하고 있었다. 복지관의 관례적인 행사에 따라 이곳에 거주하는 가족들과 레이먼드에서 찾아온 방문객들이 마음을 합하여 예배를 드릴 때에도, 감독과 브루스 목사와 함께 밤 한 시가 넘도록 계속된 회의 중에도, 마침내 모든 일과를 끝마치고 잠자리에 들기 전에 무릎을 꿇고 미국 전역에 산재한 교회들 위에 일찍이 경험해 보지 못한 영적 세례를 퍼부어 달라고 혼신의 힘을 다하여 기도할 때도 그러했다. 이튿날 아침 잠자리에서 처음 눈을 떴을 때나, 하루 종일 복지관 주변의 빈민 지역을 여기저기 돌아보면서 풍요로운 삶과는 너무나 동떨어진 빈곤에 허덕이는 사람들을 보았을 때도 맥스웰 목사는 여전히 이러한 질문들에 휩싸여 있었다. 시카고에 있는 교회들뿐만 아니라 미국 전역에 흩어진 교회의 성도들에게 주님의 발자취를 충실히 따르자고 제안한다면, 그러기 위해서는 고난의 십자가를 기꺼이 감수해야 한다는 것 때문에 이러한 제안을 거절할 것인가?

31

참된 제자도에 대한 시험

◇◇◇◇◇◇◇◇◇◇◇◇◇◇◇◇

헨리 맥스웰 목사는 시카고를 방문하면서 주일에는 필히 레이먼드로 되돌아가 제일교회의 강단에 설 계획이었다. 그런데 금요일 아침 복지관에서 시카고 굴지의 대교회 목사로부터 주일 아침 대예배와 저녁 예배 때에 꼭 와서 설교를 해 달라는 간절한 부탁을 받았다.

처음에는 주저했으나 그 부탁 속에서 성령이 인도하시는 힘의 손길을 느껴 마침내 이를 수락했다. 그는 자신에게 제기된 질문을 비로소 시험해 볼 작정이었다. 즉 복지관의 집회 때에 교회를 반격하며 제시된 비판의 진위를 진실로 규명해 볼 생각이었다. 과연 교회는 예수님을 위하여 어느 정도의 자기 부정과 희생을 실천할 것인가? 대도시의 교회는 얼마나 충실히 예수님의 발자취를 따를 것인가? 교회는 주 하나님을 위해 기꺼이 고통을 감수할 각오가 되어 있는가?

토요일 밤 그는 밤을 꼬박 지새우다시피하며 기도에 전념했다. 레이먼드에서 겪은 온갖 고통스런 체험들보다도 더 크고 절실한 시련의 순간이었으며 자기 영혼과의 크나큰 투쟁이었다. 사실상 이제 그는 새로운 경험의 문턱에 들어서게 되었고, 자신이 정의한 참다운 제자도에서 또 하나의 시험을 받게 되었으며, 자신도 모르게 어마어마한 주님의 진리 속으로 빠져 들어가고 있었다.

주일 아침이 되자 맥스웰 목사가 초청을 받은 시카고의 대교회는 수많은 회중들로 가득 들어찼다. 간밤을 꼬박 지새우다시피한 후 강단을 마주 대한 맥스웰 목사는 회중들이 보내는 거대한 호기심의 압력을 즉각 느낄 수 있었다. 전국의 교인들과 마찬가지로 그들은 이미 레이먼드에서 비롯된 서약 운동의 소식을 들어 알고 있었고, 감독과 브루스 목사가 최근 들어 온갖 명예와 부귀를 아낌없이 내던지고 착수하기 시작한 구제사업으로 인하여 주님의 발자취를 따르려는 서약 운동에 대해 한층 폭넓은 관심을 가지게 되었던 것이다. 그러한 관심 속에는 단순한 호기심 이상의 더욱 깊고 심각한 것이 내포되어 있음을 맥스웰 목사 역시 느끼고 있었다. 성령의 강력한 임재하심만이 그의 설교에 생명력과 힘을 부여할 수 있음을 깊이 자각하면서 주님의 메시지를 받아들여 교회의 회중들에게 전달하기 시작했다.

맥스웰 목사는 결코 소위 말하는 위대한 설교자는 아니었다. 그는 훌륭한 설교자가 될 만한 천부적인 소질과 설득력도 지니지 않았으나 예수님의 발자취를 충실히 따르기로 서약한 이후 참된 웅변술에서 필수적인 호소를 내포한 설득력이 점차 커지기 시작했던 것이다. 그 날 아침 시카고 대예배당에 운집한 교인들은 위대한 진리의 한가운데로 깊숙이 빠져든 한 인간의 성실성과 겸손을 접하게 되었던 것이다.

맥스웰 목사는 레이먼드의 제일교회에서 주님의 발자취를 따르려는 서약 운동이 시작된 이후 겪게 되었던 여러 가지 체험들을 간략하고 명료하게 이야기한 다음, 며칠 전 복지관의 집회 이후 끊임없이 자신을 뒤따라다니던 질문에 대하여 차근차근 언급하기 시작했다. 그는 성경의 내용 중에 어느 날 한 젊은이가 예수님을 찾아와 영생을 얻으려면 무엇을 해야 할지 질문했던 이야기를 이 날 설교의 주제로 삼았다. 예수님께서는 이 젊은이를 시험해 보셨다. "네게 있는 것을 다 팔아 가난한 자들에게 주라 그리하면 하늘에서 네게 보화가 있으리라 그리고 나서 나를 따르라"고 예수께서 말씀하셨으나 그 젊은이는 그 정도의 고난을 기꺼이 감수하려 들지 않았다. 사실 그 젊은이는 예수를 따르고 싶었겠지만 예수님을 따른다는 것이 그런 식으로 고난을 의미하는 것이라면, 즉 그토록 많은 것을 내주어야만 한다면 차라리 따르지 않기로 작정했던 것이다.

맥스웰 목사는 그의 준수하고 분별력있는 얼굴에 좀처럼 감동을 받기 어려운 회중들의 마음을 뒤흔드는 호소력과 열정으로 빛을 발하면서 설교를 계속해 나갔다.

"오늘날의 교회가, 이름 자체도 그리스도(Christ)의 이름을 본따 만들어진 교회(Church)가 일시적인 이익에만 눈이 어두워 고난을 감수하거나 물질적인 손실을 입게 될까 꺼려한 나머지 예수님의 발자취를 따르지 않으려 한다는 뭇사람들의 비난이 과연 사실일까요? 지난주에 복지관에서 열린 집회 도중에 한 노동운동 지도자가 배타적이고 이기적이고 귀족적인 성향을 다분히 내포한 교회를 통해서 참신한 사회개혁과 진실된 구원을 기대한다는 것은 전혀 가능성 없는 소망이라고 반박하던 말을 기억하고 있습니다. 이러한 주장은 도대체 어떤 현상에 근거한 것일까요?

분명히 이웃의 고통과 빈곤, 타락과 죄악에 관심을 기울이기는커녕 자신의 안일과 사치에만 몰두해 있는 수많은 남녀 교인들이 각 교회마다 수두룩하게 득실대고 있다는 생각에 근거를 둔 주장임에 틀림없을 것입니다. 과연 이러한 주장은 어느 정도 진실성을 내포할까요? 미국 각지의 그리스도인들은 이제 자신의 제자도를 시험대에 올려놓을 각오가 되어 있습니까? 상당한 재산을 소유한 부자들은 어떠할까요? 그들은 '예수님이라면 어떻게 하실까?'라는 질문에 대한 양심적인 답변에 따라 자신이 소유한 모든 재산을 털어 가치 있는 일에 기꺼이 사용할 만한 각오가 되어 있을까요? 천부적으로 훌륭한 재능을 지닌 남녀 교인들은 어떻습니까? 그들 역시 예수님이 자신의 입장에서 하시리라 여겨지는 솔직한 답변에 따라 자신의 재능을 하나님과 이웃을 위해 바칠 각오가 되어 있을까요?

참다운 제자도의 새로운 구현이 오늘날에 이르러 시급히 요청되고 있음은 불가피한 사실이 아닙니까? 이러한 문제는 저보다도 이 거대한 죄악과 부패의 도시에 살고 있는 여러분들께서 더 잘 알고 계시리라 여겨집니다. 그리스도인들의 원조와 도움을 구하다가 기아와 질병으로 인하여 육체와 함께 영혼마저 소멸해가는 수많은 남녀노소들의 비참한 상황을 철저히 외면해 버린 채 오직 당신 자신의 생활만을 고집하며 이기적으로 살아가는 것이 과연 가능한 일인가요? 술집의 끊임없는 마수가 분명히 전쟁보다도 더 많은 영혼들을 앗아가고 있는데 당신 개인적으로는 별다른 관심사가 아니라고 지나쳐 버릴 수 있을까요? 신체가 건강하고 일하려는 의욕도 지닌 수천수만 명의 남자들이 일자리를 구하기 위해 도시 구석구석을 떠돌아다니다가 결국은 일자리를 얻지 못하고 범죄나 자살에 빠지고 마는데 당신 개인적으로는 이런 일로 고통받을 이유가 없기 때문에 아무런 상관이 없단 말입니까? 정말이지 이런 문제들을 여러분 자신과 전혀 동떨어진 문제들이라고 주장할 수 있는 걸까요? 제각기 자신의 일만 돌보면 그만이란 말입니까? 생각해 보십시오. 만일 미국의 모든 그리스도인들이 예수님의 발자취를 충실히 따르고자 노력한다면 지역 사회 또는 경제계와 정치계에 일대 변혁이 일어나서 인간의 고통을 최소한으로 줄일 수 있으리라고 주장한다면 전혀 터무니없고 황당무계한 생각일까요?

이 도시에 살고 있는 모든 그리스도인들이 한결같이 힘을 합쳐 예수님의 발자취를 충실히 따르고자 노력한다면 과연 어떤 결과가 초래될까요? 그로 인한 결과가 어떠하리라는 것을 자세하게 예상할 수는 없지만 한 가지 분명한 사실은 여러 가지 인간사의 문제점들을 해결할 수 있는 적극적인 대응책들이 즉시 강구되리라는 것입니다.

참된 제자도에 대한 시험이란 무엇을 의미할까요? 그리스도 생존 당시의 여러 가지 시험과 똑같은 것일까요, 아니면 우리를 둘러싼 여러 가지 환경과 시대적 여건들이 그 시험을 변경시켰을까요? 만일 예수님께서 오늘 이 자리에 계신다면 이 교회의 몇몇 성도들에게, 그 옛날 한 젊은이에게 명령하신 것처럼 모든 재산을 다 팔아 나누어 주고 성경 말씀 그대로 예수님을 따르라고 요구하시지 않을까요? 만일 예수님께서 이 교회의 교인들 가운데 누구든지 구세주보다도 자신의 재산을 더 귀하게 여기는 사람이 분명히 있다고 확신하신다면 위와 같은 요구를 하실 것입니다. 이런 점에서 볼 때 시험은 예나 지금이나 근본적으로 다를 게 없다고 여겨집니다. 예수님께서는 그 옛날 지상에 생존하셨을 때 '누구든지 자기의 모든 소유를 버리지 아니하면 능히 내 제자가 되지 못하리라'고 말씀하셨듯이 오늘날 이 자리에 계시더라도 많은 고난을 기꺼이 짊어지고 자신의 모든 이기심을 완전히 부정하면서 충실히 자기를 따르라고 요구하실 것입니다. 즉, '나를 위해 이런 고난의 십자가를 기꺼이 감수하지 않는 자는 능히 내 제자가 될 수 없다'고 하실 것입니다.

만일 이 도시의 모든 그리스도인들이 예수님께서 행하시리라 여겨지는 대로 솔직하고 양심적인 자세로 매사를 처리해 나간다면 과연 어떤 결과가 나타날까요? 이미 언급했듯이 그 결과를 상세하게 예상해 보는 것은 결코 쉬운 일이 아니지만 우리 모두가 분명히 알 수 있는 것은 오늘날 교인들에 의해 자행되는 여러 가지 모순과 잘못들이 거의 일어나지 않으리라는 것입니다. 예수님이라면 재산을 어떻게 관리하며 어떻게 사용하실까요? 재산을 적극적으로 활용하기 위해 어떤 원칙을 적용하실까요? 예수님이라면 지나칠 정도로 호사스런 생활을 하면서 고난받는 이웃을 돕기 위해 자선기관에 내는 돈보다 열 배나 많은 돈을 온갖 겉치레와 쾌락을 위해서 마구 낭비하실까요? 또한 예수님이라면 돈벌이를 위하여 어떤 규칙에 따라 자신의 행동을 결정하실까요? 과연 예수님이라면 돈벌이를 위하여 자기 소유의 부동산을 술집이나 혹은 다른 퇴폐업소에 임대하여 비싼 임대료를 받아내거나, 아니면 집 같지도 않은 몹시 허술하고 불결한 가옥을 여러 개의 셋집으로 개조하여 되도록 많은 임대료를 받아내고자 혈안이 되어 있을까요? 교회에 전혀 무관심하거나 혹은 비난을 퍼부으면서 거리의 이곳저곳을 방황하는 수많은 실직자들이 쓰디쓴 빵 한 조각을 얻기 위해 필사적인 투쟁을 하다가 결국 패배하여 절망과 낙담에 빠진 사람들에게 예수님이라면 그들에 대해 전혀 관심을 쏟지 않으면서 오직 자신의 안일과 쾌락에 탐닉하실까요? 전혀 자신이 상관할 바가 아니라고 말하면서 이토록 비참한 상황이 발생하게 된 근본적인 책임을 전혀 모르는 일이라고 발뺌할 구실만 찾으실까요?

예수님이라면 급속하게 황금만능주의로 치닫는 문명 세계의 한가운데에서 어떻게 처신하실까요? 대기업체에 고용되어 혹사를 당하면서도 영혼과 육체를 제대로 지탱할 만한 최저 임금도 받지 못하다가 그들 중 상당수의 앳된 소녀들이 무시무시한 유혹의 마수에 빨려들어 결국 치욕과 타락의 심연으로 휩쓸려 버리는 사태를 보신다면, 어떻게 하실까요? 기업상의 지나친 영리추구 덕분에 기본적인 교육을 시킨다든지 최소한의 도덕적 훈련이나 개별적이고 따뜻한 사랑을 베풀어야 한다는 기독교적인 의무를 완전히 무시한 기업체에서 수많은 청소년들이 희생과 혹사를 강요당하는 실정을 보신다면 어떻게 하실까요? 만일 예수님께서 오늘날의 기업상의 비리와 술수를 모두 알고 계신다면 아무 대응책도 모색하지 않고, 아무런 말 한 마디 없이 그냥 지나쳐 버리실까요?

과연 예수님이라면 어떻게 하실까요? 그분이 하실 만한 일을 그 제자가 해서는 안 되는 것일까요? 그 제자는 이제 더 이상 주님의 발자취를 따르라는 명령을 받지 않는다는 말입니까? 이 시대와 그리스도인들은 그분을 위하여 얼마나 많은 고통을 감당하고 있을까요? 과연 오늘날의 그리스도인들은 안일과 쾌락과 사치와 품위 등을 희생하면서까지 자기 자신을 부정하려 들까요? 개인적인 희생과 봉사 이상으로 오늘날의 시대가 요구하는 것이 도대체 무엇이겠습니까? 교회가 몇 푼 안 되는 헌금을 가지고 선교단체를 구성하거나 극빈자들을 구제하는 데 사용한다고 해서 예수님을 따르려는 의무를 다했다고 말할 수 있을까요? 천만 달러의 거금을 가진 사람이 겨우 1만 달러를 자선 사업에 헌납했다고 해서 이것을 주님을 따르기 위한 개인적인 희생이라고 자신있게 말할 수 있을까요? 개인적인 고통을 감수한다는 희생의 참된 견지에서 볼 때, 본인에게 별다른 희생을 요구하지 않는 약간의 재산을 내놓았다고 해서 이것을 어떻게 희생이라고 말할 수 있을까요? 과연 오늘날의 그리스도인들이 이른바 참다운 희생과 봉사

정신과는 매우 동떨어진 편안하고 사치스럽고 이기적인 생활을 하고 있다는 것이 사실이 아닐까요? 예수님이라면 어떻게 하실까요?

그리스도인으로서 늘 깊이 새겨두어야 할 격언은 '주는 자가 없는 선물은 가치가 없다'는 격언입니다. 즉 마음이 담기지 않은 자선금만 불쑥 내놓는다거나 어려운 고통을 나대신 남에게 지우려는 태도는 참된 제자도가 아닙니다. 참된 그리스도인이라면 사업가이든 평범한 시민이든 간에 예수님을 향한 개인적 희생의 노정을 따라 예수님의 발자취를 충실히 따라가야 할 것입니다. 이러한 고통과 희생의 길은 오늘날이라고 해서 예수님이 생존하셨을 당시의 길과 별로 다를 바가 없습니다. 결국 근본적으로 변함이 없는 길인 셈이지요.

저물어가는 금세기와 다가올 새 세기가 공통적으로 요구하는 것은 1세기 초기의 제자들이 모든 재산을 포기하고 문자 그대로 주님을 충실히 따랐던 것과 같이 단순하고 솔직하고 진실한 제자도를 새로이 확립하는 것이며, 예수님의 발자취를 새롭게 따라가는 삶입니다. 이러한 투철하고 희생적인 제자도가 아니고서는 오늘날의 파괴적이고 이기적인 세태와 맞부딪혀 이길 수 있는 소망이 없습니다.

오늘날에는 단지 이름뿐인 그리스도인들이 너무나 많으며, 진실로 참된 제자도를 갖춘 그리스도인들이 더 늘어나야 할 것입니다. 우리는 이제 그리스도의 정신을 본받는 참된 제자도를 다시 부활시켜야 할 필연성에 직면해 있습니다. 우리는 이제껏 예수님께서는 절대로 용납하지 않으실 만한 엉터리 제자도를 무의식적으로, 태만하고 이기적으로, 형식적으로 확대시켜 왔던 것입니다. 예수님께서는 우리들 대다수가 '주여, 주여' 하고 부르짖을 때에 '나는 결코 너를 모르노라'고 말씀하실 것입니다. 우리는 지금 예수님을 위해 기꺼이 십자가를 짊어질 각오가 되어 있습니까? 과연 이 교회에서 진실하게 다음과 같은 찬송가를 부를 수 있을까요?

'십자가를 내가 지고

주를 따라 가도다.'

만약 우리가 이 찬송가를 진실한 마음으로 부를 수 있다면 우리는 비로소 참된 제자도를 갖추었다고 말할 수 있겠지요. 그러나 만일 우리가 그리스도인이 된다는 것의 정의를 단지 예배의 특권이나 누리고, 아무런 희생을 감당하지 않은 채 풍요로운 생활을 누리며, 기분 좋은 친구들과 편안한 소일거리에 둘러싸여 안일한 시간을 보내고, 고상한 삶을 영위하면서도 견디기에 너무 고통스럽다는 이유로 이 세상의 온갖 고통과 죄악의 크나큰 짐을 회피해 버리는 것이라고 생각한다면 — 정말이지 이러한 마음 자세를 기독교라 간주한다면 — 길잃고 방황하는 인간들을 위해 신음하고 고통받고 눈물을 흘리시며 외로운 오솔길을 힘겹게 걸어가신 그분, 온몸에서 땀방울 같은 피를 뚝뚝 흘리시며 우뚝 세운 십자가에 매달리신 채 '나의 하나님, 나의 하나님, 어찌하여 나를 버리시나이까?' 하고 울부짖으셨던 예수님의 발자취를 충실히 따르는 것과는 너무나 동떨어진 신앙의 길 위에 우리가 서 있는 셈이지요.

우리는 이제 참다운 제자도를 마음속에 굳건히 세우고 이에 따라 살아갈 각오가 되어 있습니까? 진실한 그리스도인이라는 것이 도대체 무엇을 의미합니까? 그것은 예수님을 본받는 것이며, 예수님께서 행하시리라 확신하는 대로 행동하는 것입니다. 즉 문자 그대로 예수님의 발자취를 충실히 따르는 것이라고 하겠지요."

헨리 맥스웰 목사는 설교를 마친 후 회중들의 얼굴을 말없이 바라보았는데 그 표정이 너무 진지해서 회중들이 언뜻 바라보기만 해도 결코 잊혀지지 않을 지경이었으나 그 순간 이러한 표정이 과연 무엇을 의미하는지 회중들은 전혀 이해할 수 없었다. 이 웅장하고 멋들어진 예배당에 모여든 수많은 교인들은 몇 년 동안 명목뿐인 그리스도인으로서 편안하고 이기적이고 만족스러운 삶을 누려온 사람들이었다. 맥스웰 목사가 말을 마치자 회중들 사이에 무거운 침묵이 흘렀다. 이러한 침묵을 통하여 오랫동안 생소했던 성령의 능력이 모든 회중들의 영혼 속으로 파고들어옴을 모두가 의식했다. 회중들 모두가 곧이어 맥스웰 목사가 예수님의 발자취를 충실히 따르겠노라는 서약에 자원할 사람들을 구하리라고 기대했다. 그러나 맥스웰 목사는 이미 성령의 인도하심에 따라 설교 메시지를 전달했으므로 다가올 결과만을 조용히 기다리고 있었다. 그가 부드러운 음성으로 예배를 마치는 기도를 올리기 시작하자 성령의 강력한 임재하심이 모든 회중들에게 아주 가까이 느껴지는 듯했다. 이윽고 회중들이 천천히 일어나서 예배당을 나가려할 때 어느 누구도 감히 예측할 수 없었던 기적 같은 장면들이 일어났다.

수많은 남녀 교인들이 강대상으로 몰려와서 맥스웰 목사에게 예수님의 발자취를 충실히 따르겠다는 서약을 하겠노라고 호소하는 것이었다. 이것은 어느 누구의 강요도 받지 않은 자발적이고 자연스런 움직임이었다. 전혀 예측하지 못한 성과가 갑자기 나타나기 시작하자 맥스웰 목사는 저으기 놀라기도 했으나 바로 이런 성과가 일어나기를 이제껏 기도해 오지 않았던가? 그의 기도는 소망했던 것 이상으로 하나님의 응답을 받은 셈이었다.

이러한 움직임이 있은 후 곧이어 기도회가 열렸는데 레이먼드 제일교회에서 경험했던 일들이 다시 재현되는 듯한 인상을 받았다. 저녁 예배 때에는 전도 봉사회 회원들 중 거의 대부분이 앞으로 나와서 아침 예배 때 수많은 교인들이 그러했듯이 경건하고 엄숙하고 사랑이 넘치는 표정으로 예수님의 발자취를 충실히 따르겠노라고 서약을 했기 때문에 맥스웰 목사는 무척 감사하고 흡족한 기분이 들었다. 온화함과 기쁨과 동지애로 충만한 믿을 수 없을 정도의 성과를 거두고 모임이 거의 끝나갈 무렵 영적 세례의 깊은 물결이 모임에 참여한 모든 사람들의 머리 위에 흘러넘쳤다.

그 날은 그 교회 역사상 길이 남을 만큼 뜻깊은 날이었으며 맥스웰 목사의 목회 생활 가운데서도 결코 잊혀질 수 없는 중요하고 뜻깊은 날이었다. 늦은 시각에 모임을 마친 그는 현재 그가 머무르고 있는 복지관의 자기 방으로 되돌아와서 감독과 브루스 목사와 함께 그 날 있었던 놀라운 사건들을 되짚어 보면서 즐거운 시간을 보냈다. 나중에 감독과 브루스 목사가 떠나간 후에도 그는 홀로 조용히 앉아 그리스도의 한 제자로서 이제껏 겪어온 여러 가지 체험들을 곰곰이 묵상해 보았다. 그는 잠자리에 들기 전에 늘 해 오던 습관대로 무릎을 꿇고 기도를 드리기 시작했다. 혼신의 힘을 다하여 기도를 드리는 동안에, 그는 참된 기독교 정신이 이 기독교 국가 국민들의 의식과 양심 속으로 깊이 파고들어 비로소 진가를 발휘하게 될 때 세상에 드러날 여러 가지 모습들에 대한 생생한 환상을 보게 되었다. 그는 분명히 깨어 있는 상태임은 의식하고 있었으나 장차 다가올 일들이 일부는 사실 그대로, 일부는 그가 실현되기를 바라는 간절한 소망대로 아주 뚜렷한 모습으로 눈에 보이기 시작했다. 맥스웰 목사가 생생하게 목격한 환상은 다음과 같은 것이었다.

그는 무엇보다도 우선 자신의 모습을 보았는데 레이먼드의 제일교회로 돌아가서 평소에 마음 먹었던 것보다 훨씬 더 검소하고 자기를 부인하는 생활 방침에 따라 살아가고 있었으며, 불가피하게 그의 도움에 의지할 수밖에 없는 사람들을 최대한 도와줄 수 있는 여러 가지 방법을 모색하고 있었다. 또한 다소 희미하게 보이긴 했지만, 예수님과 그분의 행적에 대하여 자신이 지니고 있는 견해에 반박하고 나서는 세력이 확장됨에 따라 점점 더 담임목사라는 직책 때문에 고통을 겪어야 하는 시기가 다가오고 있음을 보게 되었다. 그러나 이것은 단지 희미한 윤곽에 불과했고, 이 모든 환상 가운데서도 더욱 뚜렷하게 들려오는 음성이 있었으니 그것은 "내 은혜가 네게 족하도다"라고 말씀하시는 하나님의 음성이었다.

다음으로는 레이첼 윈슬로우와 버지니아 페이지가 렉탱글에서의 봉사 사업을 계속 추진하면서 한편으로는 레이먼드 시의 경계를 훨씬 초월하여 구원과 사랑의 손길을 뻗쳐가는 모습이 보였다. 레이첼은 롤린 페이지와 결혼하여 두 사람 다 하나님의 사업에 전적으로 헌신하면서 주님의 발자취를 충실히 따르려는 열성 때문에 서로 간의 애정이 훨씬 강화되는 모습이 나타났다. 뿐만 아니라 레이첼은 절망과 죄악으로 뒤덮인 어둡고 비참한 구역에서 계속 성가를 불러줌으로써 길잃은 영혼들을 하나님의 품 안으로 끊임없이 인도해가는 모습이 보였다.

마쉬 총장은 그의 훌륭한 학식과 막강한 영향력을 발휘하여 도시의 온갖 비리를 정화시키고 애국심을 드높이면서, 그를 사랑하고 존경해 마지않는 젊은이들에게 참된 기독교적 봉사의 생활을 격려하는 모습이 보였는데, 이 모든 노력이 참된 교육이란 바로 약하고 무지한 사람들을 위한 막대한 책임감을 의미한다는 그의 생각에서 비롯된 것이었다.

알렉산더 파워스는 가정 생활에서 아내와 친구들의 경원시하는 태도 때문에 여전히 혹독한 시련을 겪고 있었으나 사회적인 지위와 재산상의 막대한 손실을 입는다 치더라도 일단 순종하기로 서약한 주님을 자신의 명예를 걸고 전심전력을 다해 섬기는 모습이 보였다.

사업가인 밀턴 라이트는 어려운 역경을 겪고 있었으나 여러 가지 악조건 중에서도 개인적으로 전혀 비리와 실수를 저지르지 않았으므로 청렴하고 양심적인 그리스도인 사업가로서 명예를 잃지 않고 온갖 역경을 벗어나 다시 확고한 사업 기반을 구축함으로써 수많은 젊은이들에게 '예수님이라면 어떻게 사업체를 경영하실 것인가'에 대한 훌륭한 본보기를 보여주게 되었다.

에드워드 노먼은 버지니아가 내놓은 사업 자금 덕분에 어느덧 언론계에 막대한 영향력을 과시하면서, 이윽고 데일리 뉴스는 나라 전체에 그 위력을 미쳐 국가의 원칙 및 정책 수립에까지 실질적인 힘을 행사하는, 든든한 기반의 기독교 세계관을 바탕으로 한 신문으로 군림하게 되었다. 이렇게 되기까지 혼신의 노력을 기울인 에드워드 노먼 사장의 투철한 사업 방침 덕분에 주님의 발자취를 충실히 따르기로 서약한 다른 언론인들도 데일리 뉴스를 좋은 본보기로 삼아 같은 사업 방침을 적용시켜 나감으로써, 동일 계열의 신문들이 새로이 창설되어 서로 힘을 합쳐 운영해 나가게 되었다.

한편 명예욕과 애증에 시달리다가 결국 주님을 부인한 자스퍼 체이스의 모습도 보였다. 그는 점점 더 차갑고 냉소적이고 형식에 치우친 생활을 영위하는 가운데 몇 권의 소설을 써냄으로써 소위 사회적인 성공을 거두긴 했으나, 그가 써낸 소설 속에는 심한 자기 부정과 양심의 가책에서 비롯된 일종의 가시 같은 것이 들어 있었으며 이는 그가 아무리 노력할지라도 사회적인 성공만으로는 제거할 수 없는 성질의 것이었다.

몇 년 동안 이모와 펠리시아에게 의존하며 살아오다가 마침내 자기보다 훨씬 나이가 많은 남자와 결혼해 버린 로즈 스털링의 모습도 보였는데 애초에 그녀로서는 사랑이 없었던 부부관계로 인하여 무거운 짐을 짊어지고 있었다. 그녀가 결혼한 원인은 돈 많은 사람의 아내가 되어 과거에 누렸던 온갖 겉치레와 물질적인 풍요를 누리려는 데 있었으므로 맥스웰 목사에게 보여진 환상 중에는 이러한 사치스런 삶 너머로 무언가 어둡고 무시무시한 그림자가 드리워져 있었는데 자세한 모습은 볼 수 없었다.

행복한 결혼식을 올린 후 아름다운 가정생활을 영위하는 펠리시아 스털링과 스티븐 클라이드의 모습도 보였다. 그들은 열정적이고 기꺼이 고통을 감수하는 생활 태도로 이 거대한 도시의 음산하고 어둡고 처참하기 짝이 없는 빈민 지역에 아름다운 향기가 넘치는 봉사 활동을 적극적으로 펼쳐나가면서, 가정 방문을 통하여 수많은 영혼들을 구원하는 일에 헌신하였다.

브루스 목사와 감독이 구제 사업을 꾸준히 열정적으로 계속하는 모습이 보였고 현관문 위에 걸려 있던 "예수님이라면 어떻게 하실까?"라는 표어가 위대한 빛을 발하는 것처럼 느껴졌고, 누구든지 이 표어에 이끌려 복지관에 들어서는 사람이라면 기꺼이 예수님의 발자취를 따르게 되리라 여겨졌다.

한때 강도짓을 하다가 감독의 감화로 새출발을 하게 된 번스와 그의 동료가 보였고 그와 비슷한 처지의 사람들도 여럿 보였는데, 하나님의 은총에 힘입어 세속적이고 인간적인 욕망을 극복해 나가면서 서로 격려하고 도움으로써 그들의 변화된 삶을 통하여 한때 아무리 버림받고 비천하고 타락했던 사람일지라도 완전히 새롭게 거듭날 수 있다는 실례를 보여주고 있었다.

이때 잠시 환상이 흔들렸으므로 맥스웰 목사가 무릎을 꿇고 간절히 기도하기 시작하자, 다시 환상이 뚜렷해지면서 미래의 현실적인 모습보다 미래를 위해 소망하는 바를 보여 주었다. 시카고를 비롯한 전국에 웅장하고 늠름한 모습으로 예수님을 충실히 따르고자 하는 교회들의 모습, 이 얼마나 아름다운가! 레이먼드의 제일교회에서 비롯된 이 서약 운동이 현재 시카고의 나사렛 애비뉴 교회와 오늘 자신이 설교한 교회 등을 비롯한 몇몇 교회에만 전파되어 있는 지금, 장차 전국적으로 더욱 넓고 깊게 확산되지 못하고 하나의 지역적인 개혁운동으로 점차 소멸되고 말 것인가? 그는 이러한 환상에 접하면서 깊은 고민에 사로잡혔다. 그러나 다음 순간 그는 성령의 역사하심에 따라 미국 전역의 교회들이 마음의 문을 활짝 열고, 명목상으로만 예수님을 섬기는 척하면서 안일과 자기 만족에 휩싸여 있던 종래의 타성에서 벗어나 기꺼이 희생과 봉사를 전개해 나가려고 일어서는 모습을 본 듯했고, "예수님이라면 어떻게 하실까?"라는 표어가 모든 교회의 문 위에, 그리고 모든 성도들의 가슴 위에 뚜렷이 새겨져 있는 모습을 보는 듯했다.

이러한 환상이 사라지더니 훨씬 뚜렷한 환상이 나타났는데 전 세계의 청년 전도봉사회 회원들이 함께 일어나 어마어마한 무리를 이루어"예수님이라면 어떻게 하실까?"라고 쓰여진 깃발을 높이 들고 힘차게 행진하는 모습이 보였다. 또한 이들 젊은 남녀들의 얼굴에서 고난과 희생과 자기 부인과 순교를 기꺼이 감수하겠다는 표정이 뚜렷이 나타나 있음을 본 듯했다. 이윽고 이러한 환상이 서서히 사라지면서 하나님의 아들이신 그리스도께서 몸소 나타나 그의 삶을 충실히 본받느라 노력한 모든 사람들을 손짓하여 부르시는 모습이 보였고, 어디선가 천사들의 성가대가 아름답게 찬송하는 소리가 들려오는가 하면, 수많은 사람들의 환희에 넘친 외침소리와 위대한 승리의 함성도 들려오는 듯했다. 예수님의 모습은 점점 더 찬란한 광채를 발했다. 예수님은 긴 계단의 끝에 서 계셨다.

"오, 나의 주님이시여, 이 땅에 아직 그리스도인의 활동을 위한 새로운 여명이 도래하지 않았단 말씀입니까? 빛과 진리를 통하여 유명무실한 이 시대의 기독교 국가를 혁신시켜 주옵시고, 어디로 가시든지 우리가 당신의 발자취를 충실히 따르도록 도와주소서!"

마침내 맥스웰 목사는 하늘에서 뜻하시는 대로 이루어질 일들을 미리 목격한 사람이 느낄 만한 경외감에 휩싸인 채 천천히 일어섰다. 오늘날 전세계적으로 만연되어 있는 인간의 죄악이 전에 없이 뼈아프게 느껴지면서, 예수님의 진실한 제자인 헨리 맥스웰 목사는 믿음과 사랑으로 서로 손을 잡고 걸어가는 소망을 간직한 채 잠자리에 들었으며, 이 땅에 기독교 국가가 거듭나는 모습과, 오점이나 흠 하나 없는 순결한 예수님의 교회들이 서 있는 모습을 꿈꾸었다. 그 교회는 꿈속에서도 언제 어디로 가시든지 예수님을 따르면서 예수님의 발자취를 충실히 따라가고 있었다.

세계기독교고전 20

예수님이라면 어떻게 하실까

3판 1쇄 발행 2017년 6월 1일
3판 10쇄 발행 2025년 3월 13일

지은이 찰스 M. 셸던
옮긴이 유성덕
발행인 박명곤 **CEO** 박지성 **CFO** 김영은
기획편집1팀 채대광, 이정미, 백환희, 이상지
기획편집2팀 박일귀, 이은빈, 강민형, 박고은
기획편집3팀 이승미, 김윤아, 이지은
디자인팀 구경표, 유채민, 윤신혜, 임지선
마케팅팀 임우열, 김은지, 전상미, 이호, 최고은

펴낸곳 CH북스
출판등록 제406-1999-000038호
전화 070-4917-2074 **팩스** 0303-3444-2136
주소 서울시 강서구 마곡중앙6로 40, 장흥빌딩 10층
홈페이지 www.hdjisung.com **이메일** support@hdjisung.com
제작처 영신사

© CH북스 2017

"크리스천의 영적 성장을 돕는 고전"
세계기독교고전 목록